Ulrike Peters

Die Maya

Ulrike Peters

DIE MAYA

Vergangenheit und Gegenwart
einer geheimnisvollen Kultur

marixwissen

Inhalt

Aussprache

Orts- und Personennamen der indigenen Sprachen werden nach spanischen Sprachregeln ausgesprochen, so Chihuahua = Tschiwawa, d. h.
ch = tsch
j = ch
ll = lj
c = k (vor e und i = z)
u = w
x = s vor Konsonanten, bei indianischen Worten wie z. B. Uxmal auch = sch

In den Maya-Sprachen gilt der nicht selten vorkommende sogenannte Glottischlag als separater Laut und wird durch einen Apostroph gekennzeichnet wie zum Beispiel im Wort »B'alam«. Es handelt sich dabei um einen durch den Verschluss der Stimmlippen gebildeten, stimmlosen Verschlusslaut. Ein entsprechendes Beispiel aus der deutschen Sprache ist »Spiegelei« (gesprochen Spiegel-Ei) im Unterschied zu »Spiegelei« (im Sinne von „spiegeln").

Vorwort: Eine Hochkultur im Dschungel

Nichts im Drama der Weltgeschichte hat je einen gewaltigeren Eindruck auf mich gemacht als der Anblick dieser einst bedeutenden und prächtigen Stadt, jetzt aber verfallenen, verödeten, tief im Waldesdunkel schlummernden, ja sogar namenlos gewordenen Stadt – trauriges Zeugnis eines Weltenwandels, der nichts verschont.[1]

So John Lloyd Stephens, der schon zuvor Ägypten und andere Länder des Orients bereist hatte und dem die Wiederentdeckung der vorspanischen Maya-Städte im 19. Jh. zu verdanken ist, über die Ruinen der bekannten Stadt Palenque, so wie er sie bei seinem Besuch erlebte. Heute sind viele Maya-Städte der klassischen Zeit zwar nicht mehr namenslos, aber nach wie vor wartet eine Vielzahl der Stätten der vorspanischen Maya-Kultur auf ihre Entdeckung im Dickicht des Regenwaldes. Trotz der Fortschritte der Maya-Forschung vor allem in den letzten Jahrzehnten sind noch längst nicht alle Geheimnisse der Maya-Kultur entschlüsselt. So gibt es immer wieder neue, sensationelle Funde, zum Beispiel das erst 2020 entdeckte Aguada Fénix (Mexiko), die eine Revidierung des bisherigen Wissenstandes notwendig machen. Musste sich John Lloyd Stephens noch mühsam zu Fuß und mit der Machete den Weg zu den Ruinen im Dschungel bahnen, ermöglichen heute eine ganze Reihe moderner technischer Methoden einen bequemeren und vor allem schnelleren Überblick.

Die Kultur der Maya ist eine der faszinierendsten Hochkulturen der Welt und muss den Vergleich mit den Kulturen der Alten Welt nicht scheuen. Eine immer noch als geheimnisvoll geltende Kultur mitten im tropischen Regenwald mit zahlreichen Städten und prachtvollen Tempeln. Mit dem am weitesten entwickelten Schrift-,

1 John Lloyd Stephens 1980, 170.

Zahl- und Kalendersystem waren die Maya *die* Genies unter den präkolumbianischen Kulturen. Sie rechneten mit dem Zahlwert Null, eine Errungenschaft, die im Abendland erst um 1000 n. Chr. mit Einführung des arabischen Zahlsystems bekannt wurde und sich in Deutschland erst im 15. Jh. durchsetzte. Die Maya hatten nicht nur eines, sondern mehrere Kalendersysteme, die die Tage sogar – wenn auch nur ein wenig – genauer berechneten als unser heutiger gregorianischer Kalender. Aufgrund intensiver Beobachtungen – ohne Teleskope! – waren die Priester genauestens über den Verlauf der Gestirne wie Sonne, Mond oder Venus informiert und richteten ihre Tempelbauten danach aus. Alle diese kulturellen Leistungen fanden ein plötzliches Ende, dessen genaue Umstände immer noch nicht vollständig geklärt sind. Die Maya und ihre kulturellen Leistungen gerieten schnell in Vergessenheit. Erst im 19. Jh. wurden die Ruinen ihrer Städte und Tempel im tiefsten Dschungel auf abenteuerliche Weise wiederentdeckt. So kaufte John Lloyd Stephens die bedeutende Maya-Stadt Copán für ein paar Dollar, um sie zu erkunden und für die Nachwelt zu dokumentieren. Während der von Stephens initiierten Erforschung nahm man dann lange Zeit an, die Maya seien als Volk der künstlerischen und wissenschaftlichen Hochleistungen – im Gegensatz zu den Azteken – ein Volk ohne Kriege und Menschenopfer gewesen. Aber bald stellte sich heraus: Wie die Azteken führten auch die Maya zahlreiche Kriege und praktizierten Menschenopfer. Geheimnisvoll bzw. ungeklärt ist immer noch, wie es den Maya der klassischen Zeit möglich war, den für Menschen lebensfeindlichen, feuchtheißen Regenwald intensiv landwirtschaftlich zu nutzen, dort eine Hochkultur zu entwickeln und wie genau es zu deren plötzlichem Ende kam.

Die Geschichte der vorspanischen Maya-Kultur umspannt die Zeit von den Anfängen und ersten großen Zeremonialanlagen in der Präklassik (1800–250 v. Chr.) – über die Zeit der Klassik (250–950 n. Chr.), in der Schrift- und Kalendersystem sowie Kunst den Höhepunkt ihrer Entwicklung erlebten, und die geprägt war durch eine Reihe von Stadtstaaten im Tiefland, deren Herrscher miteinander konkurrierten – bis hin zur Postklassik (950–1697

n. Chr.), der letzten Blütezeit der Maya-Kultur im Hochland von Guatemala und in Yukatan.

Ebenso interessant und abenteuerlich ist die weitere Geschichte der Maya bis zur Gegenwart. Die vollständige spanische Eroberung des Maya-Gebietes dauerte 173 Jahre, länger als die Eroberung der Azteken-Hauptstadt Tenochtitlán und des Inka-Reiches. Während der Kolonialzeit wehrten sich die Maya gegen die »unerhörten Grausamkeiten«[2] der Spanier. Es kam immer wieder zu Aufständen. Heute noch leben ca. sechs Millionen Maya in Südmexiko, in Guatemala, Belize, El Salvador sowie im Westen von Honduras, die nach wie vor um ihre gesellschaftlich-politische Anerkennung kämpfen. Vor allem im Bereich der Religion prägen traditionelle Vorstellungen und Praktiken das Alltagsleben: Beispiele dafür sind die Heiler bzw. »Schamanen«, die nach wie vor konsultiert werden, oder die Verehrung vorspanischer Gottheiten in Gestalt christlicher Heiliger.

Seit der Wiederentdeckung der Maya-Kultur durch John Lloyd Stephens übt sie nicht nur in der wissenschaftlichen Welt bis heute eine Faszination aus, sondern auch in der breiten Öffentlichkeit. Ein Beispiel dafür ist die in der Esoterik-Szene erzielte Breitenwirkung nicht zuletzt durch den Hype des nach dem Maya-Kalender für 2012 prophezeiten angeblichen Weltuntergangs, der wiederum von einer Reihe traditioneller Maya-Schamanen aufgenommen wurde.

Der Leser ist eingeladen, an dieser Faszination teilzunehmen und die Anfänge der Maya-Kultur kennenzulernen, die spannende Geschichte der Städte und ihrer Herrscher in der klassischen Zeit im Tiefland und deren plötzliches Ende, die zweite Blütezeit im Hochland von Guatemala und in Yukatan sowie die einzigartigen kulturellen Leistungen der Maya bezüglich Schrift, Kalender und Kunst, die abenteuerliche Eroberung des Maya-Gebietes durch die Spanier, die zahlreichen Aufstände der Maya bis hin zum Kastenkrieg und den Zapatistas, die Rückbesinnung der Maya auf ihre eigene Tradition, aber auch die spannende Forschungsgeschichte,

---

2 Wie es Diego de Landa formulierte, einer, der es wissen musste, war er doch als Missionar selbst daran beteiligt.

die nicht mit Fachgelehrten, sondern Quereinsteigern begann. Abschließend wird ein Blick geworfen auf die Nachwirkungen der Maya-Kultur in der Esoterikszene sowie die aktuellen Entwicklungen in der Maya-Forschung und in der heutigen Welt der Maya. Meinen Dank möchte ich hierbei Stefan Gücklhorn, Lektor des Verlagshauses Römerweg, für die hervorragend gute Zusammenarbeit aussprechen. Vor allem danke ich auch Dr. Heinz Ulrich Brinkmann für die Mühe und den Zeitaufwand, die er mit seinem äußerst gründlichen und hilfreichen Lektorieren des Manuskriptes freundlicherweise auf sich genommen hat.

Nach wie vor gilt angesichts der noch zu erwartenden Neuentdeckungen in der Maya-Forschung das, was Stephens schon im 19. Jh. feststellte: »[...] wenn das Geheimnis dieser Ruinen aber einmal enträtselt sein wird, muss die Weltgeschichte neu geschrieben werden.«[3]

3 John Lloyd Stephens 1980, 191.

Die Maismenschen und ihre Umwelt: Lebensraum und Einordnung der Maya-Kultur

Die Maya-Kultur – ein Teil Mesoamerikas

Das Gebiet von Nordmexiko bis Mittel- bzw. Zentralamerika[4] ist in vorspanischer Zeit von einer Vielzahl von Hochkulturen geprägt, die man als mesoamerikanische Kulturen bezeichnet. Die Maya-Kultur ist neben der der Azteken die bekannteste unter ihnen. Den Fachausdruck Mesoamerika führte der Altamerikanist Paul Kirchhoff 1943[5] ein, um damit – unabhängig von den modernen Staatsgrenzen – das Ausbreitungsgebiet bzw. Kulturareal der dortigen vorspanischen Hochkulturen zu bezeichnen. Die Grenze Mesoamerikas verlief in Nordmexiko auf der Höhe des nördlichen Wendekreises, ungefähr in Übereinstimmung mit dem Verlauf der Flüsse Río Pánuco und Río Lerma. Im Süden gehörten die heutigen Staaten Guatemala, Belize, El Salvador und Honduras, zu gewissen Zeiten Nicaragua und Costa Rica zu Mesoamerika. D. h. die Grenzen Mesoamerikas veränderten sich und waren jeweils von den einzelnen Kulturen und ihren Zeiten abhängig – ähnlich wie die Ausbreitung und die Grenzen des Römischen Reiches sich mit den Zeiten veränderten. Nach dem Vorbild der griechischen Antike ordnet man die mesoamerikanischen Kulturen in eine archaische, präklassische (vorklassische), klassische und postklassische (nachklassische) Zeit ein.

---

4 Als Mittel- bzw. Zentralamerika bezeichnet man die Landbrücke zwischen Nord- und Südamerika. Dabei bildet der Isthmus von Tehuantepec die nördliche Grenze.

5 Paul Kirchhoff: Mesoamérica: sus límites geográficos, composición étnica y carácteres culturales, Acta Americana 1 (1943), 92–107.

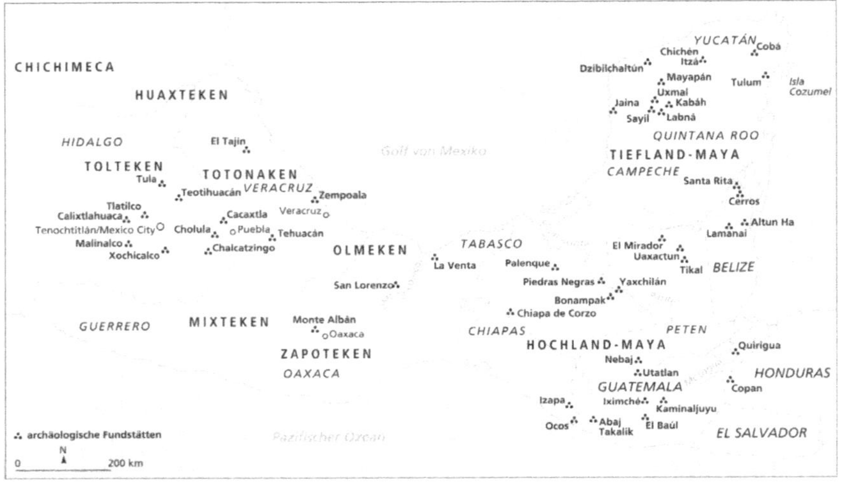

Übersichtskarte über die mesoamerikanischen Kulturen (einschließlich der Maya)

Hier ein kurzer Überblick über die mesoamerikanischen Kulturen[6], die für die Maya als Vorgänger und Nachbarkulturen von entscheidender Bedeutung waren. Die erste nachweisbare Hochkultur Mesoamerikas ist die der Olmeken in der präklassischen Zeit (1800–250 v. Chr.) mit ihren Zeremonialzentren San Lorenzo und La Venta (in den heutigen mexikanischen Bundesstaaten Veracruz und Tabasco). Die klassische Zeit (250–950 n. Chr.) wird durch die Blütezeit von Teotihuacán geprägt, einer Megastadt mit riesigem Zeremonialzentrum im Hochtal von Mexiko (nordöstlich von Mexiko-Stadt). Die postklassische Zeit (950 n. Chr. bis zur Ankunft der Spanier 1519) ist im Hochtal von Mexiko zunächst durch die Tolteken und ihre Stadt Tula (nordwestlich von Mexiko-Stadt; 950–1150 n. Chr.) gekennzeichnet. 1325 gründen die Azteken ihre Hauptstadt Tenochtitlán (heute Mexiko-Stadt), die 1521 von den Spaniern erobert wurde. Neben diesen Hochkulturen in Zentralmexiko sind als weitere »Nachbarkulturen« der Maya die der Zapoteken und Mixteken in Oaxaca mit ihrem Zentren Monte

6 Als ausführliche Darstellung sei hier auf den Marixwissen-Band »Das Alte Mexiko« von Ulrike Peters, 2015, verwiesen.

Albán und Mitla zu nennen. Alle mesoamerikanischen Kulturen zeichnen sich durch Gemeinsamkeiten aus, die Paul Kirchhoff erstmals zusammenstellt hat. Er betonte dabei folgende gemeinsamen Merkmale:

- Hierarchisch in Adel, Priester, Krieger, Handwerker und Bauern gegliederte Gesellschaften;
- Kultzentren und Stadtanlagen mit Tempelpyramiden, Palästen und Ballspielplätzen;
- hochentwickelte Kunstwerke wie Keramik, Skulpturen oder Malereien;
- Schrift-, Zahlen- und Kalendersysteme

Darüber hinaus lassen sich noch weitere Gemeinsamkeiten der mesoamerikanischen Kulturen feststellen. So basierten sie alle auf einer hochentwickelten Landwirtschaft mit Bewässerungstechniken. Die Grundnahrungsmittel waren und sind bis heute das »Dreigestirn« Mais, Bohnen und Kürbis. Man verwendete keine Werkzeuge aus Eisen. Nur mit Steinwerkzeugen errichtete man die monumentalen Pyramidenbauten. Zug- und Reittiere sowie Pflug und Töpferscheibe kannte man nicht.

Angesichts der kulturellen Leistungen in Mesoamerika stellt sich immer wieder die Frage, ob es sich dabei um eigene, autochthone Leistungen handelt oder ob die mesoamerikanischen Kulturen ihren Ursprung den Kulturen der Alten Welt verdanken oder zumindest von ihnen beeinflusst wurden. In der Wissenschaft stehen sich als Antwort auf die Frage nach dem Ursprung der neuweltlichen Kulturen zwei Theorien gegenüber: Die Diffusions- und die Konvergenztheorie. Die Diffusionstheorie besagt, dass gleiche bzw. ähnliche Kulturleistungen und -merkmale einen einzigen, gemeinsamen Ursprung haben, von dem aus sie sich verbreitet haben. Sie vertritt daher auch die Ansicht, dass die Leistungen der mesoamerikanischen Kulturen aus der Alten Welt stammen. Nach der Konvergenztheorie dagegen beruhen ähnliche Kulturphänomene nicht auf einem gemeinsamen Ursprung, sondern sind an verschiedenen Orten unabhängig voneinander mehrmals entstanden. Danach haben sich die mesoamerikanischen Kulturen ohne Einfluss der Alten Welt entwickelt.

Auf Ähnlichkeiten zwischen der Alten Welt und speziell der Maya-Kultur wurde zum Beispiel in Hinblick auf das Kalender- und Zahlensystem hingewiesen: Sowohl die alten Inder als auch die vorspanischen Maya rechneten mit der Zahl 0. Und die Kalendersysteme beider Kulturen rechneten mit großen Zeit- bzw. Weltepochen. Sogar der Beginn der Zeitrechnung ist ungefähr gleich: für die Inder ist es das Jahr 3102 v. Chr., für die Maya 3114 v. Chr. Eine Parallele zum alten China ist die besondere Verehrung des Drachen. Die »Gefiederte Schlange« – oft einem Drachen verblüffend ähnlich dargestellt – ist eine der wichtigsten Gottheiten in den mesoamerikanischen Kulturen. Ferner glaubte man, in einigen Skulpturen der Olmeken und Maya Ähnlichkeiten zu asiatischen Buddhadarstellungen feststellen zu können. Und sowohl in China als auch bei den Maya galt Jade als wertvoll und wurde häufig für Schmuck u. a. verwendet.

Generell ist aber von einem autochthonen Ursprung der mesoamerikanischen Kulturen auszugehen. Denn bisher hat man keinen einzigen archäologischen Fund vorliegen, der ganz eindeutig aus der Alten Welt stammt. Somit fehlen bislang »handfeste« Beweise für einen Einfluss der Alten auf die Neue Welt. Selbst wenn es solche Einflüsse vielleicht gegeben haben mag, dann waren sie nicht von entscheidender Bedeutung für die Entwicklung der mesoamerikanischen Kulturen. Als Teil Mesoamerikas standen die Maya immer wieder mit den anderen mesoamerikanischen Kulturen (vor allen denen von Zentralmexiko) in Kontakt und erhielten von ihnen dementsprechend Impulse. In der präklassischen Zeit waren es die Olmeken, in der klassischen Zeit die Stadt Teotihuacán und in der postklassischen Zeit Tula, die Kontakte mit der Maya-Kultur hatten und sie beeinflussten. Diese werden im Folgenden kurz dargestellt.

Nachbarkulturen der Maya: Olmeken, Teotihuacán und Tula

Der Beginn der Maya-Kultur in der präklassischen Zeit ist eng mit der Kultur der **Olmeken** verbunden. Diese beeinflusste als erste Hochkultur in Mesoamerika überhaupt nicht nur die Maya, sondern auch alle anderen mesoamerikanischen Kulturen wie

Teotihuacán, Zapoteken, Mixteken, Tolteken und Azteken. Denn schon in der olmekischen Kultur sind alle typischen Merkmale der mesoamerikanischen Hochkulturen nachweisbar, wie Stadtanlagen mit Tempeln, Schrift, Zahlen- und Kalendersystem oder das Ballspiel. Wer die Olmeken bzw. die Träger der olmekischen Kultur waren, ist nicht bekannt. »Olmeken« ist kein Eigenname einer Ethnie, sondern eine Benennung durch Archäologen mit einem Nahuatl-Wort, das »Leute aus dem Kautschukland« bedeutet.

Die olmekische Kultur ist durch zwei Phasen und zwei Orte gekennzeichnet: San Lorenzo im mexikanischen Bundesstaat Veracruz (1500–1150 v. Chr.) und La Venta im mexikanischen Bundesstaat Tabasco (1000–475 v. Chr.). In San Lorenzo bestand ein Zeremonialplatz mit zwei großen, mit Erde aufgefüllten Pyramiden sowie vielen Steinskulpturen, unter anderem den als Markenzeichen dieser Kultur geltenden riesigen Köpfen. Die Keramik der Olmeken war in weiten Teilen Mesoamerikas verbreitet, was auf einen intensiven Handel hindeutet. Das Ende von San Lorenzo kam plötzlich, wahrscheinlich durch Eroberung von außen. Ebenso wurde La Venta zerstört, erholte sich dann aber wieder und wurde zum zweiten Zentrum der Olmeken-Kultur. Das Zeremonialzentrum in La Venta glich dem von San Lorenzo. Kennzeichnend war eine große, 32 m hohe Pyramide mit rechteckigen Grundriss. Möglicherweise gehörte zudem ein Ballspielplatz zum Zentrum.

Kennzeichnend für die Olmekenkultur sind die vielen Steinskulpturen, oft in monumentaler Größe. In San Lorenzo fand man acht der riesigen, individuell gestalteten Köpfe aus Basalt. Diese sind ungefähr einen Meter hoch und bis zu 20 Tonnen schwer. Sehr wahrscheinlich handelt es sich um Darstellungen von Herrschern. Viele kleine, aus Jade und Serpentin geschnitzte Figuren, die man in La Venta fand, zeigen ein sogenanntes *baby-face*, bei dem sich die Züge eines Babys und eines Jaguars vermischen. Ferner gibt es Skulpturen, die wahrscheinlich einen Würdenträger (Herrscher oder Priester) darstellen. Ein anderer besonderer Typ von Steinmonumenten sind die großen, tischförmigen Altäre. An einer Längsseite befindet sich jeweils ein Relief mit der Darstellung eines Herrschers bzw. Würdenträgers im Schneidersitz, oft mit einem Kind oder »Jaguar-Baby« im Arm oder mit einem Kriegsgefangenen.

In der Religion spielten der Jaguar und der Werjaguar (ein Wesen halb Mensch, halb Jaguar) eine wichtige Rolle.

Der Einfluss der Olmeken reichte sehr weit: Im Nordwesten bis Puebla im Hochtal von Mexiko, Guerrero, Morelos und Oaxaca und im Süden bis Guatemala und El Salvador. Dies lässt sich anhand der Verbreitung von Handelsobjekten und des Kunststiles belegen. So gab es im Kerngebiet der Olmeken kein Obsidian. Es musste aus dem Hochland von Mexiko und aus Guatemala importiert werden. Aus dem Obsidian wurden Werkzeuge (Messer) und Figuren hergestellt. Die Expansion der Olmeken erfolgte vermutlich eher über Handelsbeziehungen als über militärische Eroberungszüge. Bezüglich der Beziehung zwischen Olmeken- und Maya-Kultur ist noch nicht alles geklärt. So ist die Frage, ob es nur einen einseitigen Einfluss der Olmeken auf die Maya-Kultur oder eventuell auch eine gegenseitige Beeinflussung gab, bislang unbeantwortet. Bei diversen archäologischen Funden ist es im Einzelfall nicht immer einfach oder gar unmöglich, sie konkret der einen oder der anderen Kultur zuzuordnen.

Ein Verbindungsglied zwischen Olmeken und Maya ist *Izapa* an der Pazifikküste des mexikanischen Bundesstaates Chiapas – ein Knotenpunkt des damaligen »internationalen« Handels. Izapas Besiedlungsgeschichte reicht von ca. 1900 v. Chr. bis 1000 n. Chr., die Blütezeit ist von 850 bis 100 v. Chr. anzusetzen. Berühmt ist die Stadt vor allem wegen ihrer 89 Stelen, die sich durch einen eigenen Stil auszeichnen: Sie zeigen Darstellungen von Gottheiten oder Herrschern in rituellen Szenen zwischen den Bereichen Himmel, Erde und Unterwelt. Diese Stelen weisen keine Hieroglypheninschriften oder Datumsangaben auf – im Unterschied zu den Stelen der späteren Epi-Olmeken (den Nachfolgern der Olmeken) und der Maya. Vielleicht hat man ganz bewusst auf Schriftzeichen verzichtet, da Izapa ein Schnittpunkt zwischen verschiedensprachigen Ethnien und Kulturen war. Zudem fanden sich 61 Altäre, meist in Form von Fröschen. Diese Stelen und Altäre standen in einem engen Zusammenhang, sodass man von einem Stele-Altar-Komplex spricht, der ebenso für die spätere klassische Maya-Zeit kennzeichnend ist. Einige Wissenschaftler vermuten, dass der 260-Kalender (Tzolk'in) hier entstanden und keine Erfindung der Maya ist.

Teotihuacán im Hochtal von Mexiko, ca. 50 km von Mexiko-Stadt entfernt, entwickelte sich in der Zeit der Klassik zu einer Megastadt, deren Handelsbeziehungen und Einfluss bis ins Maya-Gebiet reichte. Teotihuacán war religiöses Wallfahrtszentrum und Handelsmetropole in einem – größer als das antike Rom und die meisten europäischen Städte dieser Zeit.

Wer genau die Träger der Kultur von Teotihuacán waren, weiß man nicht. Die Anfänge eines Zeremonialzentrums sind in der Zeit zwischen 1 v. Chr. und 150 n. Chr. anzusetzen, die Blütezeit von 250–550 n. Chr. In der Zeit zwischen 550 und 650 n. Chr. zerstörte ein Brand das Stadtzentrum und beendete so diese Kultur.

Der schachbrettmusterartige Grundriss der Stadt Teotihuacán ist durch zwei Hauptachsen in vier Bezirke unterteilt. Eine dieser beiden Achsen ist die »Straße der Toten«, die das Zeremonialzentrum von Teotihuacán prägt. Diese Straße, die 2,5 km lang und 40 bis 50 m breit ist, verläuft in Nordsüd-Richtung. Rechts und links von ihr liegen – neben der riesigen »Pyramide der Sonne« und der etwas kleineren »Pyramide des Mondes« – eine Unzahl kleinerer Pyramiden, auf denen sich früher Tempel befanden. Die Mondpyramide befindet sich am südlichen Ende der Straße der Toten, die Sonnenpyramide, etwas zurückversetzt, an der Westseite dieser Straße. Die Straße der Toten endet nördlich im Zentrum mit dem Komplex der sogenannten Zitadelle und des Quetzalcoatl-Tempels. Bei der Zitadelle handelt es sich wahrscheinlich um den Herrscherpalast. Dahinter verlief eine zweite große Straße in Ostwestrichtung, sodass die Zitadelle und der Quetzalcoatl-Tempel sich an der Kreuzung der beiden Straßen und damit im Zentrum der Stadt befanden. Der Quetzalcoatl-Tempel wurde von den Archäologen nach seinem Fassadenschmuck benannt: Dieser zeigt abwechselnd vollplastische Köpfe der Gefiederten Schlange (Quetzalcoatl) mit federartigem Kopfputz und des Regengottes mit brillenartigen Augen. Dies ist die erste Darstellung der Gefiederten Schlange, die dann als Quetzalcoatl in Tula und als K'uk'ulkan in Chichén Itzá große Verehrung erlebte. Auf diesen beiden großen Pyramiden, der Sonnen- und der Mondpyramide, befand sich jeweils ein Tempel. Die Sonnenpyramide, 65 m hoch, hat eine Grundfläche von 225 m^2 und einen Inhalt von 1 Mio. m^3

(halb so viel an Rauminhalt wie die Cheopspyramide in Ägypten). Die Mondpyramide ist nicht ganz so groß wie die Sonnenpyramide. Welchen Gottheiten die beiden Pyramiden geweiht waren, ist unbekannt. Im Inneren der Mondpyramide wurden mehrere Opfergräber gefunden. Interessant ist das Opfergrab 5: Hier wurden drei Männer im Alter zwischen vierzig und siebzig Jahren im Schneidersitz nach Westen blickend bestattet, eine Bestattungsform, die nur sehr ranghohen Personen vorbehalten war. In Teotihuacán ist es das einzige Beispiel dieser Bestattungsform. Zwei der Männer trugen als Brustschmuck Pektorale, wie sie bei hohen Würdenträgern der Maya üblich waren, der Dritte trug zwei große, scheibenförmige Ohrringe. Nicht nur die Pektorale, sondern auch die Bestattungsform im Schneidersitz weisen auf das Maya-Gebiet hin. Das Grab wäre somit ein Beleg für die Kontakte und Handelsbeziehungen zwischen Teotihuacán und den Maya. Bei den Toten handelt es sich dementsprechend vermutlich um Würdenträger, Botschafter, Krieger oder vielleicht Händler aus dem Maya-Gebiet.

Die Grundlage der Kultur von Teotihuacán war neben einem intensiven Feldbau mit künstlicher Bewässerung vor allem ein »weltweiter« Handel weit nach Norden (bis Sinaloa), bis nach Oaxaca im Westen, zur Golfküste im Osten und nach Süden bis ins Maya-Gebiet hinein. Trotz des oben erwähnten intensiven Feldbaus wurden große Mengen von Lebensmitteln aufgrund der hohen Bevölkerungszahl von außerhalb eingeführt, ebenso Keramik und Luxusartikel (Türkissteine, Jade, Gold, Federn exotischer Vögel, Kakao etc.). Andererseits exportierte Teotihuacán zum Beispiel Keramikwaren nach Oaxaca, Veracruz und ins Maya-Gebiet bis Guatemala. Ein wichtiger Exportartikel war Obsidian.

Zwischen Teotihuacán und dem Maya-Gebiet bestanden dementsprechend zunächst Handelskontakte, denn die exotischen Güter wie Jade, Kakao oder Vogelfedern aus dem Maya-Land waren in Teotihuacán begehrt, und umgekehrt war grünes Obsidian bei den Maya gefragt. Später kam es allerdings zu einer Invasion durch Teotihuacán in Tikal und anderen Maya-Städten.[7]

---

7 s. S. 70.

Tula im Hochtal von Mexiko, ca. 90 km nördlich von Mexico-Stadt, war die Hauptstadt der Tolteken in der Frühen Postklassik. Über die Tolteken sind wir durch aztekische Berichte und Mythen informiert. Die Stadt Tula selbst bestand aus drei zeremonialen Komplexen: Tula Chico, Tula Grande und El Corral. Das bekannteste Gebäude von Tula Grande ist der Tempel des Quetzalcoatl, auch Tempel des Tlahuizcalpantecuhtli (»Morgenstern« bzw. »Venusstern«; eine Erscheinungsform des Quetzalcoatl) oder Tempel B genannt. Er ist schon von Weitem durch die auf der Pyramidenplattform stehenden Säulen in Gestalt von Kriegern erkennbar. Die Krieger stellen wahrscheinlich Quetzalcoatl dar, und zwar in seiner Erscheinung als Tlahuizcalpantecuhtli, dem Morgenstern. Sie tragen jeweils einen Panzer aus Baumwolle, einen Helm aus Quetzalfedern, einen Schild auf dem Rücken und ein Schmetterlingswappen oder -schild auf der Brust sowie Waffen (Pfeile und Atlatl, die Speerschleuder). Man nennt die Krieger-Figuren auch Atlanten, da man davon ausgeht, dass sie als eine Art Säulen das Dach des Tempels getragen haben. Die Basis der Pyramide ist mit Reliefplatten versehen, die abwechselnd Jaguare und Adler zeigen, die Herzen verschlingen. Neben dem Tempel des Quetzalcoatl befinden sich der »abgebrannte Palast« (*Palacio Quemado*) und der »Haupttempel«, von dem heute nur noch die vordere Seite erhalten ist. Vor den toltekischen Tempeln waren oft Chak Mo'ol-Figuren aufgestellt: mit angewinkelten Beinen auf dem Rücken liegende Kriegerfiguren, den Kopf zur Seite gedreht und mit den Händen auf dem Bauch eine Schale haltend. Wahrscheinlich hatten sie die Funktion von Altären, in die Schale wurde das Opfer gelegt. Schließlich sind in Tula Grande noch zwei Ballspielplätze zu erwähnen.

Man vermutet, dass die Kultur der Tolteken durch einen kriegerischen Aspekt gekennzeichnet war, denn die Städte sind befestigt oder auf Bergen angelegt und es werden sehr häufig Krieger dargestellt. Notwendige Nahrungsmittel und Luxusartikel, die man selbst nicht besaß bzw. herstellte, erwarb man durch Handel oder durch mit Waffengewalt erzwungene Tribute. Der Handel der Tolteken – vor allem Export von Obsidian und Import von Keramik – reichte weit nach Westen und Norden sowie bis ins

Maya-Gebiet hinein. Nicht zufällig gelten daher Tula und Chichén Itzá als Zwillingsstädte: Beide Städte sind in gleicher Art und Weise geplant und gebaut. Außerdem finden sich in Chichén Itzá toltekische Architekturmerkmale: Chak Mo'ol-Figuren, Säulen in Form von Schlangen mit Schlangenköpfen an der Basis, Krieger- und Jaguarfiguren, die als »Bannerträger« für Papierfahnen und als Trägerfiguren (»Karyatiden«) von Altären dienten. was auf eine mehr oder weniger intensive Beziehung schließen lässt. Wie diese Beziehungen konkret aussahen, ist bis heute nicht geklärt.

Durch den Mythos bekannt und wahrscheinlich eine historische Person von Tula ist der Herrscher *Ce acatl topiltzin* (»Unser Herr Eins Rohr«), der gleichzeitig Priester des Gottes Quetzalcoatl war und als solcher auch den Namen Quetzalcoatl trug. Angeblich lebte er von 947 bis 999 n. Chr. Der Mythos erzählt vom Ende der Herrschaft dieses Quetzalcoatls und der Tolteken: Von seinen Kontrahenten ließ er sich verleiten, Alkohol zu trinken und war deshalb als Herrscher und Priester nicht mehr tragfähig. So verließ er die Stadt und fuhr mit einem Schiff übers Meer. Hier stellt sich die Frage, ob der Mythos Bezug nimmt auf die historische Auswanderung von Einwohnern Tulas nach Chichén Itzá. Damit könnte die Erwähnung von Diego de Landa in seinem *Bericht aus Yukatan* in Verbindung stehen, dass ihm die Indios in Yukatan von drei Häuptlingen erzählt hätten. Diese seien mit ihren Leuten aus dem Westen nach Chichén Itzá gekommen. »Sie waren große Verehrer ihres Gottes, und darum errichteten sie viele Gebäude, die sehr schön sind, insbesondere eines, das größte[8] [...] Diese Häuptlinge, erzählen sie, hätten ohne Frauen und überaus ehrsam gelebt, und solange sie so lebten, hätten alle sie immer hochgeachtet und ihnen gehorcht.«[9] Aber nach dem Verschwinden oder Tod eines dieser Häuptlinge begingen die Nachfolger solche »Verfehlungen«, sodass das Volk sie getötet und den Ort zerstört und verlassen habe.

8 Gemeint ist der Tempel des Quetzalcoatl in Chichén Itzá, den Landa im Anschluss ausführlich beschreibt.

9 Diego de Landa 2017, 172.

Das Kulturareal der Maya – geologisch gesehen

Das etwa 350 000 km^2 große Kulturareal der Maya umfasst den südlichen/südöstlichen Teil von Mexiko (mit den Bundesstaaten Tabasco, Campeche, Yukatan, Quintana Roo und Chiapas), alle Gebiete der heutigen Staaten Guatemala und Belize, El Salvador sowie den westlichen Teil von Honduras. Geografisch gesehen gehört das Maya-Gebiet zum nordamerikanischen Kontinent, wobei der größte Teil zu der als Zentral- bzw. Mittelamerika bezeichneten Landbrücke zwischen Nord- und Südamerika gehört. Dabei bildet der Isthmus von Tehuantepec die nördliche Grenze. Aufgrund seiner Lage südlich des Wendekreises des Krebses ist das Maya-Gebiet den Tropen zuzuordnen. Geografisch unterscheidet man die pazifische Küstenregion, das durch Gebirgsketten geprägte Hochland und das flache, durch Regenwald sowie – im Fall von Yukatan durch Savannenlandschaft – gekennzeichnete Tiefland. Diese Einteilung entspricht weitgehend den Kulturarealen der Maya. Man spricht auch von einer Südregion (pazifische Küstenebene und Hochland), einer Zentralregion (südliches Tiefland) und einer Nordregion (nördliches Tiefland bzw. Yukatan). Diese Kulturareale sollen im Folgenden geologisch näher beschrieben werden.

Die Südregion ist das Hochland, das vom mexikanischen Bundesstaat Chiapas über Guatemala bis El Salvador reicht. Dieses Hochland besteht aus mehreren von Nordwesten nach Südosten verlaufenden Gebirgsketten wie der Sierra de los Cuchumatanes im Norden und der Sierra Madre de Chiapas im Süden mit größtenteils noch aktiven Vulkanen. Der Vulkan Tajumulco in der Sierra Madre ist mit 4220 m Höhe der höchste Vulkan Mittelamerikas, der Vulkan Tacaná erreicht 4093 m. Im Hochland befinden sich die Quellen der drei großen Flüsse des Maya-Gebietes: des Río Grijalva, des Río Usumacinta und des Río Motagua. Die Südregion ist klimatisch der *Tierra Templada* (gemäßigte Zone) und *Tierra Fría* (kalte Zone) zu zuordnen. Die *Tierra Templada* umfasst das Gebiet in einer Höhe von 800 bis1800 m, mit vorwiegend aus Laubbäumen bestehenden Mischwäldern. Hier erreichen die Tagestemperaturen maximal 30 Grad und die Nachttemperaturen liegen unter 20 Grad. Die *Tierra Fría* (kalte Zone) liegt über 1800 m Höhe

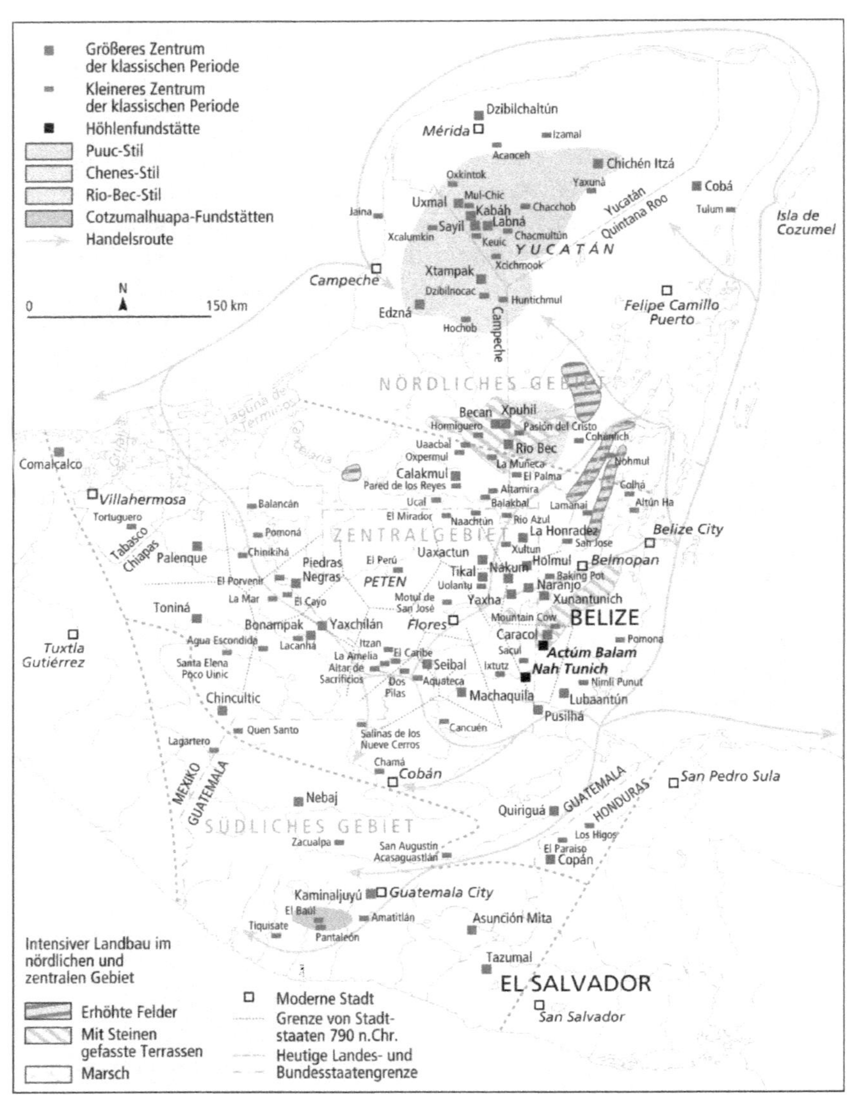

Übersichtskarte über das Gebiet der Maya-Kulturen

und weist eine den Alpen ähnliche Vegetation mit Mischwäldern aus Nadel- und Laubbäumen sowie Graslandschaft auf. Die durchschnittliche Tagestemperatur liegt bei 15 bis 25 Grad und die Nachttemperaturen können gelegentlich auch um den Gefrierpunkt liegen. Der Übergang von Hoch- zum Tiefland ist durch einen – aufgrund der langen Regenzeit tropischen – Bergwald gekennzeichnet.

Das Zentralgebiet, auch »südliches Tiefland« genannt, umfasst die guatemaltekischen Departamentos Petén und Izabal. Es reicht in die Nachbarländer Mexiko (Tabasco sowie die südlichen Teile von Campeche und Quintana Roo) einerseits und Belize sowie Honduras andererseits hinein. Das Gebiet besteht größtenteils aus Regenwald. Klimatisch ist dieser Regenwald der sogenannten *Tierra Caliente* (heißen Zone) zuzuordnen – einer Zone, die bis zu 800 m über dem Meeresspiegel reicht. Kennzeichnend sind Tagestemperaturen bis zu 40°C und Nachttemperaturen um die 20°C. Diese tropische Regenwaldzone hat einen durchschnittlichen Jahresniederschlag von 2000 bis 4000 mm und eine Luftfeuchtigkeit von 70 bis 80 %. Im Vergleich hat Köln einen Jahresniederschlag von 804 mm. Zur Zentralregion gehören als einziges Gebirge die bis zu 1000 m hohen Maya Mountains in Belize. Ansonsten ist das Grenzgebiet zwischen Guatemala und Belize durch Sumpf und eine Seenlandschaft (Dep. de Petén, Guatemala) geprägt. Der Westen des Tieflandes bzw. der mexikanische Bundesstaat Tabasco ist sumpfig bzw. ein Schwemmgebiet des Usumacinta und seiner Nebenflüsse.

Die Nordregion entspricht dem nördlichen Teil der Halbinsel Yukatan und umfasst die mexikanischen Bundesstaaten Yukatan, den Norden von Campeche und von Quintana Roo sowie einen kleinen Teil von Belize. Diese in die Karibik hineinreichende Halbinsel mit savannenartiger Landschaft und buschartiger Vegetation ist geologisch gesehen eine insgesamt 450 km breite Kalksteinplatte. Durch den Einbruch von unterirdischen Höhlen entstand unter dem Erdboden Yukatans ein ganzes System miteinander verbundener Wasserbecken.[10] Diese *Cenotes*, wie sie in der Mayasprache heißen, waren letztlich die einzige Möglichkeit der

10 s. S. 108 f.

Wasserversorgung und galten den Maya daher als heilig. Die Stadt Chichén Itzá (»am Rand des Brunnens der Itzá«) verdankt einem solchen *Cenote* ihre Entstehung und ihren Namen. Denn Yukatan ist eine sehr regenarme Landschaft ohne größere Flüsse, mit Ausnahme des Usamacinta und des Belize River.

Geologische Besonderheiten des Maya-Gebietes sind die immer wiederkehrenden Erdbeben, die Vulkantätigkeiten und die Hurrikans bzw. tropischen Wirbelstürme. Das Maya-Gebiet liegt an dem durch Vulkane und Erdbeben geprägten »Pazifischen Feuerring«. Vor allem in Guatemala besteht daher ein extrem hohes und ständiges Erdbebenrisiko. Ursache dafür sind zwei Faktoren: Zum einen schiebt sich an der Pazifikküste die Cocos-Erdplatte unter die leichtere Karibische Erdplatte, und zum anderen gibt es darüber hinaus eine zweite Verschiebung zwischen der Karibischen und der Nordamerikanischen Erdplatte. Das Hochland besteht aus vielen Vulkanen, von denen die meisten nach wie vor aktiv sind. Durch diese tektonische und vulkanische Aktivität ist der Boden reich an Mineralien und daher für den Ackerbau besonders geeignet.

Der Unterschied zwischen Sommer und Winter ist im Maya-Gebiet nicht so entscheidend wie der zwischen der Regenzeit von Juni bis Oktober (in den nördlichen und östlichen Gebieten bis Dezember) und der Trockenzeit von November bis Mai. Kennzeichnend für die Regenzeit sind kurze, starke Schauer, meist zur Nachmittagszeit, nicht Dauerregen. Ein Phänomen der Regenzeit und kennzeichnend für die Küstengebiete sind die allseits gefürchteten Hurrikans. Diese tropischen Wirbelstürme haben eine Windstärke von 12 bzw. eine Windgeschwindigkeit von 118 km/h. Vermutlich verdanken die Worte »Hurrikan« und »Orkan« ihre Herkunft einer für Sturm und Wind zuständigen Maya-Gottheit namens *Huracán* (*Hun-r-akan*).

Flora und Fauna: Grundlage von Wirtschaft und Religion

Das Maya-Gebiet ist durch eine sehr hohe Biodiversität (d. h. eine Artenvielfalt von Pflanzen und Tieren) geprägt. Grund dafür sind die gerade beschriebenen sehr unterschiedlichen Lebensräume.

Im Folgenden soll ein Überblick über die wichtigsten Pflanzen und Tiere gegeben werden, die nicht nur für die Wirtschaft, sondern auch für das Weltbild und die Religion der Maya von Bedeutung waren. So zeigt sich die bedeutende Rolle des Maises als wichtigstes Nahrungsmittel im Leben der Maya in der Religion, wie zum Beispiel im zentralen Mythos von der Erschaffung der ersten Menschen aus Mais.

Die für die Maya-Wirtschaft wichtigen Pflanzen Mais, Bohne, Kürbis, Kakao, Tomate, Vanille, Tabak, Avocado und Papaya sind als indianisches Erbe heute auch bei uns bekannt. Mais, Bohne und Kürbis sind dabei die wichtigste Nahrungsgrundlage der Maya und auch der Nachbarkulturen. »Aus gelbem und weißen Mais machten sie sein Fleisch. Aus Maisbrei machten sie die Arme und Beine des Menschen. Einzig Maismasse trat in das Fleisch unserer Ahnen, der vier Menschen, die geschaffen wurden.«[11] So berichtet der Schöpfungsmythos im *Popol Vuh* über die Erschaffung des Menschen aus Mais. Dieser Mythos über die »Maismenschen« belegt die Bedeutung der Maispflanze als Hauptnahrungsmittel bis heute nicht nur der Maya, sondern in ganz Mesoamerika. Besondere Bedeutung kommt dem Beginn der Domestikation des Maises in Mexiko um 5000 v. Chr. zu, weil diese den Übergang von der nomadischen Großwildjägerkultur zur sesshaften Ackerbauerkultur und somit den ersten Schritt zur Hochkultur markiert. Der Beginn der Kultivierung des Maises war daher eine kulturelle Revolution ähnlich wie der Beginn des Getreideanbaus in der Alten Welt. Die Anfänge des Maisanbaus lassen sich archäologisch im Gebiet des heutigen mexikanischen Bundesstaates Tamaulipas nachweisen, im Tal von Tehuacán (Puebla) bis hin nach Oaxaca.

Mais (*Zea mays*) gehört zur Familie der Süßgräser. Der Name stammt aus der Sprache der Arawak-Indianer der Karibik und Südamerikas, auf die Christoph Kolumbus auf einer seiner Entdeckungsfahrten traf. Kolumbus war es, der den ersten Mais nach Europa brachte. Schon 1525 gab es in Spanien die ersten Maisfelder. Ursprünglich auf wärmeres Klima angewiesen, wird der Mais heute in entsprechend klimatisch resistenten Sorten weltweit

---

11 Popol Vuh 1978, 103.

angebaut – in den meistens Ländern als Tierfutter. Der kultivierte Mais stammt von dem Wildgras Teosinte ab. Die Ähre der Teosinte mit zwei Reihen von Körnern ist dem Aussehen nach eher den Ähren von Weizen oder Gerste vergleichbar als den großen Kolben mit mehreren Körnerreihen heutiger Maispflanzen, die ohne menschliche Hilfe nicht mehr fortpflanzungsfähig sind. Trotz dieser Unterschiede haben aber Teosinte und der heutige Mais dieselbe Chromosomenzahl, ihre Blüten gleichen sich und sie können sich miteinander vermischen. Daher ist man sich heute sicher: Teosinte ist die Urform des Maises.

Die bei uns hauptsächlich verzehrte **Gartenbohne** (*Phaseolus vulgaris L.*) mit ihren verschiedenen Sorten (grüne Bohne, rote Kidney-Bohne, weiße Bohne oder gelbe Wachsbohne) stammt aus Zentralamerika und ist bis heute neben dem Mais das Grundnahrungsmittel der Maya. Als drittes wichtiges Nahrungsmittel sind die verschiedenen Sorten der **Kürbisse** (*Cucurbita*) zu nennen. Der Kürbis ist ebenfalls eine Pflanze amerikanischen Ursprungs, die vermutlich schon 10 000 v. Chr. domestiziert wurde. Und schließlich verdanken wir den Maya noch **Kakao und Schokolade**. Schon 1502 lernten Kolumbus und seine Mannschaft die Kakaobohnen kennen, als sie auf ein Handelskanu der Maya trafen.[12] Sie waren darüber verwundert, wie eifrig sich gleich mehrere Maya bückten, um heruntergefallene Kakaobohnen aufzuheben. Kakao war bei den Maya ein Luxusgut, sowohl als Zahlungsmittel als auch als Getränk der High Society. Die Wörter Schokolade und Kakao stammen von den Maya-Wörtern *cacau haa* und *chocol haa* (»heißes Wasser«). Die Spanier machten aus *chocol haa* das Nahuatl-Wort *chocolatl* und so wurde es in die anderen europäischen Sprachen übernommen.[13]

Die Kakao-Pflanze (*Theobroma cacao*) gehört zur Familie der Malvengewächse. Die Pflanze ähnelt einem Obstbaum: Die Früchte wachsen direkt am Baumstamm und sehen wie Honigmelonen oder übergroße Zitronen aus. Eine Frucht enthält 20 bis 60 Bohnen. Heute werden – je nach Schokoladenart – aus 15 bis 100

---

12 s. S. 136.

13 So die Erklärung von Sophie u. Michael D. Coe 1996, 140.

Kakaobohnen eine halbe bis drei Tafeln Schokolade hergestellt. Bei der Ernte löst man die Kakaobohnen aus dem Fruchtfleisch und legt sie zum Trocknen in der Sonne aus. Die Herkunft der Kakaopflanze ist nicht eindeutig geklärt, wahrscheinlich stammt sie aus Südamerika. Der Anbau des Kakaos aber begann im Maya-Gebiet. Einen Hinweis für den Beginn des Anbaus liefern uns auf die Zeit um 1150 v. Chr. datierte Keramikreste in Honduras (Ulúa-Tal), in denen der in Mittelamerika nur in Kakao vorkommende Stoff Theobromin nachgewiesen wurde. Das Hauptanbaugebiet der Kakao-Pflanze ist heute nicht mehr Mittelamerika, sondern Afrika.

Der Siegeszug des Kakaos bzw. der Schokolade in Europa begann erst, nachdem die Spanier diese ihrem Geschmack angepasst hatten: Während die Maya den Kakao heiß und mit Chili-Pfeffer gewürzt tranken, genossen die Spanier diesen kalt oder lauwarm mit Zutaten der Alten Welt wie Zucker, Zimt, Anis und teilweise schwarzen Pfeffer. Für das Jahr 1544 ist erstmals belegt, dass das Schokoladengetränk an den spanischen Königshof gelangte, neben anderen Geschenken und Handelsgütern für den König. 1585 wurde dann erstmals eine Schiffsladung Kakao von Veracruz nach Sevilla geliefert. Als Getränk fand die Schokolade dann von Spanien aus ihre Verbreitung in ganz Europa, zum einen durch die Königs- und Fürstenhäuser, zum anderen durch die Klöster bzw. Orden, vor allem den Jesuitenorden. Die Schokolade entwickelte sich zu einem beliebten, aber gleichzeitig nach wie vor der High Society vorbehaltenen exotischen Getränk. Für die Kirche war die Einordnung des neuen Getränkes nicht einfach, sodass damals Theologen Streitgespräche darüber führten, ob und inwiefern der Genuss von Schokoladengetränken in der Fastenzeit erlaubt sei oder nicht.

Die **Agave**, die bis zu einer Höhe von knapp über 2000 m vorkommt, ist seit der vorspanischen Zeit eine wichtige Nutzpflanze: Aus den Blättern stellte man die Kleidung der einfachen Bevölkerung her, die Dornen benutzte man als Nadeln und für das Blutopfer.

Die **Baumwollpflanze** (*Gossypium hirsutum*) ist ein ca. sechs Meter hoher Strauch, dessen Früchte sich durch lange Faserbüschel auszeichnen, die zur Herstellung von Textilien dienen. Während das Importgut aus dem Orient Baumwolle in der europäischen Antike als Luxusgut galt und erst im Mittelalter weite Verbreitung fand, lässt sich der Anbau von Baumwolle in Zentralmexiko im Tal von Tehuacán bereits in der Zeit zwischen 3400 und 2300 v. Chr. nachweisen. Im Maya-Gebiet kommt die Baumwolle in zwei Arten, einer weißen und einer braunen, vor, wie Diego de Landa berichtet: »Man erntet wunderbar viel Baumwolle, und sie wächst überall im Land; von ihr gibt es zwei Arten: Die eine säen sie jedes Jahr aus, und ihr Strauch, der klein ist, hält sich nur jenes eine Jahr; der andere Strauch hält sich fünf oder sechs Jahre; und in jedem Jahr liefert er seine Früchte, die ein paar walnussgroße Kapseln mit grüner Schale sind; sobald eine derartige Kapsel reif ist, platzt sie an vier Stellen auf, und dann hat man die Baumwolle vor sich.«[14]

Im tropischen und sehr artenreichen Regenwaldgebiet der Maya sind diverse **Baumarten** von wirtschaftlicher Bedeutung zu erwähnen. Bäume, die den Maya Früchte lieferten, sind der Brotnussbaum (*Brosimum alicastrum*), der Avocado-Baum (*Persea americana*), der Papaya-Baum (*Carica papaya*) oder die Schwarze Sapote (*Diospyros ebenaster*), ein Baum mit tomatenähnlichen Früchten. Aus dem gegorenen Saft des Amapolabaums (*Pseudobombax elipticum*) wurde ein alkoholisches Getränk für kultische Zwecke gewonnen. Die Früchte des Brotnussbaums wurden ähnlich wie Mais gemahlen und zu Tortillas verarbeitet. Aus dem Copal-Baum (*Protium copal*) wurde das Räucherharz (Copal) gewonnen, aus dem Milchsaft des Breiapfel- bzw. Sapotebaums (*Manilkara zapota*) das Chicle-Gummi, das wir heute als Erbe der Maya für die Kaugummiherstellung verwenden. Ebenfalls ein indianisches Erbe ist der vom Panamakautschukbaum (*Castilla elastica*) stammende Kautschuk, aus dem die Maya die Vollgummi-Bälle des rituellen Ballspiels herstellten und der heute als Gummi in verschiedenster Form (einschließlich Latex) Verwendung findet. Schon die Maya nutzten das gegen Feuchtigkeit und Termiten resistente Holz des bis zu 70 m hohen Amerikanischen Mahagoni-Baums (*Swietenia macrophylla*; auch *Caoba* genannt) für ihre Bauten. Und schließlich ist der heilige Baum der Maya zu nennen, der Kapokbaum (*Ceiba*

14 Diego de Landa 2017, 205.

pentandra) – oder *Yaxché*, wie der Maya-Name lautet –, der mit einer Höhe von bis zu 70 m, einer weit ausladenden Krone und einem Stammumfang von drei bis fünf Metern nicht nur im Regenwald auffällt, sondern auch als Schattenbaum die Plätze bzw. *Zócalos* der Dörfer und Städte damals wie heute prägt. Als kosmischer Baum symbolisierte er für die Maya die alles verbindende Weltachse.

Kaffee, Banane, Kokosnuss, Zuckerrohr und Zitrusfrüchte sind Pflanzen, die ursprünglich nicht in der Neuen Welt beheimatet waren, sondern aus der Alten Welt stammen, aber heute in der Landwirtschaft des Maya-Gebietes vor allem als Exportgüter eine durchaus wichtige Rolle spielen.

Die Tierwelt des Maya-Gebietes, vor allem die des Regenwalds, ist sehr artenreich, sodass hier wiederum nur die wirtschaftlich relevanten Arten aufgezählt werden sowie die, die das Weltbild, vor allem die Religion, der Maya besonders prägten. Als Säugetiere sind zu nennen Jaguar, Hirschwild, Kaninchen, Pekari, Affen, Opposum und Fledermäuse. Von den Vögeln sind vor allem der Quetzalvogel, Papageien, Tukan und Kolibris zu erwähnen, von den Reptilien die verschiedenen Schlangenarten, Krokodile, Leguane und Schildkröten und schließlich die verschiedenen Fisch- und Muschelarten.

Der **Jaguar** (*Panthera onca*) zählt zu den Großkatzen. Er ist die drittgrößte Katzenart der Welt nach Tiger und Löwe und die größte auf dem amerikanischen Kontinent. Sein Körpergewicht beträgt durchschnittlich 60 kg, die Körperlänge (ohne Schwanz) variiert zwischen 1 und 1,80 m. Seine Beutetiere sind sehr vielfältig, von größeren Säugetieren wie Hirsch, Affen oder Nagetieren über Vögel, Reptilien bis hin zu Fischen.

Schon in der ersten Hochkultur Mesoamerikas, bei den Olmeken, wurde dem Jaguar eine ganz besondere Verehrung zuteil. Dies erklärt man damit, dass der Jaguar als größte Raubkatze Amerikas für den Menschen ein gefährliches und furchteinflößendes Tier war. Indem man den Jaguar im Kult verehrte, hoffte man, die Gefährlichkeit des Jaguars zu bannen und seine Macht für sich nutzbar machen zu können. Dies war vor allem die Macht, Regen und somit Fruchtbarkeit zu bringen. Diese Eigenschaften wurden dem Jaguar wohl deshalb zugeschrieben, weil er nicht nur auf der

Erde und auf Bäumen, sondern auch oft an Flüssen und Gewässern seine Beutetiere jagt und ein guter Schwimmer ist. Als »Herr der Tiere«, der diese jagt und erbeutet, selbst aber keine Feinde hat außer den Menschen, gilt der Jaguar in ganz Mesoamerika als Symbol der Macht, mit dem sich auch die Herrscher und Krieger gerne darstellten.

Im Schöpfungsbericht des *Popol Vuh* werden *Waldjaguar*, *Nachtjaguar* und *Mondjaguar* als Namen der ersten Menschen genannt. Die Bezeichnung »Jaguar« ist öfters Bestandteil des Namens der Maya-Herrscher, wie zum Beispiel »Schlangen-Jaguar« (*Chan B'alam*) von Palenque oder »Stammvater-Jaguar« (*Yat B'alam*) von Yaxchilán. Zudem ließen sich Herrscher sowie Krieger gerne mit Attributen des Jaguars als Ausdruck ihrer Macht darstellen, zum Beispiel mit Umhängen aus Jaguarfell oder Jaguarmasken sowie Schuhen aus Jaguartatzen. Einige Maya-Herrscher ließen sich mit diesen Jaguar-Attributen auch bestatten, wie Funde in Kaminaljuyú, Uaxactún oder Altun Ha zeigen. Anlässlich der Bestattung des Herrschers Yax Pac von Copán opferte man 15 Jaguare. Die Macht eines Herrschers zeigte sich nicht zuletzt im Krieg. Bekannt ist die Stele 26 von Yaxchilán, die wohl die Vorbereitung eines Krieges zeigt: Der Herrscher Schild-Jaguar steht in Kriegerrüstung vor seiner Frau Xoc, die ihm ein Getränk in einem Gefäß in Form eines Jaguarkopfes reicht. Auch in der nachklassischen Zeit sind in Chichén Itzá (Yukatan) – ähnlich wie in der Toltekenhauptstadt Tula – Reliefdarstellungen von Jaguaren üblich, die Menschenherzen verschlingen und sich mit Kriegerdarstellungen abwechseln, ebenso Steinaltäre in Jaguarform. Diese Darstellungen können als Belege für die Verbindung des Jaguars mit Menschenopfern und Krieg gelten.

Fleischlieferanten der Maya waren Pekari, Hirsch, Kaninchen und Opposum. Das Pekari oder Nabelschwein (*Tayassu*) kommt in zwei Gattungen vor. Ebenso gibt es eine Reihe verschiedener Hirscharten der Gattung *Odocoileus*, die sowohl im Regenwald als auch in der Savannenlandschaft von Yukatan und im Hochland verbreitet sind. Ob Wüste, Sümpfe, Wald, Buschland oder Gebirge, die diversen Arten der Baumwollschwanzkaninchen (*Sylvilagus*) sind überall präsent. Sie erscheinen als Attribut der Fruchtbarkeits-,

Mond- und Wassergottheit Ix Chel. Als Tageszeichen *8 Kaninchen* wurde es in den Maya-Kalender aufgenommen, und selbst ein Herrscher von Copán trug den Namen *18 Kaninchen*.

Als **Affenarten** sind vor allem die Klammeraffen (*Ateles*) und der Brüllaffe (*Alouatta palliata*) zu nennen. Der Schutzpatron der Schreiber war eine Affengottheit. Als nachtaktive Tiere wurden die **Fledermäuse** von den Maya mit der Unterwelt in Verbindung gebracht. Im Unterschied zu den Fledermäusen der Alten Welt zählen ihre neuweltlichen Verwandten zu den Vampirfledermäusen (*Desmodontinae*) und ernähren sich vom Blut ihrer Beutetiere. Eine Ausnahme sind die Fruchtvampire, die sich (wie der Name schon sagt) von Früchten ernähren, wie die nur ca. vier Zentimeter große, vor allem in Honduras vorkommende Weiße Fledermaus (*Ectophylla alba*).

Der Mittelamerikanische Tapir (*Tapirus bairdii*) gilt im Dresdner Maya-Codex als Symbol des Planeten Mars und heute als Wappentier von Belize. Diego de Landa schreibt dazu: »Die Indios hielten es für eine große Heldentat, dieses Tier zu töten, und das Fell oder Teile von ihm wurden als Andenken gehütet und bis an die Urenkel weitervererbt [...].«[15] Als weitere Säugetiere sind die zu den Kleinbären zählenden Nasen- bzw. Rüsselbären (*Nasua*), der Wickel- bzw. Honigbär (*Potos flavus*), die Ameisenbären und Faultiere, Gürteltiere sowie ferner diverse Nagetiere wie die mit den Meerschweinchen verwandten Pacas (*Cuniculus*) und Agutis (*Dasyproctidae*) sowie das Südopossum (*Didelphis marsupialis*), eine Beutelrattenart, zu nennen.

Die bunten Federn der artenreichen Vogelwelt (allein bis zu 900 Arten in Guatemala) fanden bei den Maya als kostbarer Schmuck in vielfältiger Form Verwendung. Von den vielen Papageienarten ist vor allem der Hellrote Ara (*Ara macao*) zu erwähnen, der mit fast einem Meter Länge weltweit zu den größten Papageien zählt. Ebenso gehören Eulen wie der Virginia-Uhu (*Bubo virginianus*) oder die Amerika-Schleiereule (*Tyto furcata*) zur Vogelwelt. Die Eule gilt als Attribut des Gottes L, dem die Bereiche Schöpfung und Unterwelt zugeordnet werden. Und schließlich ist eine Reihe von

15 Ebd., 211.

Greifvögeln zu nennen: Adler, Geier, Falken und Sperber. Die vorwiegend sich von Aas ernährenden und so als Gesundheitspolizei wirkenden Geierarten wie der Königsgeier (*Sarcoramphus papa*) und der Kleine Gelbkopfgeier (*Cathartes burrovianus*) mit ihren farbigen Köpfen sowie der einem Truthuhn ähnelnde Truthahngeier (*Cathartes aura*) wurden in den Kalender als Tageszeichen Geier aufgenommen. Neben dem Adler ist die Harpyie (*Harpia harpyja*) als einer der größten und stärksten Greifvögel der Welt zu nennen. Es ist zu vermuten, dass bei der Bezeichnung Adler in den Quellen oft in Wirklichkeit die Harpyie gemeint ist. An kleineren Vögeln sind die Sägeracken (Motmots) oder Kolibri-Arten zu erwähnen. Auffallend sind die zur Familie der Spechtvögel zählenden Tukane (*Ramphastidae*) mit ihren bunt gefärbten riesigen Schnäbeln, die unter anderem zur Regulierung der Körpertemperatur dienen. Wie Diego de Landa berichtet, ergänzten tauben- und rebhuhnartige Vögel sowie Wachteln, Enten und Gänse den Speiseplan der Maya.[16]

Eine besondere Bedeutung kommt dem **Quetzalvogel** (*Pharomachrus mocinno*) zu, der heute das Wappentier Guatemalas darstellt. Er war namensgebend für den zentral-mexikanischen Gott Quetzalcoatl (»Gefiederte Schlange«, von Nahuatl *quetzal* = »Quetzalvogel« bzw. »Feder des Quetzal«, *coatl* = »Schlange«), der als K'uk'ulkan für Chichén Itzá prägend ist. Der zur Familie der Trogone gehörende, fast 40 cm große und bis 200 g schwere und im Regenwald lebende Vogel zeichnet sich durch ein farbig-schillerndes, vor allem rotes und grünes Gefieder aus. Der Schwanz kann bis zu einem Meter lang werden. Nur während der Brutzeit haben die Männchen bis zu 80 cm lange Oberschwanzdecken, d. h. den Schwanz verdeckende Federn, die danach wieder ausfallen. Die Federn des Quetzal, vor allem die während der Brutzeit gebildeten Oberschwanzdecken, galten als besondere Luxusartikel und waren dementsprechend wertvolle Handels- und Tributobjekte.

Das Maya-Gebiet ist für die Vielfalt an **Schlangenarten** bekannt: Während Mexiko weltweit als Land mit den meisten Schlangenarten gilt, 705 an der Zahl, kommen in Guatemala dagegen »nur«

16 Ebd., 206–210.

an die 100 Schlangenarten vor. Zu erwähnen sind hier vor allem die Grubenottern (*Crotalinae*) und die Abgottschlange (*Boa Constrictor*) mit verschiedenen Unterarten. Zu den Grubenschlangen gehören zum Beispiel die Klapperschlangen, die vorwiegend kleine Säugetiere und Vögel erbeuten, indem sie diese mit dem klapperartigen Geräusch ihres Schwanzes ablenken und gleichzeitig zubeißen. Die Klapperschlangen warten dann, bis die Beute durch den Giftbiss getötet wurde. Extrem giftig ist die ebenfalls zu den Grubenschlangen gehörende, bis zu zwei Meter große Terciopelo-Lanzenotter (*Bothrops asper*). Nicht giftig, aber nicht weniger gefährlich ist die teilweise bis zu drei Meter große Abgottschlange (*Boa constrictor*), die ihre Beute (vorwiegend Säugetiere, Vögel, Reptilien und Amphibien, die sie bewältigen kann) mit ihrem mächtigen Körper so lange würgt, bis diese an Herzkreislaufversagen sterben. Die Schlange, wie andere Reptilien auch, wächst ständig und häutet sich dabei, indem sie ihre alte Haut abstreift und mit der neuen Haut verjüngt erscheint. Dies führte dazu, dass die Schlange in vielen Kulturen und Religionen weltweit eine bedeutende Rolle spielt und ihr Fruchtbarkeit, Regeneration und Unsterblichkeit, aber auch der Bereich Unterwelt und Tod zugeordnet werden.

Die Schlange war eine der wichtigsten Gottheiten in ganz Mesoamerika, die schon bei den Olmeken, häufiger aber seit der klassischen Zeit in Teotihuacán als **Gefiederte Schlange** dargestellt wurde. Als solche wurde sie von den Azteken unter dem Namen Quetzalcoatl als Schöpfergott und Kulturheros sowie von den Maya als K'uk'ulkan bzw. Cucumátz übernommen. Vor allem in Chichén Itzá in nachklassischer Zeit erreichte die Verehrung des K'uk'ulkan, beeinflusst durch die zentralmexikanische Stadt Tula, ihren Höhepunkt mit dem Bau eines Tempels (*Castillo*).

In der Maya-Kunst erscheinen Schlangen als Attribut von Gottheiten, wie K'awiil mit seinem Schlangenbein, der so ikonografisch als Zepter der Herrscher diente. Häufig sind Darstellungen von Schlangenköpfen, aus denen die Köpfe von Gottheiten oder Menschen bzw. Ahnen hervorragen. Im Chenes-Stil von Yukatan wurden die Tempeleingänge als Schlangenmaul dargestellt. Schließlich spielte die Schlange in der rituellen Ekstase als sogenannte Visionsschlange eine bedeutende Rolle: Beim Blutopfer, das der

Herrscher an sich durchführte, erschien diesem in der Ekstase eine Schlange, aus deren Maul der Kopf eines Ahnen oder Gottes hervorragte, mit dem er dann kommunizieren konnte. Ein bekanntes Beispiel dafür ist der Türsturz 25 in Yaxchilán, der zeigt, wie der Frau Xoc – der Frau des Herrschers Itzámnaaj B'alam II. – beim Blutopfer der Dynastiegründer Yat B'alam im Rachen der Visionsschlange erscheint.

Neben den Schlangen ist als größtes **Reptil** der Krokodilkaiman (*Caiman crocodilus*) zu nennen, dessen Lebensraum die Sumpf-, Seen- und Flussgebiete der Tropen sind. Die Echten Eidechsen (*Lacertidae*) kommen nicht auf dem amerikanischen Doppelkontinent vor, dafür aber ihre Verwandten, die ebenfalls zu den Schuppenkriechtieren gehörenden Leguane (*Iguanidae*). Je nach Art variiert ihre Größe von 14 cm bis zu zwei Meter. Zu erwähnen sind ferner die verschiedenen Arten der Landschildkröten und der größeren Meeresschildkröten. Vor allem Monterrico (Guatemala) mit seinen durch Vulkanasche schwarzen Stränden ist bis heute als der bevorzugte Eiablageort der Meeresschildkröten sowie durch entsprechende Naturschutzprojekte bekannt. Die Schildkröte symbolisierte für die Maya die Erde. So wird die Wiedergeburt des Maisgottes ikonografisch oft so dargestellt, dass der Maisgott aus dem aufbrechenden Panzer der Schildkröte bzw. der Erde hervorsteigt. Der Gott N als Träger des Himmels bzw. des Kosmos wird mit einer Schildkröte (oder Schnecke) auf seinem Rücken dargestellt. Zahlreiche Fischarten, Muscheln, Schnecken, Krabben und Hummer bereichern bis heute den Speiseplan der Maya an den Meeresküsten. Die Schalen von Muscheln oder Schnecken wurden zu Artefakten wie Schmuck oder rituellen Objekten verarbeitet, zum Beispiel die der Großen Fechterschnecke (*Lobatus gigas*).

Neben giftigen Vogelspinnen und Skorpionen gibt es schätzungsweise 220 000 Arten von **Insekten** allein in Guatemala: von Schmetterlingen und Heuschrecken bis hin zu Sandflöhen und Mücken. Vor allem Mücken können für den Menschen durch Übertragung von Krankheiten wie Malaria zur Plage werden, wie es sowohl die Eroberer als auch die Entdecker der Maya-Kultur wie John Lloyd Stephens im 19 Jh. buchstäblich am »eigenen Leib« erleben mussten. Haustiere der Maya waren Truthuhn, Hund, Ente und Bienen. Pferd, Esel, Schwein und Haushuhn brachten die Spanier aus Europa mit, waren den Maya also bis zur Eroberung unbekannt.

Das **Truthuhn** (*Meleagris gallopavo*) war neben dem Hund das einzige wohl seit der späten Präklassik domestizierte Tier der Maya. Die Wildform dieses größten Hühnervogels ist von Kanada bis Nordmexiko verbreitet. Der Hahn wird bis zu einen Meter hoch und 10 kg schwer, die Henne ist etwas kleiner und wiegt nur bis zu 4 kg. Beide Geschlechter haben ein schwarzes und dunkelbraunes Gefieder, der Hals ist rot. Der Hahn zeichnet sich durch einen zwischen den Augen beginnenden, ca. 8 cm langen roten Hautlappen aus. Das Truthuhn war einer der wichtigsten Fleischlieferanten der Maya, daneben wurden die Federn als Schmuck verwertet. Das heutige Haustruthuhn, besser unter der Bezeichnung Pute bekannt, kann bei den schweren Puten bis zu 15 kg Gewicht aufweisen. Angeblich soll der Eroberer Hernan Cortés schon Truthühner nach Spanien gebracht haben, jedenfalls sind diese schon relativ schnell nach der Eroberung nach Europa gelangt.

Der **Hund** wurde zwar in Mesoamerika als Haustier gehalten, aber es ist bislang nicht ganz sicher, ob der Hund in Amerika domestiziert oder schon den ersten Einwanderern aus Asien folgte. Auf jeden Fall wurde der Hund in Mesoamerika weitergezüchtet. Vor einigen Jahren fand man in der Maya-Stadt Seibal Hundeknochen und -zähne, die aus der präklassischen Zeit zwischen 700 und 350 v. Chr. stammen. Durch Analysen ließ sich feststellen, dass sie mit Mais gefüttert wurden. Bei zwei Hunden ließ sich nachweisen, dass sie nicht aus Seibal, sondern aus dem Hochland nahe Guatemala-Stadt stammten. Dies wird als Nachweis dafür gewertet, dass der Hund bei den Maya auch ein Handelsobjekt war. In den Codices erscheint der Hund als »Blitztier«, d. h. er stand in Verbindung mit dem himmlischen bzw. vom Himmel kommenden Feuer. Ferner wird er mit dem Feuer-, Regen- und Maisgott zusammen dargestellt. Sicher belegt ist, dass der Hund als Opfertier eine wichtige Rolle spielte. Diego de Landa schreibt über die Hunde der postklassischen Maya in Yukatan: »[...] diese können nicht bellen und dem Menschen kein Leid antun, Jagdtiere aber greifen sie an: Sie stöbern die Wachteln und andere Vögel auf und setzen den

Hirschen eifrig nach, und manche sind sehr gute Spürhunde. Sie sind klein, und die Indios aßen sie als Festbraten [...].«[17]

> Von den **Bienen** berichtet Landa: »Es gibt zwei Arten von Bienen. Und beide sind weitaus kleiner als die spanischen. Die größere Art hält man in Bienenstöcken, die einen sehr geringen Umfang haben; diese Bienen bauen keine Waben wie die unsrigen, sondern stellen gewisse kleine, Nussschalen gleichende Blasen aus Wachs her, die alle zusammenliegen und mit Honig gefüllt sind. Wenn die Indios einen Bienenstock ausnehmen wollen, öffnen sie ihn lediglich und bringen diese Bläschen mit einem kleinen Stock zum Platzen, und so läuft der Honig heraus; das Wachs entnehmen sie, wann sie es für angebracht halten. Die übrigen Bienen werden von ihnen in den Wäldern, in ausgehöhlten Bäumen und Felsen, gehalten [...] der Honig ist sehr gut, allerdings etwas verwässert [...]. Diese Bienen stechen nicht und tun auch (nichts), wenn man sie schlecht zeidelt.«[18]

Wie Diego de Landa berichtet, scheinen die Maya zudem Enten als Haustiere gehalten zu haben: »Es gibt andere kleine und sehr schöne Entlein, die Maxix heißen; sie sind überaus zutraulich, und wenn sie im Haus gehalten werden, sind sie unfähig zu fliegen.«[19]

Vielfalt von Sprachen, Ethnien und Siedlungsräumen

Die Bezeichnung »Maya« umfasst nicht, wie man auf den ersten Blick annehmen möchte, eine einheitliche Kultur, Ethnie und Sprache, sondern verschiedene Kulturen sowie eine Vielzahl von ethnischen Gruppen und Sprachen in geografisch unterschiedlichen Lebensräumen. Zur Maya-Sprachgruppe gehören zahlreiche Untergruppen, deren Sprachen sich zum Teil erheblich (vergleichbar der europäischen Sprachenvielfalt) voneinander unterscheiden, die sich aber alle aus dem Proto-Maya in der Zeit zwischen ca. 4000 und 3000 v. Chr. entwickelten. Die Hieroglyphen-Inschriften der

17 Ebd., 210 f.
18 Ebd., 194.
19 Ebd., 210.

klassischen Zeit im Tiefland entsprechen einer frühen Form der heutigen Chol-Sprache. Zu beachten ist dabei, dass sich die geografische Verteilung im Laufe der Zeit verändert hat, durch Wanderbewegungen und Umsiedlungen einerseits in der vorspanischen Zeit und andererseits in der spanischen Kolonialzeit.

Die heutigen Maya-Sprachen, die den unterschiedlichen ethnischen Maya-Gruppen entsprechen, werden meistens in fünf große Sprachgruppen mit mehr oder weniger kleineren Untergruppen eingeteilt. K'iche' stellt dabei die größte, Yukatekisch die zweitgrößte Sprachgemeinde dar, während das zur Yukatekischen Sprachgruppe gehörende Lakandonisch mit ca. 100 Sprechern zu einer der kleinsten Maya-Sprachgruppen zählt. Wie die meisten indianischen Sprachen Amerikas gelten auch die der Maya als »gefährdete Sprachen«, die sich durch einen zwar langsamen, aber ständigen Rückgang der Anzahl der Sprecher auszeichnen. Selbst entsprechende Fördermaßnahmen wie zum Beispiel zweisprachige Schulen ändern nichts daran. Der Grund ist letztlich die Anpassung an die spanische Sprache der Mehrheitsgesellschaft, von der man sich mehr gesellschaftliche Akzeptanz erhofft. Nicht wenige Maya aus den ländlichen Gebieten wandern in die Städte ab, wo die spanische Sprache die Voraussetzung für den gesellschaftlichen und beruflichen Aufstieg ist.

Hier ein sehr vereinfachter Überblick[20] über die verschiedenen sprachlichen und ethnischen Maya-Gruppen:

1. Huastekisch (Mexiko: Veracruz, San Luis Potosi; 160 000 Sprecher)
2. Yukatekisch
   - 2.1. Yukatekisch (Yukatanhalbinsel; 786 000 Sprecher)
   - 2.2. Lakandonisch (Tiefland im Osten von Chiapas; ca. 100 Sprecher)

20 S. dazu die ausführlicheren Aufstellungen von Lyle Campbell / Terence Kaufman: Maya Linguistics: Where are we now? In: Annual Review of Anthropology (14/1985), 187–198; und Michael Dürr: Sprachen Mesoamerikas, in: Eveline Dürr / Henry Kammler (Hg.) 2019, 88. Sprecherzahlen nach dem Zensus von 2010 in Mexiko und 2002 in Guatemala, s. dazu den Beitrag von Michael Dürr, S. 87 (Anm. 32).

- 2.3. Itzá (1000 Sprecher)
- 2.4. Mopan (2500 Sprecher)

3. Cholan-Tzeltalan
   - 3.1. Cholan
     - 3.1.1. Ch'ol (Chiapas, 212 000 Sprecher)
     - 3.1.2. Chontal (Tabasco, 37 000 Sprecher)
     - 3.1.3. Ch'orti (Guatemala, Honduras, 12 000 Sprecher)
   - 3.2. Tzeltalan
     - 3.2.1. Tzeltal (Chiapas, 446 000 Sprecher)
     - 3.2.2. Tzotzil (Chiapas, 405 000 Sprecher)
4. Chujean (Chiapas und Nord-Guatemala)
   - 4.1. Chuj (61 000 Sprecher)
   - 4.2. Tojolabal (52 000 Sprecher)
5. K'ichean-Mamean
   - 5.1. K'ichean
     - 5.1.1. Kekchí (Guatemala, Belize, El Salvador: Alta Verapaz bis Lago Izabal; 716 000 Sprecher)
     - 5.1.2. Popom-K'ichean
       - Poquomam (11 000 Sprecher)
       - Poquomchi (93 000 Sprecher)
     - 5.1.3. Core K'ichean
       - K'iche' (Guatemala: westliches Hochland; 891 000 Sprecher)
       - Kaqchikel (Guatemala: ursprünglich Iximché, jetzt Lago de Atitlán und Sololá; 445 000 Sprecher)
       - Tz'utujil (Guatemala: Gebiet von Santiago Atitlán; 63 000 Sprecher)
       - Sakapultekisch (7000 Sprecher)
       - Sipakapense (6000 Sprecher)
   - 5.2. Mamean
     - 5.2.1. Mam (478 000 Sprecher)
     - 5.2.2. Teco (1000 Sprecher)
     - 5.2.3. Ixil (84 000 Sprecher)
     - 5.2.4. Awakatekisch (12 000 Sprecher)

Die Quellen: Von den Inschriften der Maya-Herrscher bis zu den Berichten der spanischen Augenzeugen

Über die klassische Zeit der Maya besitzen wir – im Unterschied zu den Azteken oder Inka – keine Augenzeugenberichte der spanischen Chronisten. Diese liegen uns erst aus der Postklassik vor, der Zeit, in der die spanischen Eroberer auf die Maya trafen. Dementsprechend sind die Quellen der Maya-Kultur – das gilt vor allem für die klassische Zeit – primär die archäologischen Funde und Zeugnisse (zum Beispiel Siedlungen und Kultanlagen mit den Wohnhäusern, Tempeln, Stelen, Skulpturen sowie der Gebrauchs- und Kunstobjekte wie Keramik oder Schmuck), zum anderen die vier erhaltenen Bücher der Maya bzw. Codices aus der postklassischen Zeit und schließlich die Berichte der spanischen Chronisten und Missionare.

Vor allem die Hieroglypheninschriften und bildlichen Darstellungen auf Stelen, an Gebäuden oder auf Keramik informieren über die einzelnen Herrscher, deren Inthronisation und besondere Ereignisse während ihrer Regierungszeit sowie das Leben am Hof des Herrschers oder über Szenen aus dem rituellen oder kriegerischen Bereich. Die vier erhaltenen Bücher der Maya, die Codices[21], sind vorwiegend religiös-astronomischen Inhalts: Sie enthalten in Bild und Schrift Informationen über die astronomischen und kalendarischen Kenntnisse sowie den damit zusammenhängenden Pantheon der Maya. Schließlich sind die indianischen Schriften[22] – meist in Maya-Sprache, aber in lateinischer Schrift – aus der postklassischen Zeit zu nennen: Die bekanntesten sind das *Popol Vuh* und die diversen Bücher mit dem Titel *Chilam Balam*. Weniger bekannt, aber nicht weniger unbedeutend sind die *Annalen der Kaqchikel*, das Tanzdrama *Rab'inal Achí* oder die *Lieder von Dzitbalché*. Das *Popol Vuh* ist die einzige schriftliche indianische Quelle, die mythologische Texte wie den Schöpfungs-Mythos oder den Mythos der Göttlichen Zwillinge, aber auch die Geschichte der K'iche'-Maya des Hochlandes in einem historisch-mythologischen Kontext enthält. Die *Chilam-Balam*-Bücher

21 s. dazu ausführlich S. 160–165.

22 s. dazu ausführlich S. 165–169.

bestehen vor allem aus den Prophezeiungen der Jaguarpriester und geben so einen Einblick in das religiöse Weltbild der yukatekischen Maya der postklassischen Zeit. Die *Lieder von Dzitbalché* sind ein Beispiel für die Poesie der yukatekischen Maya, und ebenso ist das Tanzdrama *Rab'inal Achí* ein Beispiel für die Belletristik der K'iche'-Maya. Die *Annalen der Kaqchikel* geben die Geschichte der Kaqchikel-Maya wieder, wobei sich wie im *Popol Vuh* historische Ereignisse mit mythologischen Vorstellungen vermischen.

Die ersten Kontakte von Europäern und Maya fanden, wie erwähnt, erst in der Zeit der Postklassik statt. Aus dieser Zeit stehen uns als wichtigste Augenzeugenberichte die des Missionars Diego de Landa und des Chronisten der Eroberung Bernal Díaz del Castillo zur Verfügung. Sie gehören zu den ersten europäischen Augenzeugen, die die Maya-Kultur erlebten. Deshalb sind sie zwar einerseits informativ und wertvoll, andererseits aber als befangen und nicht in unserem heutigen Sinne als objektive Historiker bzw. Ethnografen einzustufen. Denn sie stellten die Kultur der Maya zum einen aus ihrer europäisch-christlichen Sicht dar, zum anderen verfolgten sie mit den Berichten ganz bestimmte Absichten und Ziele wie Reichtum und Ruhm durch Eroberung, Missionierung der Indianer und nicht zuletzt die Rechtfertigung ihres eigenen Tuns und Handelns. Ein Verständnis für die indianische Kultur ist dabei nicht vorauszusetzen. Es trafen bei der spanischen Eroberung buchstäblich zwei Welten und entsprechend zwei verschiedene Weltsichten aufeinander, die spanisch-europäische und die der Maya. Zudem passten die Chronisten ihre Information an die Bedürfnisse, Erwartungen und das Verständnis der europäischen Leser der damaligen Zeit an. Die Spanier trafen auf eine ihnen vollkommen neue bzw. fremde Kultur. Dabei war das Andere und Exotische für die Leserschaft besonders interessant und wurde hervorgehoben oder sogar übertrieben dargestellt. Schließlich sind die Unterschiede des zeitlichen Kontextes des Autors auf der einen und des heutigen Lesers auf der anderen Seite zu berücksichtigen. Trotz dieser zu beachtenden Einschränkungen sind die spanischen Augenzeugenberichte nicht ausschließlich als Fake News, also vollkommen falsch und wertlos einzuordnen, sondern sie liefern sozusagen ein Grundgerüst an Informationen.

Diego de Landa (1524–1579), geboren im spanischen Cifuentes de la Alcarria, trat mit 13 oder 17 Jahren in Toledo dem Franziskanerorden bei, wurde zum Priester geweiht und kam 1549 nach Yukatan, wo er als Missionar tätig war und 1572 zum Bischof geweiht wurde. Er starb am 29. April 1579 während einer Dienstreise nach Mexiko-Stadt. Diego de Landa verfolgte einen gewaltsamen Missionskurs gegen diejenigen Indios, die an ihrer Religion festhielten und der christlichen Mission widerstanden. Andererseits sammelte er in seinem *Bericht aus Yukatan*[23] von 1566 Material über Geschichte, Kultur und Religion der Maya – heute die wichtigste Primärquelle zur Maya-Kultur der postklassischen Zeit in Yukatan. Landa verfasste sein Werk, um mit diesen Informationen besser gegen die Religion der Maya vorzugehen, erfolgreicher zu missionieren und sich damit gegen die Vorwürfe des Missbrauchs seiner Amtsgewalt bei den von ihm initiierten Autodafés zu rechtfertigen. Ziel war also nicht eine Dokumentation der Maya-Kultur, weil Landa diese für wertvoll erachtete. Die Informationen erhielt er aus erster Hand von zwei Maya-Indianern. Der eine war Nachi Cocom (ca. 1510–1562) aus der Dynastie der Cocom und Oberhaupt bzw. *Halach Huinik* der Cocom von Sotuta. Es war jener Anführer des vereinten Maya-Heeres im Kampf 1541 gegen den Eroberer Montejo, der schließlich 1542 von den Spaniern besiegt und inhaftiert wurde. Aus dem Feind wurde ein Freund der Spanier. Er ließ sich auf den Namen Juan taufen und schloss mit Montejo den sogenannten Vertrag von Ebtún, nach dem er und seine Anhänger Ländereien von den Spaniern erhielten, im Gegenzug aber Gebiete an die Spanier abgaben. 1546 trat er als Vermittler beim Aufstand der Cupul auf. Nachi Cocom genoss sowohl bei den Indios als auch bei den Spaniern hohes Ansehen. Sein Grab wurde wie eine Pilgerstätte verehrt. Deshalb ließ Landa, obwohl er ihm die wichtigsten Informationen seines Werkes verdankte, seinen Leichnam exhumieren und verbrennen. Lorenzo Cocom, sein Bruder und Nachfolger als Halach Huinik der Cocom, beging ein halbes Jahr nach Nachis Tod Selbstmord, um der Inquisition durch Landa zu entgehen. Der andere indianische Informant Landas war Gaspar

23 *Relación de las cosas de Yucatán* (»Bericht über die Dinge in Yukatan«).

Antonio (1531–1610). Sein Vater war der Maya-Priester Ah Kin Chi, seine Mutter stammte aus der Dynastie der Tutul Xiu. Er war der Dolmetscher der spanischen Kolonialverwaltung von Yukatan, da er aufgrund einer guten Ausbildung bei spanischen Missionaren nicht nur Yukatekisch und Nahuatl (die Sprache der Azteken), sondern auch Spanisch und Latein perfekt beherrschte.

Bernal Díaz del Castillo (zwischen 1492 und 1496 - 1581) ging nicht nur als Teilnehmer bzw. Augenzeuge, sondern vor allem als *der* Chronist der spanischen Eroberung Mexikos schlechthin in die Geschichtsbücher ein. Geboren wurde er in armen Verhältnissen und ohne große Schulausbildung in der spanischen Stadt Medina del Campo. 1514 reiste er nach Kuba, nahm 1517 zunächst an der Expedition von Francisco Hernández de Córdoba teil, bei der die Küste der Halbinsel Yukatan entdeckt wurde, später dann an der Expedition nach Yukatan unter Juan de Grijalva. Das Unternehmen, das ihn berühmt machte, war aber die Entdeckung und Eroberung Mexikos und der Hauptstadt der Azteken, über die er als Augenzeuge in seinem Werk *Wahrhafte Geschichte der Eroberung Neuspaniens*[24] berichtete. Nach der Eroberung von Tenochtitlán 1521 schloss er sich in den Jahren 1524 bis 1526 der weniger erfolgreichen Expedition unter Cortés nach Honduras ins Maya-Gebiet an. In den Jahren 1539–1541 sowie 1550–1551versuchte er in Spanien mit Erfolg den Lohn für seinen Anteil an der Eroberung zu erhalten: Er wurde zum Gouverneur der Stadt Santiago de los Caballeros (heute Antigua Guatemala) in Guatemala ernannt. Dort fand er seine letzte Ruhestätte. Er war ein Befürworter der Encomiendas[25], besaß selbst mehrere und war deswegen ein Gegner von Bartolomé de las Casas.

Dieser, der Dominikanermönch **Bartolomé de las Casas** (1484–1566), war zunächst selbst Besitzer einer Encomienda, machte dann aber als erster Bischof von Chiapas vor allem den Kampf gegen die

---

24 *Historia verdadera de la conquista de la Nueva España.*

25 Eine Encomienda verpflichtet den Inhaber (Encomendero) derselben zur Unterweisung der ihm anvertrauten Indianer in der christlichen Lehre, wofür er von diesen im Gegenzug Tribut oder Dienstleistungen erhält. Von Anfang an wurde die Encomienda als Ausbeutungsinstrument missbraucht. Siehe dazu ausführlicher S. 223.

Unterdrückung und Versklavung der Indios durch die Spanier zu seinem Lebensziel. In zahlreichen Schriften klagte er die spanischen Eroberer und Kolonisten wegen ihrer an den Indios begangenen Grausamkeiten an. Die bekannteste dieser Schriften ist der *Kurzgefasste Bericht über die Verwüstung der Westindischen Länder*[26] von 1542, in der er vor allem die Entvölkerung ganzer Gebiete aufgrund der Versklavung aufs Schärfste verurteilte. Dementsprechend wurde Las Casas zu einem gern zitierten Beispiel der sogenannten Schwarzen Legende (*Leyenda negra*). Darunter versteht man ein einseitiges, antispanisches Geschichtsbild, das die Spanier als grausam, fanatisch und menschenverachtend darstellt. Gegner der Leyenda Negra führen gerne an, dass es Las Casas möglich war, seine Kritik öffentlich vorzubringen und dass durch seine Bemühungen erfolgreich die »Neuen Gesetze« zum Schutze der Indios durchgebracht wurden. Dabei wird aber übersehen, dass diese teilweise wieder rückgängig gemacht wurden und Las Casas sich derartig starken Bedrohungen ausgesetzt sah, dass er schließlich frustriert sein Bischofsamt in Chiapas aufgab und nach Spanien zurückkehrte.

Hernan Cortés, der Eroberer Mexikos und der Azteken-Hauptstadt Tenochtitlan, beschreibt in seinen Fünften Brief seiner *Brieflichen Berichte*[27] an Kaiser Karl V. vom 3. September 1526[28] seinen Eroberungszug nach Honduras. In seinen insgesamt fünf Briefen an Karl V. wollte Cortés seine Taten und Handlungen rechtfertigen.

Eine *Theologie für Indianer*[29], verfasst durch den Dominikanermissionar **Domingo de Vico**, ist als Einblick in die Vorstellungswelt der postklassichen Maya eine wertvolle Quelle. De Vico kam 1544 mit einer von Bartolomé de las Casas geführten Gruppe nach Neuspanien und erhielt von Francisco Marroquín, dem Bischof von Guatemala, den Auftrag, ein Werk über den indianischen »Götzendienst« und den Umgang mit diesem zu schreiben. So verfasster er zunächst die Schrift *Umgang mit dem Götzendienst*[30]. In den Jahren zwischen 1550 und 1554 folgte sein 800-seitiges Hauptwerk, die

---

26 *Brevissima Relación de la Destrucción de las Indias.*

27 *Cartas de Relación.*

28 Enthalten in *Documentos para la historia de Espana*, Vol. IV.

29 *Theologia Indorum.*

30 *Tratado de los ídolos*, 1544.

in der Sprache der K'iche'-Maya geschriebene *Theologie für Indianer*. Hier versucht De Vico, mit Begriffen aus der Vorstellungswelt der Maya und mit Bibeltexten den Indios die christliche Lehre nahezubringen. Das Werk ist nicht im Original, sondern nur in Kopien erhalten, von denen sich fünf in der *Bibliothèque Nationale* von Paris und sechs in der Princeton University (Princeton, New Jersey) befinden. De Vico errichtete in San Marcos (Alta Verapaz) eine Kirche und war bei den Indios beliebt. Allerdings verurteilte er mehrmals einen Häuptling der Chol-Maya, weil dieser mehrere Ehefrauen hatte. Das war für ihn und seinen Mitarbeiter Andrés López das Todesurteil: Beide wurden 1555 getötet und geopfert. Die Spanier rächten sich, indem sie 80 Maya erhängten und 180 versklavten.

Zu erwähnen sind schließlich spätere Nachfolger bzw. »Kollegen« von Diego de Landa: Franziskanermönche, die nicht nur über ihre Missionstätigkeit bei den Maya berichten, sondern auch über deren Kultur, Gesellschaft und vor allem Religion. So zum Beispiel **Diego López de Cogolludo** (1613–1665), der ab 1629 als Missionar in Yukatan tätig war. In seinem Werk *Eroberung von Yukatan*[31] berichtet er in den ersten drei Kapiteln über die Eroberung Yukatans und im vierten Kapitel über das Land und die Kultur der Maya. Den größten Teil aber, nämlich die folgenden sechs Kapitel, nimmt die Beschreibung der Missionierung der Maya durch die Franziskaner ein. Cogolludo verwendete als Quellen vor allem Landas *Bericht aus Yukatan*, daneben aber auch die Werke von Bernardo de Lizana[32] und Juan de Torquemada[33].

Der Franziskanermönch **Andrés de Avendaño y Loyola** unternahm 1695 und 1696 zwei Missionsreisen von Mérida aus zu den Itzá und Kejache im Petén und spielte eine nicht unwesentliche Rolle bei den gleichzeitigen spanischen Eroberungszügen. Im *Bericht über die beiden Missionsreisen zu den Itzá und Kejache*[34] beschreibt er neben seiner dortigen Missionstätigkeit ausführlich die Geografie, Flora und Fauna des Petén-Gebietes sowie die Kultur der Itzá, vor allem ihre Religion und Gesellschaft. Er hatte

---

31 *Conquista de Yuca*tán, Madrid 1688.

32 *Historia de Yucatán. Devocionario de Nuestra Señora de Izamal y Conquista Espiritual.*

33 *Monarquía Indiana.*

34 *Relación de las dos entradas que hice a la conversion de los gentiles ytzáex y cehaches.*

Yukatekisch gelernt und verwendet in seinem Werk entsprechend die yukatekischen Bezeichnungen für die geografischen Orte, Pflanzen und Tiere.

Juan de Torquemeda (um 1562–1624) war ebenfalls Franziskanermissionar. Obwohl sein Werk, die *Indianische Monarchie*[35] vor allem die Geschichte und Kultur der Azteken und ihrer Nachbarvölker behandelt, informiert er daneben ebenso über die Huasteken und Maya. Das Manuskript nahm Torquemeda mit auf seiner Spanienreise, die in der Zeit zwischen 1612 und 1613 stattfand, worauf das Werk 1615 erstmals in Sevilla publiziert wurde.

Von **José de Acosta** (1539–1599), einem Jesuiten, stammt die erste *Natur- und Sittengeschichte der Neuen Welt*[36], die er 1587 nach seinem Aufenthalt in Neuspanien und Neukastilien in Spanien verfasste. Vor allem die naturgeschichtlichen und geografischen Besonderheiten beschreibt Acosta ausführlich, daneben aber auch die indianischen Kulturen und Riten, Herrschaftsformen oder Kriege. Obwohl Acosta den Schwerpunkt auf die Beschreibung der Kulturen der Azteken und Inka legt, so verdanken wir ihm bezüglich der Maya doch durchaus interessante Informationen, zum Beispiel über die Nutzpflanzen Mais oder Kakao. Interessant ist seine These, dass die Indianer aus Nordostasien stammen, weil sie den Tataren sehr ähnlich sehen würden.

Zuletzt sind die Verwaltungsakten der Kolonialzeit als historische Quellen zu nennen. Selbst einige Chronisten dieser Zeit greifen auf diese zurück. So hatte Juan de Villagutierre Soto-Mayor als Gerichtsschreiber an der *Real Audiencia y Chancillería de Valladolid* Zugang zu den kolonialzeitlichen Dokumenten. Diese Möglichkeit nutzte er, um seine *Geschichte der Eroberung der Provinz der Itzá,* [...] *der Lakandonen und anderer indianischer Völker* [...][37] (1701) zu verfassen.

Selbst die moderne Wissenschaft ist nicht frei von Fake News. So stellten sich zu Ende des 20. Jh. einige bis dahin als reale Quellen der Kolonialzeit angesehene Manuskripte als Fälschungen heraus:

---

35 *Monarquía Indiana.*

36 *Historia natural y moral de las Indias*, Sevilla 1590.

37 *Historia de la conquista de la provincia de el Itza, reducción, y progressos de la de el Lacandón, y otras naciones de indios bárbaros, de la mediación de el reyno de Guatemala, a las provincias del Yucatán en la América Septentrional*, Madrid 1701.

So zum Beispiel das sogenannte »Canek Manuskript«, angeblich von einem Franziskaner namens Alonso de Vargas verfasst. Inhaltlich beschreibt es den Besuch des Franziskanermönchs Andrés de Avendaño y Loyola in Tayasal im Jahr 1695, zusammen mit zwei weiteren Missionaren und zehn Maya-Priestern. Auch das angeblich um 1548 entstandene Manuskript *Wie die Indios ihre Malereien herstellten*[38] ist eine Fälschung. Diese Manuskripte übernahmen Informationen aus dem Buch *The Ancient Maya* von Sylvanus G. Morley (1947) und wurden in den 1950er- und 1960er-Jahren verfasst.[39]

Die vorspanische Maya-Kultur: Ein kurzer Überblick

Die vorspanische Maya-Kultur wird in folgende Phasen eingeteilt:

Frühe Präklassik	1800–1000 v. Chr.
Mittlere Präklassik	1000–300 v. Chr.
Späte Präklassik	300 v. Chr. - 250 n. Chr.
Frühe Klassik	250–600 n. Chr.
Späte Klassik	600–800 n. Chr.
Endklassik	800–950 n. Chr.
Frühe Postklassik	950–1150 n. Chr.
Mittlere Postklassik	1150–1450 n. Chr.
Späte Postklassik	1450–1697 n. Chr.

Erste Skelett-Funde von Menschen, die als nomadische Jäger- und Sammlerinnen lebten, stammen in Yukatan aus der Zeit zwischen 13 700 und 13 370 v. Chr.

38 *El modo de cómo hacían la pintura los indígenas.*

39 Hanns Prem: The »Canek Manuscript« and other faked documents, in: Ancient Mesoamerica 10 (July 1999), 297–311.

In der Frühen **Präklassik** sind ab 1700 v. Chr. erstmals Maisanbau, Siedlungen und Keramik nachweisbar. In der Mittleren Präklassik ab 700 v. Chr. weisen Wohnhäuser und Kultanlagen auf eine hierarchische Gesellschaft hin. Es ist der Beginn des Kalender- und Schriftsystems. In der Späten Präklassik ab 300 v. Chr. entstehen monumentale Tempelanlagen, größer als in der folgenden Zeit der Klassik. Dies endet aber in der Zeit um 250 n. Chr., als die Städte aus bislang unbekannten Gründen verlassen werden.

Die auf die Präklassik folgende Epoche der **Klassik** (250–950 n. Chr.) ist die eigentliche Blütezeit der Maya-Kultur. Im Tiefland entstehen eine Vielzahl von kleineren und größeren Stadtstaaten mit Palast- und Tempelanlagen, die von einem Herrscher regiert werden und mit den Nachbarstädten durch Handel, Konkurrenz, Kriege oder Bündnisse in Beziehung stehen. Dabei dominieren die konkurrierenden Supermächte Tikal und Calakmul. Kunst, Schrift- und Kalendersystem erleben den Höhepunkt ihrer Entwicklung. Hieroglypheninschriften vor allem auf Stelen informieren über die Herrschaftsdynastien der einzelnen Städte. Die Klassik endet mit einem Kollaps. Um 950 v. Chr. sind die Städte menschenleer, ein großer Teil der Bevölkerung ist ins nördliche Tiefland, nach Yukatan ausgewandert. Bis heute sind die Gründe für den Kollaps nicht eindeutig geklärt. Man geht davon aus, dass der Zerfall des Herrschertums gesellschaftliche Veränderungen zur Folge hatte, verstärkt durch Klimawandel und Dürreperioden.

Die Zeit der **Postklassik** (1450–1697 n. Chr.) wird einerseits von der Maya-Gruppe der K'iche' im Hochland von Guatemala und andererseits von den Itzá mit ihren Zentren Chichen Itzá und Mayapán auf der Halbinsel Yukatan geprägt. In Yukatan kommt es nochmals zu einem kulturellen Aufschwung. Kennzeichnend für diese Epoche ist allerdings nicht mehr die Regierung durch einen Herrscher, sondern durch ein Kollektiv. Die hierarchischen Grenzen zwischen Ober- und Unterschicht sind demnach nicht mehr so ausgeprägt wie in der klassischen Zeit. Die Postklassik ist zudem die Zeit der Ankunft der spanischen Entdecker und Eroberer. 1502 hat Kolumbus erstmals Kontakt mit einem Handelskanu der Maya. Aber erst 1697 mit der Unterwerfung der Itzá von Tayasal ist die Eroberung abgeschlossen.

Anfang und Aufstieg: Die Präklassik (1800 v. Chr. – 250 n. Chr.)

Die ersten Einwanderer: Das Archaikum

Der erste Schritt auf dem Weg zur Maya-Kultur war die Einwanderung von Jägergruppen aus Asien nach Amerika, die ihren Jagdtieren folgten. Sie überschritten zwischen 30 000 und 6 000 v. Chr. in mehreren Schüben die Grenze zum amerikanischen Kontinent über eine Landbrücke, die damals Sibirien und Alaska verband. Denn die Meeresspiegel waren zum Ende der letzten Eiszeit (dem Jungpleistozän, 127 000 bis ca. 11 000 v. Chr., in Amerika wird diese Phase Wisconsin-Eiszeit genannt) durch die Vereisung des Wassers sehr niedrig. Die genaue Datierung der Einwanderung ist nach wie vor umstritten. Man geht von mehreren Einwanderungswellen aus, die erste erfolgte wohl vor 30 000 bis 15 000 Jahren, die zweite vor ca. 13 000 bis 10 000 Jahren und die dritte vor ca. 9000 bis 6000 Jahren. Mit diesen Einwanderungswellen werden verschiedene Großwildjägerkulturen vor allem anhand der Funde von Projektil- bzw. Speerspitzen unterschieden. Die bekannteste ist die nach ihrem Fundort in New Mexico (USA) benannte Clovis-Kultur (13 000–10 500 v. Chr.) mit ihren flachen, beidseitig bearbeiteten Speer- und Pfeilspitzen. Während ein Teil dieser Großwildjägergruppen in Nordamerika blieb, wanderten andere in Richtung Mittelamerika, von wo ein Teil schließlich bis Südamerika weiterzog.

Jäger und Sammlerinnen waren so die ersten Eroberer des Maya-Gebietes, die nomadenhaft lebten und in Höhlen Unterkunft fanden. Erste Spuren von ihnen hat man bisher in sieben Karsthöhlen bzw. *Cenotes* in Yukatan gefunden. Damals waren es noch keine Unterwasserhöhlen wie heute, da sie zu dieser Zeit noch über dem Meeresspiegel lagen. Erst um 6000 v. Chr. füllten sich diese Höhlen aufgrund des steigenden Meeresspiegels mit Wasser. Neben Steinwerkzeugen wie Pfeilspitzen, Schaber oder Meißel sowie Tierknochen mit Brand- oder Einschnittspuren fand man auch menschliche Skelette. So stammt das Skelett einer zwischen 20 bis 30 Jahren alten Frau aus der Zeit zwischen 13 700 und 13 370 v. Chr., oder das Skelett einer weiteren, zwischen 40 bis 50 Jahre alten Frau aus der Zeit zwischen 10 000 und 6500 v. Chr. Die bekannteste dieser Höhlen in Yukatan ist die ungefähr zwei Kilometer lange Höhle von Loltún in der Nähe von Oxkutzcab, in der man Steinwerkzeuge zusammen mit Knochen von Tieren aus der Zeit des Pleistozäns wie Mammut oder Bison sowie Pferdeknochen fand. Dazu sei angemerkt, dass der Ursprung des Pferdes in Nordamerika liegt, ehe es dort zusammen mit anderen Tierarten des Pleistozäns vor ca. 10 000 Jahren ausstarb und erst von den Europäern wieder ins Land gebracht wurde. Die Höhle von Loltún wurde von den Maya bis in die postklassische Periode genutzt, wie Wandmalereien belegen. Zuletzt diente sie im Kastenkrieg des 19. Jh.s als Zufluchtsort. Weitere Fundorte der archaischen Zeit sind Los Tapiales in Guatemala, Santa Marta in Chiapas, San Rafael in der Nähe von Guatemala-Stadt oder Colha in Belize. Zwischen 2400 und 2000 v. Chr. wurden erste Mais- und Maniok-Felder angelegt. Über die archaische Zeit haben wir die wenigsten Informationen, und viele Fragen sind daher noch offen. So ist zum Beispiel nicht geklärt, ob die späteren sesshaften Bewohner des Maya-Gebietes direkte Nachkommen der dortigen Großwildjäger oder vielleicht neue Einwanderer waren.

Der erste Schritt zur Hochkultur: Die Präklassik

Die Zeit der Präklassik beginnt mit den ersten Keramikfunden, die auf eine sesshafte Lebensweise hindeuten. Keramik ist zerbrechlich und eignet sich daher nicht für nomadenhaftes Leben. Gleichzeitig wurde mit der Domestizierung und dem Anbau wichtiger Nutzpflanzen begonnen. Wie bereits im Zusammenhang mit der Kultivierung des Maises erwähnt, ist der Wechsel von der nomadenhaften zur sesshaften Lebensweise mit Ackerbau der erste und als kulturelle Revolution zu wertende Schritt auf dem Weg zur Hochkultur.

Die ersten Keramikfunde im Maya-Gebiet datieren aus der Zeit zwischen 2000 und 1500 v. Chr. und stammen von der Pazifikküste. Es sind die sogenannten Chantuto- und Barra/Locona-Komplexe. Die Nabanché-Keramik in der Zeit von ca. 1000 bis 300 v. Chr. ist die älteste im Norden Yukatans. Um 1000 v. Chr. wurde in Aguada Fénix im mexikanischen Bundesstaat Tabasco mit dem Bau einer monumentalen Zeremonialanlage begonnen. Eindeutig nachgewiesen ist eine Maya-Siedlung erstmals in Cuello im Norden von Belize, zeitlich anzusetzen zwischen 1100 und 1200 v. Chr. Um 900 v. Chr. gab es dorfartige Siedlungen im Tiefland wie in Tikal, Uaxactún oder Seibal und in Yukatan wie Dzibilchaltún, die sich später in der klassischen Zeit zu Zentren entwickeln sollten. Und es entstanden um 800 v. Chr. die ersten nachweisbaren Städte im Maya-Gebiet: Nakbé und El Mirador (beide im Petén, Guatemala).

Die Präklassik umfasst die Zeitspanne von 1800 v. Chr. bis 250 n. Chr. Man unterscheidet dabei drei Phasen: die Frühe Präklassik (1800–1000 v. Chr.), die Mittlere Präklassik (1000–300 v. Chr.) und die Späte Präklassik (300 v. Chr. - 250 n. Chr.).[40]

Hier sei eine Auswahl der wichtigsten Fundstätten der Präklassik genannt:

Mexiko	Aguada Fénix, Alta de Sacrificios, Calakmul, Chiapa de Corzo, Dzibilchaltún, Edzná, Izapa, Poxila San Pedro, Xocnaceh, Xtobe
Guatemala	Tak'alik Ab'aj, El Baúl, El Mirador, Kaminaljuyú, Medina, Monte Alto, Nakbé, San Bartolo, Sakajut, Seibal, Tikal, Wakna, Uaxactún
Belize	Cahal Pech, Cerros, Cuello, Colha, Lamanai
Honduras	Copán

40 Daten für die Epochen der Präklassik, Klassik und Postklassik in den folgenden Kapiteln nach Nikolai Grube 2016, 27. In der Forschung variieren die Zeitangaben. Hier geht es nicht um die wissenschaftliche Diskussion der genauen Datierung der einzelnen Zeitepochen, sondern darum, dem Leser eine Vorstellung vom ungefähren zeitlichen Rahmen zu vermitteln.

Bis heute ist eine vollständige Auflistung aller Orte der Präklassik nicht möglich, da man mit einer ganzen Reihe von Fundstätten rechnen muss, die zukünftig noch oder vielleicht nie entdeckt werden. Nicht nur im Regenwald buchstäblich versteckt, sondern auch oft in späterer Zeit überbaut, warten noch viele Stätten auf eine Entdeckung. Schon in der Zeit der Präklassik finden sich die für die späteren Phasen der Klassik und Postklassik typischen Kennzeichen wie Städte mit Pyramiden- und Palastbauten, Ballspielplätze, Steinmonumente wie Skulpturen oder Stelen, Hieroglyphenschrift auf Stelen oder Straßennetze, die auf entsprechenden Handel hinweisen. Dies alles weist auf eine hierarchisierte Gesellschaft hin, in der genug Arbeitskräfte für die Errichtung vor allem der riesigen Pyramiden eingesetzt werden konnten.

Im Norden von Guatemala und in Belize fanden sich bisher besonders viele Fundstätten der Präklassik. Wahrscheinlich garantierte das dortige Sumpfgebiet eine sehr ertragreiche Landwirtschaft und somit einen kulturellen Aufschwung. Die wichtigsten und größten Städte der Mittleren Präklassik sind El Mirador, Nakbé und San Bartolo, die zusammen mit anderen Städten wie Wakna oder Tikal im sogenannten Mirador-Becken im Petén bzw. im Norden Guatemalas liegen.

In der **Frühen Präklassik** (1800–1000 v. Chr.) wird mit der Domestizierung und dem Anbau des Mais der Übergang von der nomadenhaften Lebensweise der Jäger und Sammlerinnen zur Sesshaftigkeit und damit der erste Schritt auf dem Weg zur Hochkultur vollzogen. Die ersten Siedlungen waren Dörfer mit einfachen Häusern aus Lehm und Dächern aus Palmblättern oder Stroh. Einige davon standen auf erhöhten Plattformen, vermutlich waren es die Häuser der Dorfoberhäupter oder Tempel. Es entstehen die ersten Ballspielplätze, zum Beispiel in Sakajut oder Paso de la Amada. Die Dörfer entstanden dort, wo Flüsse oder Seen den Anbau von Nahrungsmitteln wie Mais, Bohnen oder Kürbis erleichterten und Wälder oder Meeresküsten als Jagdressourcen genutzt werden konnten. Die Dorfgesellschaft wurde durch das Häuptlingstum geprägt – eine Gesellschaftsform, die durch mehrere lokale Gruppen bzw. Stämme ohne ausgeprägtes Staatswesen gekennzeichnet ist und von einem »Häuptling« als Oberhaupt geleitet wird. Dieser übt keine zentrale

Gewalt aus, sondern seine Macht beruht vor allem auf verwandtschaftlichen Beziehungen sowie auf seiner Autorität im religiösen bzw. rituellen Bereich. Erst in der Zeit der Klassik sind Stadtstaaten für das Maya-Gebiet ein wesentliches Kennzeichen. Diese sind im Unterschied zum Häuptlingstum durch die Zentralisierung der Macht in einer Instanz, z. B. einem Herrscher gekennzeichnet. Diese Macht ist stabil, wird gezielt angewendet und vor allem wirtschaftlich genutzt. Charakteristisch für den Staat ist eine komplexe soziale Organisation bzw. Hierarchisierung der Gesellschaft.

Die ersten Keramikgefäße wurden angefertigt, ebenso wie Artefakte und Werkzeuge aus Stein, Obsidian, Muscheln und Jade. Jade wurde in Mesoamerika nur an einem Ort abgebaut, Obsidian nur in bestimmten Minen, und Muscheln stammen offensichtlich von den Meeresküsten. Die Tatsache, dass man diese Materialen aber auch an anderen Orten fand, wo sie ursprünglich nicht herstammen, weist auf frühe Handelsbeziehungen zwischen den einzelnen Siedlungen hin.

In der **Mittleren Präklassik** (1000–300 v. Chr.) kam es zu einem rasanten Aufschwung der in der Frühen Präklassik gemachten Anfänge: Siedlungen wurden nun im ganzen Maya-Gebiet angelegt und im Unterschied zur Frühen Präklassik auch an Orten, die von natürlichen Wasserstellen wie Flüssen, Seen oder dem Meer weiter entfernt waren. Ermöglicht wurde dies durch die Anlage von Bewässerungssystemen und Terrassenfeldbau. Einige der Dörfer wie Nakbé, El Mirador, Tak'alik Ab'aj, Kaminaljuyú, Seibal, Uaxactún, Tikal oder Dzibilchaltún entwickelten sich immer mehr zu städtischen Zentren, die jeweils ihre kleineren Nachbarorte beherrschten. Typisch sind mehr und größere Gebäude wie Pyramiden und Paläste mit einem zentralen Platz als Zentrum. In Kaminaljuyú und Cuello fanden sich Überreste von Menschenopfern, die man zur Einweihung bestimmter Gebäude darbrachte. Nicht nur die monumentale Architektur, sondern auch die aufwendigen Bestattungsformen sind ein Hinweis darauf, dass die Hierarchisierung und Spezialisierung in der Gesellschaft immer mehr zunahm. So werden die Verstorbenen der gesellschaftlichen Elite – im Unterschied zur einfachen Bevölkerung – mit Grabbeigaben wie Keramikgeschirr oder Schmuck bestattet.

Die Handelsbeziehungen nahmen zu. Das zeigt sich zum Beispiel an einem mehr oder weniger einheitlichen Keramikstil in unterschiedlichen Regionen. Obsidian wurde vor allem in El Chayal nahe Guatemala-Stadt abgebaut und in entfernte Gebiete bis hin zu den Olmeken an der Golfküste gehandelt. Denn die Mittlere Präklassik war die Zeit, in der die Olmeken[41] vor allem durch Handel starken Einfluss auf das Maya-Gebiet nahmen.

In der **Späten Präklassik** (300 v. Chr. – 250 n. Chr.) kommt es zu einer Blütezeit. Dies zeigt sich an einem starken Bevölkerungszuwachs, an der Gründung neuer Städte, an einem monumentalen Baustil und nicht zuletzt einer nun deutlich hierarchisierten Gesellschaft. Grundlage hierfür war, dass man aufgrund intensiver Landwirtschaft mit Bewässerungssystemen und Terrassenfeldbau aus den Ernten einen hohen Überschuss erwirtschaftete, der die Freistellung von Bauarbeitern und Handwerkern für die Errichtung der Städte und ihrer Bauten ermöglichte. Die Städte waren politisches und religiöses Zentrum, in denen die gesellschaftliche Elite lebte, während die bäuerliche Bevölkerung im Umland der Städte siedelte. Der Herrscher einer größeren Stadt regierte über ein mehr oder weniger großes Gebiet des Umlandes und stand mit den Herrschern anderer Städte in Kontakt. Davon zeugen nicht nur die Handelsbeziehungen, sondern auch ein mehr oder weniger einheitlicher Kunststil. Das Zentrum einer Stadt bildete ein Platz mit Tempeln und Palästen. Außerhalb davon befanden sich Wohngebäude. Zeugnisse des alltäglichen Lebens sind die vielfältigen Funde von Keramik, Werkzeugen wie Beile aus Stein, Messer und Speerspitzen aus Obsidian, Musikinstrumente oder Schmuck aus Jade und Muscheln.

Vor allem die Städte des Tieflandes erreichen einen architektonischen Höhepunkt mit 30 m hohen Pyramiden (in El Mirador sogar 70 m). Diese gestuften Pyramiden mit einer Plattform oben für den – nicht immer erhaltenen – Tempel bestanden aus Kalkstein, der mit meist rot bemaltem Stuck überzogen war. An der Vorderseite führte eine Treppe zum Tempel hinauf. Kennzeichnend für die Gesamtanlage war die – olmekisch beeinflusste – Dreiheit

---

41 s. S. 16 ff.

von zwei kleineren Tempeln und einem in der Mitte zurückgesetzten größeren Haupttempel, die auf einer Plattform errichtet und vorne mit großen Stuckmasken verziert waren. Der Grundriss ähnelt der Form eines E, daher der Name E-Gruppe. Ein typisches Beispiel für die Stuckmasken sind die des Komplexes H in Uaxactún, die die drei Bereiche des Weltbildes der Maya zeigen: Der Himmel als oberer, die Erde als mittlerer und die Unterwelt als unterer Bereich. Im mittleren und unteren Bereich sieht man das Gesicht eines tiergestaltigen mythischen Wesens, dessen mit Schlangenköpfen verziertes Maul den Eingang zur Unterwelt darstellt. Im Himmelsbereich ist ebenfalls das Gesicht eines mythischen Wesens dargestellt, aus dessen schlangenumrahmten Maul der Kopf eines Herrschers herausschaut. Ein besonderes architektonisches Kennzeichen im Hochland (weniger im Tiefland) ist der sogenannte Stele-Altar-Komplex, d. h. die Aufstellung einer Stele und einem Altar davor nach dem Vorbild von Izapa.

Es bestanden rege Handelsbeziehungen zwischen den Küstengebieten, dem Hochland und dem Tiefland: Aus den Küstengebieten stammten Salz, Kakao, Tabak und Muscheln, aus dem Hochland Jade, Obsidian, Quetzalfedern, Tierfelle oder Keramik und aus dem Tiefland Jaguarfelle und die Federn exotischer Vögel. Eine Krise mehr oder weniger unbekannter Art beendete die Blütezeit der Präklassik: In vielen Städten verließ die Bevölkerung die Städte. Befestigungsanlagen in einigen Orten deuten auf kriegerische Auseinandersetzungen hin. Manche Städte wurden nie wieder besiedelt, anderen wie Tikal gelang später in der Zeit der Klassik ein glorreiches Comeback. Im Folgenden soll die Entwicklung der bekanntesten Orte der Präklassik aufgezeigt werden:

Die wichtigsten Städte der Präklassik

Aguada Fénix am Westrand des Maya-Gebietes im mexikanischen Bundesstaat Tabasco ist die größte bislang bekannte Monumentalanlage der vorspanischen Maya-Kultur, wurde 2020 mithilfe der Lidar-Methode in ihrem ganzen Ausmaß entdeckt und gilt derzeit als sensationellste Entdeckung der Maya-Kultur.

Es handelt sich um ein Zeremonialzentrum aus der Zeit der Mittleren Präklassik und besteht aus einer großen und mehreren kleineren Plattformen auf einem künstlich errichteten Plateau. Um 1200 v. Chr. datieren die ersten Funde, spätestens um 1000 v. Chr. wurde mit dem Bau der Anlage begonnen. Das Plateau wurde im Laufe der folgenden 200 Jahre mehrmals mit Lehm und Erde aufgefüllt. Um 800 v. Chr. war die Anlage endgültig fertiggestellt, aber wurde um 750 v. Chr. verlassen. Das Plateau ist 1400 m lang, 400 m breit und 10 bis 15 m hoch. Neun Wege verbinden das Plateau mit der Umgebung. Die ganze Anlage besteht aus 21 rechteckigen Plattformen unterschiedlicher Größe in Nord-Süd-Ausrichtung. Neben Mauerresten aus Megalithblöcken fand man in einem Depot Keramik, Knochen und Muscheln, die vermutlich aus der Zeit vor der Errichtung des Plateaus stammen. Das Füllvolumen des Plateaus der bislang größten Maya-Anlage beträgt 3,2 bis 4,3 Millionen m^3. Aguada Fénix scheint nach dem Vorbild des Olmeken-Zentrums San Lorenzo[42] (1400–1150 v. Chr.) angelegt worden zu sein, worauf zum Beispiel die bereits erwähnte E-Gruppe hinweist. Der Fund einer Grünsteinaxt lässt auf ähnliche Rituale wie in dem Olmeken-Zentrum La Venta und in Seibal schließen. Auch in Seibal wurden ähnliche Plattform-Strukturen wie in Aguada Fénix entdeckt, die aber in die Zeit um 950 v. Chr. zu datieren und damit jünger sind. Während man bei den Olmeken viele Steinskulpturen fand, die vermutlich Herrscher oder Vertreter der Oberschicht darstellen, fehlen diese in Aguada Fénix völlig. Daraus schließen Archäologen, dass in Aguada Fénix im Unterschied zu den Olmeken keine hierarchische Gesellschaft bzw. keine großen sozialen Unterschiede existierten. Es hat den Anschein, dass in Aguada Fénix religiöse Feiern durchgeführt und Momumentalbauten errichtet wurden ohne die dafür üblichen Vorraussetzungen der Sesshaftigkeit und einer hierarchisierten Gesellschaft.[43] Insgesamt ist der Ort kulturell wohl eher dem Maya-Tiefland als dem Olmeken-Gebiet zuzuordnen. Aguada Fénix scheint eine zentrale Rolle im Prozess

42 s. S. 17.

43 So die Archäologin Patricia McAnany in: https://www.spektrum.de/news/aguada-fenix-die-geburtsstunde-der-maya/1740164, abgerufen am 01.02.2021.

gesellschaftlicher Entwicklungen in der Zeit zwischen 1000 und 800 v. Chr. gespielt zu haben.

In **Seibal** entdeckte man mit der Lidar-Methode ähnlich wie in Aguada Fénix Reste von Monumentalbauten in Form von rechteckigen Plateaus aus der Zeit um 950 v. Chr. Im Zusammenhang damit entdeckte man Opfergaben aus Jade (zum Beispiel eine Jadeaxt), die den olmekischen Jadekunstwerken gleichen und auf Handelsbeziehungen mit La Venta hinweisen. Die Stadt Seibal erlebte ihre Blütezeit in der Späten Präklassik. In der Klassik erfolgte ein Comeback, von dem die Tempelpyramiden und Stelen zeugen, die der Tourist heute bei der Besichtigung des Ortes bestaunen kann.

Kaminaljuyú, »Hügel der Vorfahren«, nannten die Archäologen eine der bedeutendsten und ersten Maya-Siedlungen, deren Anfänge in der Präklassik um 1200 v. Chr. anzusetzen sind. Heute ein Vorort von Guatemala-Stadt und größtenteils von der modernen Stadt überbaut, bot die Lage in einem Hochtal am See Miraflores damals optimale Bedingungen nicht nur für die Landwirtschaft, sondern auch als Knotenpunkt für den Handel. Kaminaljuyú ist insofern ein Glücksfall für die Archäologie, da sich hier verschiedene Kulturphasen anhand der Keramikfunde fast lückenlos nachweisen lassen: Die frühe Präklassik ist durch die Arévalo-Phase geprägt, die mittlere Präklassik durch die Kulturphasen Las Charcas, Majadas sowie Providencia und die späte Präklassik durch Miraflores. Auch die weiteren Phasen lassen sich anhand der Keramikfunde ablesen: Aurora, Esperanza, Amatle und Pamplona in der Klassik und Ayampuc sowie Chinautla in der Nachklassik.

In der Frühen Präklassik entstanden sogenannte Mounds, d. h. künstlich aus Erde und Lehm erschaffene Hügel als Vorläufer der späteren Pyramidenbauten. Diese Mounds waren vermutlich die Plattformen, auf denen man dann Bauten wie Tempel errichtete. In der Mittleren Präklassik wurde ein Bewässerungssystem gebaut, und die Siedlung wuchs dadurch erheblich. Herrscher stellten erstmals Stelen auf, zum Beispiel die riesige Stele 10, die einen Herrscher mit Jaguarmaske zeigt, der einen Gefangenen opfert. In schacht- oder flaschenartigen Gruben (*chultunes*) wurden Nahrungsmittel, Baumaterial und Keramikgefäße gelagert. Höhepunkt aber war die Zeit der Miraflores-Phase in der Späten Präklassik, als Kaminaljuyú sich zum größten Zentrum des südlichen Maya-Gebietes entwickelte und vor allem den Handel mit dem im nahegelegenen El Chayal abgebauten Obsidian sowie mit Jade kontrollierte. Zeugen dieser Blütezeit sind Paläste und Tempel, die mit riesigen Steinmasken mythischer Wesen verziert waren. Hier erscheinen bereits die in der klassischen Zeit bekannten Gottheiten wie die Vogelgottheit (*Principal Bird Deity*), der Maisgott oder die Göttlichen Zwillinge.

Die Inschriften der Monumente in Kaminaljuyú stammen aus der späten präklassischen Zeit und gehören zu den ältesten schriftlichen Zeugnissen in ganz Mesoamerika. Die Sprache ist der Chol-Sprache der Maya zuzuordnen, die später in der klassischen Zeit auch im Tiefland gesprochen wurde. Man vermutet, dass mit dem Ende der ersten Blütezeit von Kaminaljuyú um 200 n. Chr. die Bewohner ins Tiefland abwanderten und im Tiefland die Entwicklung der klassischen Maya-Kultur wesentlich beeinflussten. Für diese Vermutung spricht ferner eine weitere Gemeinsamkeit, nämlich die herausragende Stellung der Herrscher, die sich auf Stelen und anderen Monumenten abbilden ließen. Auch Gräber lassen auf den Reichtum der Elite schließen. So wurden in einem Grab dem Verstorbenen drei für die Bestattung geopferte Begleiter mitgegeben, in einem anderen Grab fanden sich als Beigaben unter anderem eine Jade-Maske sowie 157 Keramikgefäße.

Zum Ende der Späten Präklassik, als die Bewohner von Kaminaljuyú ins Tiefland auswanderten, wurde die Stadt um 200 n. Chr. von K'iche'-Gruppen eingenommen. Erst in der Zeit zwischen 400 und 600 n. Chr. kam es zu einem Wiederaufstieg der Stadt – eine Zeit, die durch einen starken Einfluss von Teotihuacán in Zentralmexiko geprägt war. Dabei ist nicht ganz eindeutig geklärt, inwiefern Kaminaljuyú ein Handelsposten oder ein militärischer Stützpunkt von Teotihuacán war. Den Aufstieg Kaminaljuyús zu einer mächtigen Stadt verdankte diese nicht nur der durch ein ausgeklügeltes Bewässerungssystem unterstützten Landwirtschaft, sondern auch der Kontrolle über die nahegelegene Obsidian-Mine El Chayal und die Jadevorkommen im Motagua-Tal sowie ihrem Status als Handelsknotenpunkt zwischen Pazifikküste, Hochland und Tiefland.

El Mirador, eine Stätte der Mittleren und Späten Präklassik, kann mit der Pyramide im »La Danta« genannten Komplex einen weltweiten Rekord aufweisen, denn mit einer Höhe von 70 m und einem Volumen von 2,8 Mio. m^3 gehört sie zu den weltweit größten ihrer Art. Etwas kleiner ist die zweitgrößte Pyramide im »El Tigre«-Komplex mit 55 m Höhe. Typisch für die Bauweise ist die bereits erwähnte E-Gruppe. Insgesamt besteht El Mirador aus 35 Gebäuden auf einer Fläche von ca. 4 km^2, darunter vermutlich Palastanlagen wie das Gebäude 34. Erst 2016 wurde das bereits bekannte Handelsstraßensystem im vollem Umfang entdeckt: Ein Netz von 17 Handelsstraßen mit einer Gesamtlänge von 240 km, wohl eines der frühesten Straßennetze der Welt. Ein Beleg dafür, dass El Mirador einen regen Handel mit den Nachbarstädten betrieb. Wie in Kamninaljuyú fanden sich hier Darstellungen des Vogelgottes und – auf einem der ersten Maya-Friese überhaupt mit vier Meter Länge und drei Meter Höhe – die Darstellung der Göttlichen Zwillinge bei einem Bad. Die Blütezeit erlebte El Mirador um 300 v. Chr. und war auch danach während der klassischen Zeit besiedelt.

Nakbé besteht zum einen aus dem sogenannten Westkomplex mit Tempeln und Palästen aus der präklassischen Zeit, zum anderen aus dem später entstandenen Ostkomplex der klassischen Zeit. Bekannt ist die dreieinhalb Meter hohe Stele 1 aus der Zeit zwischen 500 und 200 v. Chr., die man aus 45 Fragmenten wiederhergestellt hat. Dargestellt sind zwei sich gegenüberstehende Fürsten oder Gottheiten. Nakbé liegt nur 13 km von El Mirador entfernt. Der rasante Aufstieg beider Nachbarstädte zu Metropolen ist vielleicht durch gegenseitige Konkurrenz beschleunigt worden. Der Architektur- und Keramikstil der beiden Städte machte jedenfalls in vielen Städten des Tieflandes wie Tikal oder Lamanai, aber auch in Yukatan wie z. B. in Uaxactún Schule.

Zusammenfassend lässt sich über El Mirador und Nakbé sagen, dass sie die ersten und wichtigsten Maya-Städte im Tiefland während der Zeit der Präklassik sind. Ihre Bauten übertreffen an Größe die der nachfolgenden klassischen Zeit. Die Stelen, die man in beiden Orten fand, sind die ersten im Maya-Tiefland. Um 1000 v. Chr. sind in beiden Orten die ersten Siedlungspuren nachweisbar.

Die ersten größeren Anlagen, Bauten und Stelen stammen aus der Zeit zwischen 600 und 400 v. Chr., die Blütezeit bzw. der Aufstieg zu Metropolen des Tieflands ist zwischen 400 v. und 100 n. Chr. anzusetzen. Der Niedergang erfolgte dann wenig später zum Ende der Präklassik in der Zeit zwischen 100 und 200 n. Chr.

San Bartolo (Petén, Guatemala) in der Nähe von Tikal ist ebenfalls ein Ort aus der präklassischen Zeit, aber keine Metropole wie El Mirador oder Nakbé. Er bestand aus mehreren Pyramidenbauten. Dort, wo sich heute die Hauptpyramide befindet, wurde erstmals um 300 v. Chr. ein Gebäude erbaut, dann ein großer Pyramidenbau um 100 v. Chr., der um 50 v. Chr. mit einer zweiten Pyramide überbaut wurde. In zwei der – später mit Pyramiden überbauten – Gebäude vor der Hauptpyramide entdeckte man 2001 die bislang ältesten Wandmalereien der Maya aus der Zeit um 100 v. Chr. Dargestellt sind eine Opfer- und Krönungszeremonie: Fünf Personen, vermutlich Gottheiten, bringen jeweils ein Blutopfer, indem sie ihren Penis durchstechen. Darüber hinaus opfert die erste Person einen Fisch, die zweite einen Hirsch, die dritte einen Vogel und die vierte Blumen. Der Fisch symbolisiert wohl Wasser, der Hirsch die Erde, der Vogel den Himmel und die Blumen das Paradies. Die Darstellung der fünften Gestalt, wahrscheinlich der Maisgott, ist größtenteils zerstört. Der nächste Teil zeigt die Krönung eines Herrschers, bei der verschiedene Gottheiten präsent sind, vor allem der Maisgott als junge, wachsende und sterbende Gottheit, daneben die Gottheit des Regens und des Wassers.

»Fette Jungs auf einem Trip« – Mit diesem Titel könnte man die merkwürdigen Funde in **Monte Alto** und den Nachbarorten La Democracia und El Baúl versehen: Runde Steinmonumente von fast zwei Metern Durchmesser, die Köpfe oder dicke Figuren zeigen. Bei den Figuren sind nur das Gesicht sowie die den dicken, fassförmigen Bauch umspannenden Arme und Beine rudimentär herausgearbeitet. Die Kopfmonumente zeigen ebenso nur rudimentäre, stereotype, keine individuellen Gesichtszüge, die Augen sind geschlossen, die Ohren manchmal mit Ohrschmuck versehen. Die Archäologen hatten schnell einen Spitznamen für diese in den 1940er-Jahren entdeckten Darstellungen: *Fat Boys* (»fette Jungs«)

oder *Potbellies* (»Speckbäuche«). Gleichzeitig fand man pilzförmige Steine. So lag die Vermutung nahe, dass die geschlossenen Augenlider der Kopfskulpturen den tranceartigen Zustand nach dem Genuss von halluzinogenen Pilzen darstellen. Sie werden in die Zeit zwischen 1400 und 400 v. Chr. datiert und ähneln den großen Steinköpfen der Olmeken.

Die Klassik im Tiefland: Städte und ihre Herrscher (250–950 n. Chr.)

Die Zeit der Klassik gilt als die Blütezeit der Maya und wird in zwei bzw. drei Phasen unterteilt: Die Frühe Klassik (250–600 n. Chr.), die Späte Klassik (600–800 n. Chr.), und oft wird das Ende der Klassik (800–950 n. Chr.) noch einmal als eigene Phase herausgehoben. In der Zeit zwischen 705[44] und 909[45] kam es zum Niedergang. Es wurde nichts mehr gebaut, keine Stelen mehr aufgestellt, die Städte wurden verlassen. Wie bereits aufgezeigt, gab es aber auch vor und nach dieser klassischen Zeit kulturelle Höhepunkte der Maya-Kultur. War in der Präklassik der Einfluss der olmekischen Kultur entscheidend, so ist in der Frühen Klassik ebenfalls ein Einfluss von außen, nämlich der Stadt Teotihuacán[46] in Zentralmexiko, festzustellen. Die schon in der Späten Präklassik sich herausbildenden Merkmale wie Stadtanlagen, hierarchisch gegliederte Gesellschaft, Schrift-, Zahlen- und Kalendersystem, werden weiterentwickelt und erreichen in der Späten Klassik ihren Höhepunkt. Ein Unterschied zur Präklassik sowie zur nachfolgenden Postklassik ist aber vor allem die deutlich stärker differenzierte Gesellschaftsstruktur mit einem Herrscher an der Spitze. Dabei handelt es sich um ein »sakrales Königtum«[47]: Der König wurde als numinos bzw. heilig angesehen aufgrund seiner göttlichen Abstammung, die gleichzeitig seine Herrschaft legitimierte. Damit verbunden waren das Recht und die Verpflichtung, bestimmte Aufgaben im Kult auszuüben. Sein Herrschaftsgebiet umfasste eine Stadt und ihre Umgebung. Je nach Machtstellung gehörte eine mehr oder weniger große Anzahl von Vassallenstädten dazu. Der Machtbereich der Maya-Herrscher war also kein großes Reich, sondern ein Stadtstaat – vergleichbar der Polis im alten Griechenland. Schätzungsweise an die 50 solcher Stadtstaaten gab es im Maya-Gebiet der klassischen Zeit, die genaue Anzahl ist

44 Letztes Datum auf einer Stele in Uxul.

45 Letztes Datum auf Stelen in Toniná sowie Calakmul.

46 s. S. 20.

47 s. dazu ausführlich S. 119 ff.

bislang nicht eindeutig geklärt. Diese hatten aufgrund des relativ kleinen Gebietes Kontakte unterschiedlicher Art miteinander: Handel, Konkurrenz, Kriege um Handelswege und Ressourcen sowie diplomatische Heiratsverbindungen zwischen den Herrscherdynastien diverser Städte. Keiner Stadt – einschließlich der Supermächte Tikal und Calakmul – gelang es, ein einheitliches Reich zu schaffen. Allerdings hatten vor allem diese beiden Städte eine Reihe von Nachbarstädten sozusagen als Vasallenstaaten unter ihre Kontrolle gebracht. Erst seit relativ kurzer Zeit kennen wir nicht nur die Namen der einzelnen Herrscher in den bedeutendsten Städten, sondern in vielen Fällen auch ihr Geburts- und Sterbedatum, ihre Regierungszeit und besondere Ereignisse während ihrer Herrschaftszeit.[48] Diese Daten sind uns durch die Inschriften auf Stelen oder Wandreliefs bekannt, auf denen sich die Herrscher sogar mit einem Abbild verewigen ließen.

Eine hilfreiche Information zur Größe und zum Umfang des Herrschaftsbereiches eines Stadtstaates geben vor allem die von Heinrich Berlin »entdeckten« sogenannten Emblemglyphen, eine Art königliches Wappen bzw. Herrschaftstitel eines unabhängigen Stadtstaates. Die Emblemhieroglyphe besteht aus drei Teilen, wobei die ersten beiden immer gleich sind: *k'uhul* (»heilig«, »göttlich«) und *ajaw* (»Herr«, »Herrscher«). Der dritte Teil ist der Name des jeweiligen Stadtstaates und seines Herrschaftsbereiches. Entsprechend findet sich die Emblemglyphe einer Stadt auch in ihren Vasallenstädten.

Die im Folgenden angeführten, bei der Inthronisation verliehenen Namen der Herrscher der einzelnen Städte sind meist nur die »Kurzform« von sehr viel längeren Namen, einschließlich der Titel. Oft sind es die Namen von Gottheiten oder numinosen Tieren, die mit der Dynastie verbunden waren und mit denen sich der Herrscher identifizierte.

48 S. dazu die Herrscherlisten von TIkal, Calakmul, Palenque, Copán, Caracol, Yaxchilán und Naranjo, S. 275–284.

Name der Gottheit[49]	Funktionsbereich der Gottheit
Chaak	Regengott
Itzamnaaj	Himmelsgottheit
K'awiil	Gott der Herrscher und Herrscher-dynastien
K'inich	Sonnengott
Yopaat (Yoaat)	Regengott

Tiername	Übersetzung
Ahk	Taube
Ayiin	Kaiman
B'alam	Jaguar
Chitam	Nabelschwein (Pekari)
Kaan (Chan)	Schlange
K'uk	Quetzalvogel
Mo'	Ara

Bei einigen Herrschern ist uns der Name oder ein Teil des Namens nur als Hieroglyphe(n) bekannt, aber nicht deren Bedeutung. In diesem Zusammenhang erhielten einige Herrscher von den Forschern Spitznamen, zum Beispiel *Knoten-Auge-Jaguar*, weil in diesem Fall die Hieroglyphe wie ein knotenähnliches Auge aussieht.

Im Folgenden sollen die wichtigsten Maya-Städte der Klassik im Tiefland und ihre Geschichte vorgestellt werden: Die Supermächte und Rivalen Tikal und Calakmul; Palenque mit den eindrucksvollen Bauten und dem Grab des wohl bekanntesten Maya-Herrschers Pakal; Copán, das durch seine einzigartige Kunst – zum Beispiel die Herrscherporträts – fasziniert; Caracol, das im Kampf der Rivalen Tikal und Calakmul eine entscheidende Rolle spielte; Yaxchilán mit einer kurzen Blütezeit im 8. Jh; Bonampak mit den berühmten Wandgemälden; Piedras Negras, das aufgrund der lückenlosen

49 Zu den Gottheiten s. die Auflistung S. 184–187.

Reihe von Stelen zu dem Ort wurde, an dem der Durchbruch in der Entzifferung der Maya-Schrift gelang; Naranjo, die Stadt, die unter einer siegreichen Frau als Herrscherin ihre Blütezeit erlebte.

Sternenkriege der Supermächte: Tikal und Calakmul

Tikal und Calakmul waren die führenden Mächte, die Supermächte im Maya-Gebiet, aber gleichzeitig auch Rivalen. Beide beanspruchten die Vorherrschaft, wollten ihre Herrschaft ausweiten und führten zu diesem Zweck Eroberungskriege oder verbündeten sich mit anderen Städten. Beide Städte übten ihre Macht über die meisten anderen Städte im Maya-Gebiet durch Kriege, Diplomatie, Allianzen oder verwandtschaftliche Beziehungen bzw. Heiraten aus. Palenque, Quirigua, Copán und Seibal waren Vasallenstädte Tikals. Wahrscheinlich ging auch die Gründung der jeweiligen Herrscherdynastie dieser Städte von Tikal aus. Die Vasallenstädte von Calakmul waren Caracol, Yaxchilán und Dos Pilas. Der ständige Konkurrenzkampf schwächte auf Dauer beide Städte so sehr, dass keine als starker Sieger hervorging, dies zu einer Destabilisierung der gesamten Region und letztlich zum Kollaps der klassischen Maya-Kultur führte.

Tikal war eine Metropole, deren Zentrum sich auf einer Fläche von über 16 km² mit ca. 3000 Gebäuden ausdehnte; mit den Rand- bzw. Außensiedlungen waren es insgesamt 65 km² mit ca. 10 000 Gebäuden. Nur ein Bruchteil ist bisher ausgegraben. Die Einwohnerzahl des Zentrums schätzt man auf 45 000 bis 70 000. Rechnet man das Umland dazu, so dürften es insgesamt ca. 200 000 gewesen sein. Der Name »Tikal« (*ti ak'al* = »am Wasserloch«) stammt zwar aus der Maya-Sprache, ist aber, wie bei den meisten Maya-Städten neueren Ursprungs. Im Fall von Tikal kennen wir zwar die Glyphe dieser Stadt, nämlich *yax mutal* (»erster Haarknoten«), aber leider nicht deren konkrete Bedeutung. Tikal war schon in der Zeit der Präklassik eine bedeutende Stätte. Aus dieser Zeit stammen eine Pyramide (5C-54) und ein Gebäude (5D-84) mit langgestrecktem, rechteckigen Grundriss. Beide Bauten hatten vermutlich eine astronomische Funktion bzw. dienten der Beobachtung der Gestirne.

Die Inschrift der Stele 29 von Tikal enthält das bislang früheste verzeichnete Datum der klassischen Maya-Zeit: 292 n. Chr.

Das Zentrum Tikals ist der Große Platz. Dieser ist von den beiden Tempeln I und II im Osten und Westen sowie der Nordakropolis und der Zentralakropolis im Norden und Süden umgeben. Teil der Zentralakropolis ist der Palast der Herrscher der Stadt. In der Nordakropolis fanden sich viele Gräber von Adligen. Die Nordakropolis ist von einer ganzen Reihe weiterer Gebäudekomplexe umgeben. Die dort steil aufragenden, gestuften Tempel I und II sind die markantesten Gebäude von Tikal mit einer Höhe von 47 bzw. 40 m. Erbaut wurden beide von Jasaw Chan K'awiil I. (682 - ca. 734)[50], dem 26. Herrscher. Unter dem Tempel I befindet sich sein Grab, wo seine sterblichen Überreste samt den Beigaben (vor allem Jadeschmuck) gefunden wurden. Auf den Türstürzen im Tempelinneren ist der Sieg von Jasaw Chan K'awiil im Jahr 695 über Calakmul dargestellt. Tempel II war, so vermutet man, die Grabstätte von Kalajuun Une' Mo', der Frau von Jasaw Chan K'awiil. Das früheste vermerkte Datum in Tikal ist das Jahr 292 auf der Stele 29.

Die Dynastie von Tikal, eine der ersten im Maya-Gebiet, führte sich auf Yax Ehb' Xook (um 90) als ersten Herrscher zurück, dessen Name allerdings erst später von seinem Nachfolger erwähnt wurde. Von ihm und seinen nächsten Nachfolgern wissen wir so gut wie nichts, selbst die Namen sind unsicher. Nach der Regentschaft von Siyaj Chan K'awiil I. (um 307) wurde die männliche Linie der Dynastie durch eine Frau namens Frau Une' B'alam (»Baby Jaguar«, um 317) als Herrscherin unterbrochen. Bei der auf der berühmten Leidener Jadeplatte erwähnten Thronbesteigung im Jahre 320 ist ungewiss, ob der betreffende Herrscher wirklich aus Tikal stammt, wie oft angenommen wird. Der nächste sicher bezeugte Herrscher ist K'inich Muwaan Jol, der als Vater von Chak Tok Ich'aak I. (360–378) auf Stele 39 erwähnt wird. Diese Stele zeigt Chak Tok Ich'aak I. als triumphierenden Sieger auf einem gefesselten

50 Hier und im Folgenden werden die Daten der Regierungszeit angegeben. Da alle Daten sich auf die Zeitrechnung »n. Chr.« beziehen, wird diese Angabe der besseren Lesbarkeit halber weggelassen. Daten der Regierungszeit und Schreibweise der Namen der Herrscher nach Simon Martin / Nikolai Grube 2000.

Gefangenen stehend. Ein künstlerisch hervorragendes Bildnis dieses Herrschers ist eine Tonfigur in Form eines Weihrauchgefäßes, die ihn im Schneidersitz mit prächtigem Haarschmuck und den Schriftzeichen seines Namens zeigt. Tatsächlich hatte sich Tikal unter seiner Herrschaft zur größten und dominierenden Stadt des Maya-Gebiets entwickelt, nicht zuletzt aufgrund der erfolg- und ertragreichen Handelsbeziehungen bis ins weit entfernte Teotihuacán.

Diese friedlichen Handelsbeziehungen wurden aber bald durch eine militärische Offensive von Teotihuacán am 31.01.378 beendet, die nicht nur den Tod von Chak Tok Ich'aak I. zur Folge hatte, sondern auch einen entsprechenden Dynastiewechsel. Nach den Maya-Inschriften lassen sich diese Ereignisse folgendermaßen rekonstruieren: Zu Beginn des Jahres 378 gelangte eine Gruppe von Kriegern aus Teotihuacán unter Führung eines Mannes namens Siyaj K'ak' (»der im Feuer Geborene«) nach Tikal. Wie die Inschriften berichten, war dieser aber »nur« der Gesandte oder General des »Herrn des Westens« (*kalomté*). Dieser wird »Speerschleuder-Eule« genannt und war wahrscheinlich der Herrscher von Teotihuacán. Einen Tag nach der Ankunft von Siyaj K'ak' in Tikal starb der dortige Herrscher Chaak Tok Ich'aak I. Das war sicher kein Zufall, sondern es ist davon auszugehen, dass er ermordet wurde. Dieser Mord war der Beginn einer neuen Herrschaftsdynastie in Tikal, denn Yax Nuun Ayiin I. (379–404?), der Sohn von »Speerschleuder-Eule«, wurde offiziell der Nachfolger von Chaak Tok Ich'aak I. Währenddessen führte Siyaj K'ak' weitere Eroberungszüge gegen die Städte El Peru, Uaxactún, Bejucal und Río Azul. In diesen Städten wurden ebenfalls neue Herrscher eingesetzt. Dabei ist unklar, ob diese aus einheimischen Dynastien oder aus Zentralmexiko stammten. Die Kontrolle und der Einfluss durch Teotihuacán ist in diesen Städten durch den Teotihuacán-Stil der Architektur und Keramik bezeugt. Dass es hier um kriegerische Auseinandersetzungen ging, beweist eine Reihe von Festungen und Dämmen, die in der Umgebung von Tikal zu dieser Zeit angelegt worden waren.

Yax Nuun Ayiin I., Sohn von Speerschleuder-Eule und neuer Herrscher von Tikal, ließ sich auf einer Stele wie ein Krieger aus Teotihuacán darstellen. Er wurde mit prunkvollen Grabbeigaben im Teotihuacán-Stil bestattet (Grab 10 unter dem Tempel 34 in der Nordakropolis). Aber schon in der nächsten Generation, unter der Regentschaft seines Sohnes Siyaj Chan K'awiil II. (411–456), erfolgte eine Rückbesinnung auf die Maya-Tradition und der Einfluss von Teotihuacán verblasste. Nicht zuletzt durch Verbindungen mit Frauen aus der einheimischen Dynastie ging diese Anpassung und Propagierung als neue bzw. »alte« Maya-Dynastie vonstatten. So ließ der Enkel von Speerschleuder-Eule sich in vollem Maya-Ornat auf der Stele 31 abbilden. Nur der Kopfschmuck zeigt noch ein Emblem (Eule, Schild und Speer) von Teotihuacán. Beerdigt wurde er in dem mit Wandmalereien ausgestatteten Grab 48 unter dem Tempel 33, der später überbaut wurde. Unter der Regierung seines Sohnes K'an Chitam und seines Enkels Chak Tok Ich'aak II. (ca. 486–508) behielt Tikal seine Vorrangstellung.

Ein Wendepunkt in der Geschichte, sozusagen der Anfang vom Ende, war das Jahr 508. Denn kurz nach einem Krieg mit Yaxchilán, einer Vasallenstadt von Calakmul, starb der Herrscher Chak Tok Ich'aak II., und es fehlte ein geeigneter Nachfolger: Sein Sohn Wak Chan K'awiil war gerade in diesem Jahr – 508 – geboren und so bestieg 511 seine sechs Jahre alte Tochter als »Dame von Tikal« den Thron. Die Regierungsgeschäfte führte wahrscheinlich ein Mann namens Kaloomte' B'alam aus einer Nebenlinie der Dynastie. Abgebildet ist diese »Frau von Tikal« auf Stele 23, allerdings mit zerstörtem Gesicht. Auf Stele 12 wird sie zusammen mit Kaloomte' B'alam erwähnt, der hier als Herrscher genannt wird – so als gehöre die »Dame von Tikal« gar nicht zur Dynastie-Linie. Es folgte Vogel-Kralle, ehe dann Wak Chan K'awiil (537–562), der inzwischen erwachsene und bis dahin im Exil lebende Sohn von Chak Tok Ich'aak II., den Thron bestieg. In seiner Amtszeit kam es zum folgenreichen Krieg zwischen Tikal und Calakmul, der langfristig eine der Ursachen für den Kollaps der klassischen Maya-Kultur war.

Calakmul war wie Tikal bereits in der Zeit der Präklassik eine bedeutende Stadt und gilt mit 30 km^2 Ausdehnung, schätzungsweise 50 000 Einwohnern[51] und über 6000 Gebäuden als bislang

51 So Ramón Carrasco Varga: http://www.scienceticker.info/2009/11/10/ein-bilderbuch-der-maya/#more-6095, 2009, abgerufen am 23.04.2020.

größte Maya-Stadt der klassischen Zeit. Der Name Calakmul (*ca* = »zwei«, *lak* = »angrenzend«, *mul* = »Hügel«, d. h. »angrenzende Hügel«) stammt aus neuerer Zeit. Der ursprüngliche Name von Calakmul war *Kaan* bzw *Chan* (»Schlange«), wie wir von der Emblemhieroglyphe der Stadt wissen. Auch das Herrscherhaus, die Kaan-Dynastie, benannte sich nach der Schlange. Die ungefähr 117 Stelen von Calakmul geben uns heute nur noch wenig Auskunft über die Geschichte der Herrscher und der Stadt. Denn die Schrift auf dem Kalkstein ist so gut wie nicht mehr erhalten und viele Stelen wurden von Grabräubern entwendet. Die Informationen über die Herrscher und die Ereignisse in ihrer Regierungszeit stammen daher von Inschriften aus den Nachbarstädten. Die ersten Ausgrabungen erfolgten Ende der 1930er-Jahre. Aber immer wieder gibt es neue Entdeckungen, wie 2009 die Wandmalereien in einem nördlich gelegenen Tempel. Diese zeigen in einzigartiger Weise Szenen aus dem Alltagsleben der einfachen Bevölkerung, zum Beispiel Lastenträger, Zubereitung von Mais oder Handel mit Keramikwaren. Wie bei vielen anderen Maya-Städten ist bisher nur ein geringer Teil von Calakmul archäologisch erforscht.

Die als Struktur 2 bezeichnete Tempelanlage mit 120 m Seitenlänge und 45 m Höhe gehört neben El Mirador zu den mächtigsten ihrer Art im Maya-Gebiet. Die erste Tempelanlage aus der präklassischen Zeit wurde mehrmals überbaut, zuletzt mit einer gestuften und an der Frontseite mit großen Stuckmasken versehenen Pyramide. Treppen führen auf eine große Plattform, auf der drei Tempel und dahinter ein weiterer Pyramidenbau stehen. In einer der überbauten Pyramiden entdeckte man 1997 ein reich ausgestattetes Grab mit dem in Textilien und Jaguarfell eingehüllten Skelett eines Herrschers. Unter den Grabbeigaben befanden sich neben Schmuck aus Jade, Knochen, Muscheln und Obsidian eine Maske aus Jademosaik sowie ein bemalter Teller mit dem »Jester Gott«, der Schutzgottheit der Herrscher. Die Inschrift auf diesem Teller erwähnt den Herrscher Yich'aak K'ak, ein Hinweis darauf, dass es sich aller Wahrscheinlichkeit um sein Grab handelt. Dies war der Herrscher, der den Thron auf dem Höhepunkt von Calakmul übernahm und dann von Tikal besiegt wurde. Das erste Anzeichen der wachsenden Macht von Calakmul ist auf der Stele 25 in Naranjo dokumentiert. Die Inschrift berichtet, dass die Inthronisation des dortigen Herrscher Aj Wosal unter der Leitung von Tuun K'ab' Hix, des Herrschers von Calakmul, stattfand.

Aber zurück zum »Sternenkrieg« der Supermächte im Jahr 562: Auslöser dieses folgenreichen Krieges zwischen Tikal und Calakmul war ein Konflikt zwischen Tikal und Caracol: 553 kontrollierte Wak Chan K'awiil von Tikal die Inthronisation eines Herrschers in Caracol, einer seiner Vasallenstaaten. Als drei Jahre später Wak Chan K'awiil einen Adligen von Caracol enthaupten ließ, suchte Caracol Hilfe und Unterstützung von »Himmelszeuge« (561–572), dem Herrscher von Calakmul. Im anschließenden Krieg zwischen Tikal und Calakmul wurde Tikal 562 vernichtend geschlagen und Wak Chan K'awiil aller Wahrscheinlichkeit als Kriegsgefangener geopfert. Calakmul setzte einen Herrscher namens »Tierschädel« in Tikal ein. 130 Jahre lang (562–692) musste Tikal die Vorherrschaft von Calakmul erdulden, eine Zeit, in der so gut wie nichts gebaut wurde und keine Stelen aufgestellt wurden. Deshalb sind wir auch nicht über die Namen der beiden Nachfolger von Tierschädel informiert.

Die Angehörigen der ursprünglichen Herrscherdynastie von Tikal spalteten sich in zwei Gruppen: diejenigen, die Calakmul unterstützten und mit der neuen Macht zusammenarbeiteten und diejenigen, die die frühere Unabhängigkeit Tikals anstrebten. Im Jahre 648 hatte Calakmul wohl vorübergehend die Kontrolle über Tikal verloren. Denn die mit Calakmul kollaborierende Partei war gezwungen, nach Dos Pilas auszuwandern, das sie zu ihrer neuen Stadt mit eigenen Herrschern machte. Nach wie vor bestand sie aber weiterhin auf ihrem Herrschaftsanspruch in Tikal. Dort bestieg 657 Nuun Ujol Chaak (657–679) den Thron, der die Unabhängigkeit von Calakmul forcierte, dann aber nach einem Angriff von Calakmul besiegt wurde. Er musste Tikal verlassen und wurde in Palenque vom dortigen Herrscher K'inich Janaab Pakal aufgenommen. Kurzfristig hatte er allerdings noch einmal eine Glückssträhne, als ihm 672 nicht nur die Eroberung von Tikal, sondern auch von Dos Pilas gelang. Der dortige Herrscher B'alaj Chan Kawiil musste fliehen. Dann aber, im Jahr 677, konnte

Calakmul zuerst Dos Pilas befreien und danach 679 Tikal besiegen. Das weitere Schicksal von Nuun Ujol Chaak ist unbekannt, vermutlich fiel er in der Schlacht. Mit diesem Sieg war Calakmul nun zur alleinigen und größten Supermacht im gesamten Maya-Gebiet aufgestiegen und erreichte den Höhepunkt seiner Macht unter seinem Herrscher Yuknoom Ch'een, genannt Yuknoom der Große (636–686). Calakmul kontrollierte nun nicht nur Tikal, sondern ebenso Städte wie Caracol, Naranjo, Dos Pilas, Yaxha, Ucanal, El Peru, Palenque und Piedras Negras als Vasallenstädte. Vermutlich war es Yuknoom der Große, dem viele große Bauten der Stadt zu verdanken sind.

Aber die Jahre von Calakmuls Macht waren gezählt: In Tikal wurde im Jahr 682 Jasaw Chan K'awiil I. (682–734), der Sohn von Nuun Ujol Chaak, als Herrscher inthronisiert, ohne dass Calakmul eingriff. Ihm gelang es 695, den Herrscher Yich'aak K'ak', den Sohn und Nachfolger von Yuknoom dem Großen von Calakmul, zu besiegen. Tikal hatte damit die Vorherrschaft von Calakmul beendet und erlebte nochmals eine Blütezeit, die sich vor allem an einem regelrechten Bauboom zeigt. Sein Sohn und Nachfolger Yik'in Chan K'awiil konnte Siege über die Städte El Perú und Naranjo verbuchen und setzte die unter seinem Vater begonnene Bautätigkeit fort. So entstand unter der Regierung dieser beiden Herrscher das Stadtbild, wie es sich heute dem Touristen präsentiert. Beispiele sind die das Stadtbild von Tikal prägenden Tempel I und II. Mit dem Rückgriff auf den Kunststil von Teotihuacán sollte dabei ganz bewusst an die Glanzzeit Tikals erinnert werden.

Über den Nachfolger von Yik'in Chan K'awiil, wahrscheinlich ein Bruder von ihm, wissen wir wenig. Mit der Regierungszeit von Nuun Yax Ayiin und seinen Nachfolgern (Nuun Ujol K'inich, Verdunkelte Sonne, Juwelen K'awiil und Jasaw Chan K'awiil) kündigte sich der Niedergang von Tikal an: Es wurde nichts mehr gebaut und es wurden kaum noch Stelen aufgestellt. Auf Stele 11 ist das letzte Datum von Tikal vermerkt, das Jahr 869. Auch Calakmul gelang unter seinen letzten Herrschern kein Comeback mehr. Das letzte erwähnte Datum von Calakmul ist 909.

Palenque und Pakal, der berühmteste Maya-Herrscher

Die Entdeckung des Grabes des Maya-Herrschers Pakal in einer Pyramide von Palenque 1952 war einer der Höhepunkte der Archäologie im 20. Jahrhundert. Palenque liegt mitten im tropischen Regenwald am Fuße des Hochgebirges von Chiapas in einer hügeligen Landschaft. Der ursprüngliche Name war Lakamha' (»Großes Wasser«), da zum einen der Fluss Otulum direkt durch die Stadt führte, wo er unterirdisch durch einen Kanal geleitet wurde, zum anderen Palenque im Schwemmgebiet des Río Usumacinta liegt und sich zudem in der Umgebung etliche Wasserfälle befinden. Toktan scheint ein anderer früherer oder weiterer Name für Palenque gewesen zu sein, *B'aakal* (Knochen) war die Bezeichnung für das Herrschaftsgebiet von Palenque. Dem heutigen Touristen erscheint die seit 1987 zum Weltkulturerbe der UNESCO gehörende Ruinenstätte als vollständig ausgegrabene Stadt. Der Eindruck täuscht, denn nur ein verschwindend kleiner Teil (ca. fünf Prozent), von der sich wohl über ca. 6 km^2 erstreckenden Anlage ist bisher ausgegraben.

Palenque ist eine der Maya-Städte mit den meisten Hieroglyphen-Inschriften an Tempeln und anderen Bauten. Dadurch kennen wir sogar die Funktion und die Namen einer Reihe von Gebäuden. Und gerade aufgrund dieser Inschriften sind wir besonders gut über die Geschichte der Dynastie von Palenque informiert. Die meisten dieser Informationen verdanken wir zwei Herrschern, K'inich Janaab' Pakal, bekannt als Pakal (»Schild«, 615–683), und seinem ältesten Sohn und Nachfolger, K'inich Kan-B'alam (684–702). Diese hatten einen besonderen Anlass für ihre extensive Bautätigkeit und die Darstellung ihrer Herrschaft. Dazu später.

Am Anfang der Dynastie von Palenque steht ihr Gründer K'uk' B'alam (»Quetzal-Jaguar«, 431–435). Zur gleichen Zeit wurde Tikal von dem aus Teotihuacán abstammenden Herrscher Siyaj Chan K'awiil II. regiert, dessen Name auch in einer Inschrift im Palast von Palenque erwähnt wird. Es ist daher zu vermuten, dass er an der Gründung des Herrscherhauses von Palenque beteiligt war. Wenig bekannt ist über die direkten Nachfolger des Dynastie-Gründers, wie Kasper, der wohl mit 13 Jahren sein Amt als Herrscher antrat, oder die Brüder B'utz' Sak Chiik und Ahkal Mo' Naab' I., K'an Joy Chitam I. sowie die Brüder Ahkal Mo' Naab II. und Kan B'alam I. Letzterer hinterließ keinen männlichen Nachkommen, sodass seine Tochter (oder vielleicht seine Schwester) Yohl Ik'nal (583–604) die Regierung übernahm. Sie war insofern rechtmäßige Erbin der Herrschaft, da sich ihre Abstammung väterlicherseits direkt auf den Dynastie-Begründer K'uk' B'alam I. zurückführen ließ. Sie war eine der wenigen Frauen in der Maya-Geschichte mit einem offiziellen Herrschertitel. In ihrer Regierungszeit griff Calakmul am 21. April 599 Palenque an und plünderte die Stadt. Ein zweiter Angriff Calakmuls auf Palenque erfolgte am 4. April 611 unter der Herrschaft von Aj Ne' Ohl Mat, dem Sohn und Nachfolger von Yohl Ik'nal. Palenque wurde dabei fast vollständig zerstört. In der Zeit von 612 bis 615, nach dem Tod von Aj Ne' Ohl Mat, regierte wohl ein Herrscher namens Muwaan Mat, so die Vermutung einiger Maya-Forscher. Seine Identität ist allerdings unklar. Daher gehen andere davon aus, dass nach dem Tod von Aj Ne' Ohl Mat wiederum ein männlicher Erbe fehlte, um diese Linie weiterzuführen, und Frau Sak K'uk' (613–615?), eine Nichte von ihm, den Thron bestieg, während der Name Muwaan Mat vielleicht ein Pseudonym von ihr war. Das wäre das zweite Mal nach der Regierung von Frau Yohl Ik'nal gewesen, dass in Palenque die patrilineare bzw. männliche Linie der Herrscherdynastie unterbrochen wurde und eine Frau das Herrscheramt übernahm. Allerdings wurde sie in den Regierungsgeschäften sicherlich von ihrem Mann Kan Mo' Hix, einem Adligen ohne Herrschaftsanspruch, unterstützt. Sicher ist dagegen, dass der gemeinsame Sohn K'inich Janaab' Pakal 615 schon im Alter von zwölf Jahren als Herrscher eingesetzt wurde. Eine Tafel im Haus E des Palastes zeigt die Inthronisationsszene, wie der auf einem Jaguarthron sitzende Pakal von seiner Mutter Sak K'uk' die helmartige Krone empfängt. Auch in diesem Fall regierten sicher die Eltern stellvertretend während seiner Kinder- und Jugendzeit. Pakal ist bis heute der bekannteste Maya-Herrscher. Unter ihm erlebte Palenque einen Aufschwung und eine Blütezeit vor allem in architektonischer Hinsicht und wurde zur wichtigsten Maya-Stadt im westlichen Tiefland. Seine Frau Tz'akb'u Ajaw gebar ihm vier Söhne, von denen ihm zwei in seinem Herrscheramt nachfolgten:

K'inich Kan B'alam II. (684–702) und K'inich K'an Joy Chitam II. (702–711). Bis auf eine Auseinandersetzung mit Piedras Negras im Jahr 628, bei dem ein Adliger aus Palenque gefangen genommen wurde, wissen wir wenig über die frühe Regierungszeit. Wie bereits erwähnt, gewährte Pakal dem für die Unabhängigkeit von Calakmul kämpfenden Herrscher Nuun Ujol Chaak von Tikal in Palenque Exil. In den Jahren zwischen 659 und 663 unternahm Pakal Kriegszüge gegen Städte wie Pomoná und Santa Elena, die wohl mit Calakmul verbündet waren. Pakal starb am 28. August 683 im Alter von 80 Jahren, nachdem er 68 Jahre lang regiert hatte.

Wie bereits erwähnt, gehörte zwar Pakals Mutter zur Herrschaftsdynastie von Palenque, nicht aber sein Vater. Aufgrund dieser Abweichung von der Norm standen Pakal und ebenso sein Sohn Kan B'alam ständig unter Druck, die Rechtmäßigkeit ihrer Herrschaft zu beweisen und zu rechtfertigen. Dies erfolgte zum einen durch die Betonung der göttlichen Abstammung und zum anderen durch eine intensive Bautätigkeit, mit der Pakal nach dem Tod seiner Mutter im Jahr 640 begann.

Mit vielen Bauten und einer Vielfalt von Inschriftentexten betrieb Pakal so seine Selbstdarstellung und Werbung in eigener Sache. Das erste Bauprojekt war der *Templo Olvidado* (»der verschollene Tempel«; 647 geweiht), es folgten der »Tempel des Grafen« und der größte Teil des »Palastes«. Dieser Palast (97 × 73 m) wurde auf einer 100 m hohen und 80 × 100 m großen Plattform über einer Anlage aus der präklassischen Zeit erbaut. Als Zugang dienen breite Treppenaufgänge an den beiden Längsseiten und an der Ostseite. Die Anlage besteht aus drei großen Innenhöfen mit jeweils darum gruppierten Räumen. Im östlichen Hof befindet sich eine Treppe mit Hieroglypheninschriften. Das Ganze muss man sich in der Farbe Rot vorstellen, mit grünen, gelben und blauen Verzierungen. Der südliche Teil wurde größtenteils erst später erbaut, zum Beispiel der erst rund hundert Jahre nach Pakal unter K'inich K'uk B'alam II. entstandene vierstöckige Turm, der wahrscheinlich ein Observatorium war. Der Palast diente als Regierungssitz. Diese repräsentative Funktion nutzte Pakal für die Darstellung der Geschichte Palenques, vor allem seiner Regierungszeit. So wird im Gebäude C zum Beispiel an den Angriff von Calakmul auf

Palenque im Jahre 599 erinnert. Ein Relief im selben Gebäude zeigt sechs Kriegsgefangene, die Pakal im Jahre 659 festnahm, wie die entsprechende Inschrift berichtet. John Lloyd Stephens, der die Bauten von Palenque als erster im 19. Jh. dokumentierte, beschreibt den Eindruck, den diese Darstellungen auf ihn machten, folgendermaßen: »Sie tragen reichen Kopfschmuck und Halsketten, ihre Haltung aber verrät Schmerz und Unruhe. Der Entwurf und die anatomischen Proportionen der Figuren sind fehlerhaft, doch sie besitzen eine Kraft des Ausdrucks, in der sich die handwerkliche Meisterschaft und die Phantasie des Künstlers erweist.«[52] Dass Nuun Ujol Chaak von Tikal, der von Calakmul besiegt wurde, fliehen musste und in Palenque von Pakal aufgenommen wurde, wird ebenfalls in der Inschrift erwähnt.

Das letzte Bauprojekt Pakals war der »Tempel der Inschriften«, der gleichzeitig seine Grabanlage enthielt (Baubeginn 675). Sein Sohn Kan B'alam ließ dann die Kreuzgruppe (»Tempel des Kreuzes«, »Tempel des Blattkreuzes« und »Tempel der Sonne«; geweiht 690) erbauen. Sie fallen durch ihre hohen Dachkämme auf, die ursprünglich mit Stuck versehen und farbig bemalt waren.

Damit entstand unter Pakal und Kan B'alam weitgehend das Palenque, das wir heute als Ruinenanlage kennen. Der »Tempel der Inschriften« Pakals und die Kreuzgruppe seines Sohnes Kan B'alam sind durch eine Unmenge von Hieroglyphen und Bilddarstellungen gekennzeichnet, mit denen beide ihren Regierungsanspruch legitimierten. Zu diesem Zweck setzte Pakal in den Inschriften seine Mutter Sak K'uk' mit der göttlichen Urmutter gleich, von der sowohl die Götter als auch die Herrscher von Palenque abstammen. Ferner wurden Pakals und Kan B'alams Geburtsdaten mit dem Geburtstag dieser Muttergottheit gleichgesetzt. Dies sollte die Wesensgleichheit der beiden Herrscher mit der Urmutter belegen bzw. aussagen, dass beide Herrscher vom selben göttlichen Wesen wie auch die Urmutter waren. Pakal und Kan B'alam betonten in den Inschriften zudem, dass der Regierungswechsel zur Abstammungslinie von Pakals Mutter nur eine Wiederholung dessen war, was sich am Anfang der Schöpfung abgespielt hatte.

52 John Lloyd Stephens 1980, 117.

Mit dieser neuen theologischen bzw. kosmischen Begründung des Herrschaftsanspruches wurde die bisherige Praxis der patrilinearen Abstammung als einziges Kriterium der Herrschaftslegitimation außer Kraft gesetzt.

Mit dem »Tempel der Inschriften« hatte sich Pakal schon zu Lebzeiten sein Grab erbauen lassen. Von dem Tempel führt oben eine Treppe bis tief unten in die Pyramide hinein, wo sich die Grabkammer (9 × 4 m) befindet. Im Treppenflur auf halber Höhe vor dieser Grabkammer fand man die Skelette von fünf oder sechs Personen, die wahrscheinlich anlässlich der Bestattung Pakals geopfert wurden. Auf den Seiten seines großen Steinsarkophages, der fast den ganzen Raum füllt, sind die Herrscher vor Pakal dargestellt. Auf dem Deckel des Sarkophags ist Pakal selbst während seiner Reise ins Jenseits zu sehen. Die Reliefdarstellung, ein wahres Meisterwerk, zeigt Pakal auf einem Thron oder Altar sitzend. Der von dem Thron ausgehende Weltenbaum ist die Verbindung zum Jenseits bzw. zum Himmel, symbolisiert durch Sonne, Mond und Sterne. Das Innere des Sarkophags und die Leiche Pakals waren mit rotem Zinnober versehen. Rot war die Farbe des Blutes und symbolisierte das Leben. Pakal war mit kostbaren Schmuck aus Jade ausgestattet worden: einer Maske mit Ohrpflöcken, einem Kollier, Armbändern und Ringen. Im Mund und in der einen Hand befand sich ein Amulett aus Jade, in der anderen Hand ein Speer. Zu den Beigaben gehören ferner zwei Jadeköpfe und zwei Köpfe aus Stuck. Letztere stellen wahrscheinlich Pakal sehr lebensnah dar. Der 1952 entdeckte Sarkophag samt Grabbeigaben befindet sich heute im Nationalmuseum für Anthropologie in Mexiko-Stadt, während in Palenque eine Kopie gezeigt wird.

Als Pakal 683 starb, übernahm sein Sohn Kan B'alam II. 684 im relativ hohen Alter von 48 Jahren die Regierung, später dann sein Bruder K'an Joy Chitam. Kan B'alam II. setzte den Erfolgskurs seines Vaters fort. Als erstes vollendete er den Grabbau seines Vaters, den Tempel der Inschriften, und ließ dann die Tempel der Kreuzgruppe sowie die Tempel XIV und XVII errichten. Mit den Tempeln der sog. »Kreuzgruppe« hinterließ Kan B'alam II. eine ausführliche bildliche Darstellung und Auslegung seiner Herrschaft. Von den drei Tempeln ist der »Tempel des Kreuzes« der höchste, nordöstlich von den anderen Gebäuden gelegen und dem Gott G I geweiht. Der »Blattkreuztempel« im Osten, dem Gott G II geweiht, ist der zweithöchste. Der Schutzgott des »Sonnentempels« im Westen ist der Gott G III. Die Götter G I, G II und G III gelten als die sogenannte Göttertrias von Palenque und als Söhne der göttlichen Urmutter und des Urvaters. Auf den Türpfosten der Tempel werden diese Gottheiten »Schützlinge Kan B'alams« und »Gottheiten Kan B'alams« genannt. Kan B'alam II. stellte sich nicht nur als Sohn der Urmutter, sondern auch als Reinkarnation des Urvaters dar. Er verstand sich außerdem als Ernährer der Götter, die er mit Menschenopfern und eigenem Blut versorgte. Diese Verbindung Kan B'alams II. mit den Göttern, der Weltschöpfung und dem Kosmos überhaupt ist das Thema der schriftlichen und bildlichen Darstellungen der Tempel der »Kreuzgruppe«.

Militärisch konnte Kan B'alam II. 687 einen Sieg über die Nachbarstadt Toniná verbuchen, wobei er deren Herrscher gefangen nahm. Allerdings konnte K'inich B'aaknal Chaak, der neue Herrscher von Toniná, in den Jahren zwischen 692 und 696 schon wieder mehrere Angriffe auf das Gebiet von Palenque unternehmen. Im Jahr 711 gelang es ihm dann, K'inich K'an Joy Chitam II., den Bruder und Nachfolger von Kan B'alam II., zu besiegen und gefangen zu nehmen. Was dann genau mit Joy Chitam II. geschah, ist unklar: Wahrscheinlich musste er den Rest seines Lebens in Gefangenschaft verbringen. So erreichte Toniná, dass Palenque während dieser Zeit der Herrschervakanz handlungsunfähig war. Es könnte aber auch sein, dass Joy Chitam II. die Stadt Palenque als Vasall von Toniná weiter verwaltete. Joy Chitam II. scheint wie sein Bruder Kan B'alam II. keinen Sohn als männlichen Nachfolger gehabt zu haben. 721, erst elf Jahre später, wurde K'inich Ahkal Mo' Naab' III. neuer Herrscher von Palenque. Er war der Sohn von Batz Chan Mat, des jüngsten Sohnes von Pakal, also dessen Enkel. Dieser führte mehrere Feldzüge gegen einige, uns heute teils unbekannte Orte wie »K'ina'« in den Jahren 723, 725 und 729 durch. Bei dem Kriegszug 725 nahm er einen ranghohen Adligen aus Piedras Negras gefangen. Unter seiner Regierung entstanden die Tempel 18, 18a, 19 und 21. Ein Relief im Tempel 19 zeigt ein eindrucksvolles Porträt von Ahkal Mo' Naab' III. mit den Insignien des Gottes G I. Ihm folgten seine Söhne K'inich Janaab' Pakal II. und K'inich K'uk' B'alam II., von deren Regierungszeit wir nur wenig Informationen haben. Letzter Herrscher von Palenque war Janaab' Pakal III., von dem wir nicht einmal die genauen verwandtschaftlichen Beziehungen zu seinen Vorgängern kennen. Sein Name 6 *Tod* nach einem Datum bzw. Kalendertag könnte ein Hinweis auf einen mehr oder weniger starken Einfluss aus Zentralmexiko sein, wo diese Art der Namensgebung üblich war. Aus dem Jahr 799, dem Jahr seiner Thronbesteigung, stammt das letzte erhaltene bzw. aufgezeichnete Datum aus Palenque.

Copán, die Stadt der Künste

Copán (Honduras, Dep. Copán) im südlichsten Teil des Maya-Gebietes war von der Lage her ein idealer Ort für die ersten Siedler: Der Río Copán bot mit seinen damaligen jährlichen Überschwemmungen äußerst fruchtbares Land für die Landwirtschaft. Das Tal Copán Pocket am Fuße von bis zu 2000 m hohen Bergen war vor Unwetter geschützt und garantierte ein gemäßigt heißes Tropenklima – im Unterschied zu dem extrem feuchtheißen Klima der meisten anderen Maya-Städte. Im nahegelegenen Motagua-Tal befand sich die einzige Jadeexportstätte Mesoamerikas. Zudem gab es Tuffstein- und Granitvorkommen in der Nähe.

Nicht zu Unrecht wurde Copán 1980 von der UNESCO zum Weltkulturerbe erklärt. Denn die Maya-Stadt hat eine Reihe erwähnenswerter Besonderheiten aufzuweisen. So gelten die Stelen, welche Porträts des Herrschers Waxaklajuun Ub'aah K'awiil (695–738) zeigen und von ihm in Auftrag gegeben wurden, als künstlerisch einmalig in der gesamten Maya-Welt. Derselbe Herrscher begann auch, die 55 Stufen der 21 m langen und später von K'ak' Yipyaj Chan K'awiil (749–761) erweiterten Treppe des Tempels 26 mit 2200 Hieroglyphenzeichen zu versehen. Es ist die längste erhaltene Maya-Inschrift. Der Text berichtet über die Geschichte des Herrscherhauses von Copán, was nicht zuletzt durch die sechs Skulpturen von Herrschern vor dem Tempel verdeutlicht wird. Der von dem Herrscher Mond-Jaguar (553–578) errichtete Tempel »Rosalila« ist in seiner rekonstruierten Form (im *Museo de Escultura de Copán*) für den Touristen heute eines der eindrucksvollsten Beispiele für die Gestalt und Farbigkeit eines Maya-Tempels. Er wurde später mit dem Tempel 16 überbaut. 1992 entdeckte ihn der Archäologe Ricardo Agurcia und legte ihn frei, sodass man ihn heute innerhalb des Tempels 16 vollständig umgehen kann. Allerdings ist das den normalen Besuchern nicht möglich, diese müssen sich mit der Rekonstruktion im Museum von Copán begnügen. Der Ballspielplatz von Copán in I-Form ist nach dem von Chichén Itzá der zweitgrößte von Mesoamerika. Einzigartig ist der Altar Q von Tempel 16 mit der Darstellung der 16 Herrscher von Copán bis zum Jahre 773, den Yax Pasaj Chan Yoaat, der 16. Herrscher, im Jahre 776 weihen ließ. Auf jeder der vier Seiten des Altars sind vier Herrscher abgebildet, die jeweils auf ihren Namensglyphen sitzen. Und schließlich ist das Margarita-Grab als das an Jadeschmuck und Keramikbeigaben reichhaltigste Frauengrab der Maya zu erwähnen. Es ist sehr wahrscheinlich das Grab der Frau des Dynastiebegründers K'inich Yax K'uk' Mo' (426–ca. 437), die man »Lady in Red« nannte, weil ihr Skelett ganz mit rotem Zinnober, dem Symbol des Lebens, bedeckt war.

Aber zunächst zum Anfang der Geschichte von Copán, das schon in vorklassischer Zeit ein Siedlungsort war. Die Herrscherdynastie begann allerdings erst in der klassischen Zeit mit K'inich Yax K'uk' Mo' (426 – ca. 437). Dies war die Zeit der Vorherrschaft von Teotihuacán im Maya-Gebiet. So ist dementsprechend der Kunststil von Architektur und Keramik im Copán dieser Zeit von Teotihuacán geprägt.[53] K'inich Yax K'uk' Mo' wird deshalb mit Brillenaugen dargestellt, ein Kennzeichen der Regengottabbilder in Teotihuacán. Sein Grab befindet sich im Hunal-Tempel und wurde ihm zu Ehren später mehrmals vergrößert bzw. überbaut, zuletzt mit Tempel 16. Es ist davon auszugehen, dass der Dynastie-Begründer Copáns aus Teotihuacán kam, denn die chemische Knochenanalyse seines Skeletts zeigte, dass er nicht aus der Region stammte – im Unterschied zu seiner Frau. K'inich Popol Hol, Sohn und Nachfolger von K'inich Yax K'uk' Mo', ließ nicht nur den ersten Ballspielplatz erbauen, sondern auch den Hunal-Tempel

53 378 wird Tikal von Siyaj K'ak' aus Teotihuacán erobert, s. S. 70 f.

als Grab seines Vaters und legte so den Grundstein für die besondere Verehrung des Dynastiebegründers. Von der Existenz des dritten bis neunten Herrschers wissen wir letztlich nur durch die Auflistung am Altar Q und nur von zweien sind uns die Namen bekannt (Ku Ix und Wasserlilien-Jaguar). Mond-Jaguar (553–578), der zehnte Herrscher, ließ den oben erwähnten einzigartigen Rosalila-Tempel errichten. Ihm folgten Butz'Chan und Rauch-Imix (628–695). Letzterer zeichnete sich durch die Errichtung von neun Gebäuden aus, darunter wahrscheinlich auch sein eigenes Grab, das sogenannte Chorcha-Grab. Darin fand man das Skelett des Herrschers mit Jadeschmuck und insgesamt 44 Tongefäßen. Zwölf davon sind Figurengefäße, die wahrscheinlich Rauch-Imix und seine Vorgänger darstellen. Außerhalb der Stadt stellte Rauch-Imix zudem eine ganze Reihe von Stelen auf.

Mit Waxaklajuun Ub'aah K'awiil (695–738), dem nächsten Herrscher, erlebte Copán zunächst seine Blütezeit, dann aber den Niedergang. Er konnte die Vorrangstellung, die Copán seit Beginn innehatte, verstärken. So sind wir darüber informiert, dass er 718 den uns unbekannten Ort 'Xkuy eroberte und 724 in der Nachbarstadt Quirigua den Herrscher K'ak' Tiliw Chan Yoaat einsetzte. Sein Selbstverständnis als mächtiger Herrscher spiegelt sich wider in den Selbstdarstellungen auf den Stelen mitten in der Stadt, deutlich vor allem auf den Stelen C, F, 4 H, A, B und D. Diese Porträts sind, wie bereits erwähnt, eine künstlerische Meisterleistung und Zeichen der kulturellen Blüte Copáns. John Lloyd Stephens, der Copán im 19. Jh. wiederentdeckte, beschreibt eines wie folgt: »Der Bart hat eine merkwürdige Form und verbindet sich mit Schnurbart und Haar. Die Ohren sind übernatürlich groß; der Gesichtsausdruck ist vornehm, der Mund halboffen, und die Augäpfel scheinen förmlich aus ihren Höhlen zu quellen. Der Künstler hat offenbar Schrecken erregen wollen. Die Füße des Idols stecken in Schmucksandalen, die wahrscheinlich nach der Mode jener Zeit aus dem Felle eines wilden Tieres gefertigt sind.«[54]

Die Inschrift einer Stele erwähnt Copán zusammen mit Tikal, Calakmul und Palenque als große Stadt, ebenfalls ein Ausdruck

54 John Lloyd Stephens 1980, 68.

der Macht Copáns zu dieser Zeit, ebenso wie die rege Bautätigkeit von Waxaklajuun Ub'aah K'awiil: Er erneuerte eine Reihe von Tempeln, indem er sie überbauen ließ. Von ihm stammt ferner der Ballspielplatz in seiner jetzigen Form und Größe. Das bittere Ende aber ließ nicht lange auf sich warten: K'ak' Tiliwe Chan Yoaat, der Herrscher von Quirigua, überfiel Copán im Jahr 738, nahm Waxaklajuun Ub'aah K'awiil gefangen und ließ ihn enthaupten. Ein Sieg, der entsprechend auf Stelen in Quirigua schriftlich festgehalten und gefeiert wurde, während die Inschriften von Copán die Niederlage des Herrschers eher als Tod in der Schlacht darstellen. »Keine Altäre, keine Pyramiden« heißt es in einer Inschrift der Hieroglyphentreppe. Entsprechend legte die Niederlage jegliche Bautätigkeit in der Stadt für die folgenden 17 Jahre vollkommen lahm, während Quirigua einen Aufschwung erlebte. Deshalb gibt es über K'ak' Joplaj Chan K'awiil (738–749), den nächsten Herrscher von Copán, nicht viel zu berichten. Sein Nachfolger K'ak' Yipyaj Chan K'awiil (749–761) konnte den alten Glanz der Stadt noch einmal etwas aufleben lassen: Er überbaute Tempel 26 in seiner heutigen Form und ließ die Hieroglyphentreppe des Tempels erneuern und erweitern. Die Stele N vor Tempel 11, in dem sich vermutlich sein bis jetzt noch nicht freigelegtes Grab befindet, zeigt ein Bildnis des Herrschers. Sein Nachfolger Yax Pasaj Chan Yoaat (763–810), der mit neun Jahren den Thron bestieg, konnte die Bautätigkeit des Vorgängers im kleineren Ausmaß fortsetzen: Er vollendete Tempel 11, ließ Tempel 18 errichten, aber beschränkte sich ansonsten auf Inschriften sowie Altäre und errichtete keine Stelen. Er weihte 776 den oben erwähnten Altar Q mit den Bildnissen seiner Vorgänger ein. Das Ende von Copán kündigte sich bereits darin an, dass Yax Pasaj Chan Yoaat nicht mehr wie seine Vorgänger allein regierte, sondern zusammen mit einer Gruppe von »Partnern«, bestehend aus Adligen und Verwandten. Diese Partner konnten nun selbst bestimmte Riten durchführen, die bislang Privileg des Herrschers waren. Und der Regent von Los Higos, einer Provinz- bzw. Vasallenstadt von Copán, stellte als Ausdruck seiner Autonomie sogar eine eigene Stele auf. Das Grab von Yax Pasaj Chan Yoaat in Tempel 18 erinnert an das von Pakal in Palenque. Vermutlich bestanden aufgrund von Heiraten entsprechende verwandtschaftliche Beziehungen.

Vom letzten Herrscher Uki Took' besitzen wir nur das Datum seiner Inthronisation im Jahr 822 auf dem von ihm in Auftrag gegebenen Altar L. Dies ist das letzte Datum von Copán überhaupt. Dieses letzte steinerne Zeugnis zeigt nur die Inthronisationsszene und ein halbfertiges Gesicht. Das Ende der Stadt scheint so plötzlich und schnell gekommen zu sein, dass der Künstler sein Werk offenbar buchstäblich unvollendet stehen ließ. Vermutlich war es zu sozialen Unruhen, vielleicht einer Rebellion, gekommen.[55] Der eigentliche Grund des Niedergangs von Copán aber war letztlich die Umweltzerstörung im Tal Copán Pocket: Der ursprüngliche Wald war im Laufe der Zeit vollständig abgeholzt worden, sodass Holz zur Mangelware wurde und schließlich vollkommen fehlte. Ein Indiz dafür ist, dass bei den zuletzt errichteten Gebäuden die Stuckdekoration fehlt, zu deren Herstellung sehr viel Holz benötigt wird, welches wohl nicht mehr vorhanden war. Ganz zu schweigen davon, dass für das Alltagsleben der ständig wachsenden Bevölkerung Holz ebenso unerlässlich war. Die Folge der Waldabholzung war weniger Regen und damit verbunden die Erosion des Bodens, was wiederum auf die Landwirtschaft bzw. den Maisanbau gravierende Auswirkungen hatte. Daraus resultierender Hunger und Krankheiten der Bevölkerung führten dann zur Rebellion. Copán ist ein deutliches Beispiel, wie in diesem Fall Umweltzerstörung und Überbevölkerung zum Ende einer einst blühenden Maya-Stadt führten.

Caracol, der Global Player

Caracol (Belize) könnte man heute als *global player* bezeichnen: Einerseits kontrollierte die Stadt ein umfangreiches, schätzungsweise 300 km^2 großes Gebiet am Rande der Maya-Mountains, einschließlich wichtiger Rohstoffquellen wie Hämatit, Granit oder Pinienholz und einem der größten Straßennetze, andererseits spielte es aufgrund seiner Beziehungen zu den Supermächten Tikal

55 So Nikolai Grube, zit. von Michael Zink: https://www.wissenschaft.de/geschichte-archaeologie/das-geheimnis-des-begrabenen-tempels, 1997, abgerufen 21.02.2020.

und Calakmul eine wichtige Rolle in der Politik der Maya-Staaten. Schon in präklassischer Zeit besiedelt, umfasste das Stadtgebiet in klassischer Zeit ca. 88 km^2 mit vermutlich 36 000 Gebäuden, von denen bislang nur 3000 entdeckt worden sind. Das größte Bauwerk ist mit 46 m Höhe die Canaa-Pyramide, auf deren oberster Plattform sich nach präklassischem Vorbild drei Pyramiden als E-Gruppe befanden. Kennzeichnend für Caracol sind die riesigen Ajaw'-Altäre in Form eines runden Steinblockes mit einer Hieroglypheninschrift auf der Oberseite. Sie wurden meist zusammen mit Stelen zu den 20-Jahr- bzw. K'atun-Feiern aufgestellt.

Die Dynastiegeschichte Caracols beginnt mit ihrem Begründer Te' K'ab' Chaak (331–349). Über ihn und seine Nachfolger K'ak' Ujol K'inich I., Yajaw Te' K'inich I. und K'an I. ist wenig bekannt. Von Yajaw Te' K'inich II. (553–593) berichten der Altarstein 21 und Stele 12, dass seine Inthronisation unter der Kontrolle des Herrschers Wak Chan K'awiil von Tikal stattfand. Dies belegt, das Caracol ein Vasallenstaat von Tikal war. Das änderte sich aber schon drei Jahre später im Jahr 556: Die Enthauptung eines Adligen von Caracol in Tikal hatte nicht nur zur Folge, dass Caracol nun auf die Seite von Calakmul wechselte, sondern führte auch zu einem Krieg zwischen den beiden Supermächten, aus dem Calakmul als Sieger hervorging. Yajaw Te' K'inich II. folgten seine beiden Söhne Knot Ajaw und K'an II. (618–658) als Herrscher. Letzterer führte Caracol in seiner vierzigjährigen Regierungszeit zu wirtschaftlichem Wachstum und Wohlstand. Seine Mutter Batz' Ek' war gerade 18 Jahre alt, als sie seinen Vater heiratete. Als Sohn einer jungen Nebenfrau seines Vaters musste K'an II. – ähnlich wie Pakal in Palenque – seinen Herrschaftsanspruch wahrscheinlich rechtfertigen. Das mit reichlichen Beigaben ausgestattete Frauengrab in der B-19-Pyramide dürfte das Grab von Batz' Ek' sein. K'an II. führte die Allianz mit Calakmul weiter und intensivierte sie. 626 griff er mehrmals einen uns heute unbekannten Ort im Herrschaftsbereich von Naranjo an und führte 631 einen erfolgreichen Angriff gegen Naranjo selbst. Von diesem Feldzug berichtet eine Hieroglyphentreppe. Diese wurde ursprünglich in Caracol hergestellt, aber wohl bei einem späteren Sieg Naranjos als Trophäe in Teilen dorthin verschleppt.

Im Jahr 658 trat K'ak' Ujol K'inich II. (658–680) die Nachfolge an, obwohl K'an II., um die 70 Jahre alt, noch lebte. Dies war eine Ausnahme von der Regel in der Thronfolge der Maya, denn üblicherweise übernahm ein Herrscher erst nach dem Tod seines Vorgängers dessen Amt. Die Gründe für diesen Vorgang sind unbekannt: Machten politische Umstände diesen Schritt notwendig? War K'an II. krankheitsbedingt nicht mehr handlungsfähig? Oder hatte K'ak' Ujol K'inich II. den Thron einfach usurpiert und war vielleicht gar nicht sein Sohn? Jedenfalls gelang Naranjo im Jahr 680 ein erfolgreicher Angriff auf Caracol: K'ak' Ujol K'inich II. musste fliehen und kehrte erst 60 Tage später nach Caracol zurück. Das ist die letzte Information, die wir bislang über ihn haben. Für die folgenden 118 Jahre (680–798) fehlen so gut wie jegliche Nachrichten, ein Zeichen der gravierenden Niederlage von Caracol. Es dürfte kein Zufall sein, dass es auch beim verbündeten Calakmul während dieser Zeit zu einem Niedergang kam, während die Rivalen Tikal und Naranjo einen Aufschwung erlebten. Erst unter den Herrschern K'inich Joy K'awiil (798) und seinem Nachfolger K'inich Toob'il Yoaat (810–830) konnte Caracol wieder einen gewissen Einfluss in der Region gewinnen, und es kam zu einer Reihe von Baumaßnahmen. Auffallend ist allerdings, dass sowohl K'inich Toob'il Yoaat als auch sein Nachfolger K'an III. (835–849) zusammen mit anderen Adligen (vielleicht auch von anderen Städten) dargestellt sind, also wohl nicht mehr vollkommen autonom regierten. Auf der Stele 10 des 13. Herrschers ist das letzte Datum und somit das Ende von Caracol dokumentiert: das Jahr 859.

Yaxchilán, der »geteilte Himmel«

In Yaxchilán im mexikanischen Bundesstaat Chiapas sind wir ebenfalls aufgrund der Inschriften und ikonografischen Darstellungen relativ gut über die Dynastiegeschichte informiert. Diese Stadt liegt in einer Flussschleife des Usumacinta, der in den Golf von Mexiko fließt und somit ein wichtiger Handelsweg war. Bezüglich des ursprünglichen Namens des Ortes gibt es zwei Lesarten: Siyaj Chan (»im Himmel geboren«) oder Pa' Chan (»geteilter Himmel«).

Yaxchilán war neben seinen Rivalen Piedras Negras und Palenque eine bedeutende Stadt im Petén, die einerseits Bonampak und andere kleinere Städte kontrollierte, andererseits aber selbst ein Vasallenstaat von Tikal war.

Begründet wurde die Herrscherdynastie von Yaxchilán von Yoaat B'alam I. (359) (»Stammvater-Jaguar«, wörtlich »Penis-Jaguar«). Über ihn und seine ersten Nachfolger Itzamnaaj B'alam I., Vogel-Jaguar I., Yax Hirschgeweih-Schädel, K'inich Tatb'u-Schädel I., Mond-Schädel und Vogel-Jaguar II. wissen wir so gut wie nichts. Unter Mond-Schädel (454–467) und Vogel-Jaguar II. (467) kam es zu den ersten uns bekannten kriegerischen Auseinandersetzungen mit Piedras Negras. Knoten-Auge-Jaguar I. (508–518) konnte zunächst erfolgreich Adlige der Städte Piedras Negras, Bonampak und Tikal gefangen nehmen. Aber dann ereilte ihn selbst das Schicksal der Gefangennahme durch den Herrscher von Piedras Negras. Sein Bruder und Nachfolger K'inich Tatb'u-Schädel II. (526–537) ließ eine ganze Reihe von Stelen aufstellen, durch die wir nicht nur eine Liste seiner Vorgänger besitzen, sondern auch über seine erfolgreichen Feldzüge gegen die Städte Lakamtuun, Bonampak, Calakmul und Tikal informiert sind. Es folgten in der Zeit zwischen 537 bis 629 vier Herrscher. Nur von einem, Knoten-Auge-Jaguar II., kennen wir die Namenshieroglyphe. Nach der Herrschaft von Vogel-Jaguar III. (629–669) folgen zwölf Jahre, in denen die Geschichte von Yaxchilán völlig im Dunkeln bleibt. Zu vermuten ist, dass Yaxchilán in dieser Zeit von Piedras Negras beherrscht wurde, vielleicht aber auch von Palenque oder Toniná.

Im Jahre 681 bestieg dann aber Itzamnaaj B'alam II. (»Schild-Jaguar«, 681–742) den Thron. In den 60 Jahren seiner Herrschaft entwickelte sich Yaxchilán, nicht zuletzt durch eine Reihe von Kriegszügen, zu einer mächtigen und bedeutenden Stadt. Wie durchaus üblich bei den Maya, war Itzamnaaj B'alam II. nicht nur mit einer, sondern – soweit uns bekannt – mit drei Frauen verheiratet: K'abal Xook, Ik Schädel bzw. Frau Abendstern und Sak' Biyaan. Frau K'abal Xook war seine Cousine zweiten Grades mütterlicherseits. Es war eine Heirat aus politischen Gründen: Denn Frau K'abal Xook stammte aus einer wichtigen Familie der High Society, sodass eine Allianz mit dieser Familie für den Herrscher von Vorteil war. Itzamnaaj B'alam II. trug dem insofern Rechnung, als er diese Ehefrau auf Bilddarstellungen an Tempeln verewigte. So zeigt der Türsturz 24 von Tempel 23 Frau K'abal Xook dabei, wie sie das Blutopfer anlässlich des Geburtstages von Itzamnaaj B'alam II. vollzieht, wobei sie sich eine Kordel durch die durchstochene Zunge zieht. Ihr Mann steht vor ihr und hält für sie eine Fackel. Türsturz 25 zeigt als Fortsetzung, wie Frau K'abal Xook den Dynastiegründer beschwört und mit ihm kommuniziert. Dieser offenbart sich ihr in einer nicht zuletzt durch die Schmerzen des Blutopfers bedingten Vision bzw. in Trance: Er erscheint aus dem Rachen der Visionsschlange, das Symbol für die Kommunikation mit den Ahnen. Das Blutopfer und die Beschwörung der Ahnen waren eigentlich Privileg und Pflicht des Herrschers, nicht seiner Frau. Dass hier eine Frau das Blutopfer vollzieht und damit quasi eine priesterliche Funktion ausübt, ist eine der wenigen Ausnahmen in der Geschichte der Maya. Thronerbe von Itzamnaaj B'alam II. wurde aber nicht ein Sohn von Frau K'abal Xook, sondern der Sohn von Frau Abendstern. Itzamnaaj B'alam II. war 61 Jahre alt, als sie ihm seinen Thronerben Vogel-Jaguar IV. gebar. Die Ehe mit Frau Abendstern (die wahrscheinlich aus Calakmul stammte) erfolgte aus bündnispolitischen Gründen. Itzamnaaj B'alam II. musste einen Kompromiss finden, um sich sowohl die Unterstützung von nationaler Seite durch die Familie der Frau K'abal Xook als auch von internationaler Seite durch die Heirat einer Fremden aus Calakmul zu sichern. So ließ er einerseits Frau K'abal Xook die Ehre zuteilwerden, auf den Bildern am Tempel dargestellt zu werden, andererseits machte er den Sohn von Frau Abendstern zum Thronerben – ohne sie irgendwo abzubilden.

Itzamnaaj B'alam II. starb 742, wahrscheinlich im Alter von 90 Jahren. Aber erst 10 Jahre nach seinem Tod trat Vogel-Jagu ar IV. offiziell die Nachfolge seines Vaters an. Dies deutet auf gewisse Schwierigkeiten hin, in Yaxchilán seinen Herrschaftsanspruch durchzusetzen. Eventuell hat in dieser Zeit ein Herrscher namens Yoaat B'alam II. regiert. Das würde auch die intensive Bautätigkeit von Vogel-Jaguar IV. erklären, um seinen Herrschaftsanspruch zu legitimieren – ähnlich wie bei Pakal in Palenque. Er ließ das Zentrum von Yaxchilán völlig umbauen und erweiterte die Stadt.

Seine Frau, die ihm seinen Nachfolger Itzamnaaj Balam III.gebar, ließ er auf dem Türsturz 14 in Tempel 20 abbilden. Vogel-Jaguar IV. holte so nach, was sein Vater bezüglich seiner Mutter versäumt hatte: Er stellte sie in gleicher Weise bildlich beim Blutopfer dar wie Frau K'abal Xook (Stele im Tempel 21). Das Bildprogramm der von ihm erbauten Tempel zeigt drei besondere Anliegen Vogel-Jaguars IV.: Seine eigene Herrschaft zu rechtfertigen, seine Mutter auf die gleiche Ebene zu stellen wie K'abal Xook und die Herrschaft seines Sohnes Itzamnaaj Balam III. zu legitimieren bzw. beizeiten zu sichern. Vogel-Jaguar IV. war der erste Maya-Herrscher, der sich zusammen mit Adligen darstellen ließ. Dieser Verzicht des Herrschers auf das Vorrecht, ausschließlich sich selbst bildlich zu verewigen, zeigt deutlich, dass Vogel-Jaguar IV. nicht mehr das Herrschercharisma seines Vaters besaß und politisch auf die Unterstützung des Adels, mit dem er seine Macht teilen musste, angewiesen war. Sowohl er als auch seine Nachfolger Itzamnaaj B'alam III. und K'inich Tatb'u Schädel III. waren mehr mit dem Erhalt ihrer Herrschaft beschäftigt, als dass sie den Erfolg ihrer Vorgänger fortsetzten. 808 ist in Yaxchilán letztmals ein Datum vermerkt.

Naranjo und die siegreiche Herrscherin

Naranjo (Guatemala, Dep. Petén) liegt in einem fruchtbaren Gebiet zwischen den Flüssen Holmul und Mopan, 50 km von Tikal entfernt. Die Stadt ist für ihre einzigartig bemalte Keramik berühmt. Obwohl sie schon 1905 von Teobert Maler entdeckt wurde, hat es hier bislang noch keine größeren Ausgrabungen gegeben. Durch Stelen sind wir allerdings einigermaßen über die Geschichte von Naranjo und ihrer Herrscher informiert.

Als Gründer der Dynastie nennen die Inschriften eine Gottheit. Der erste historisch fassbare Herrscher ist Aj Wosal (546–615), der als 35. nach dem göttlichen Dynastiegründer in der Herrscherliste genannt wird. Stele 25 berichtet von seiner Inthronisation im Jahr 456, die unter Leitung von Tuun K'ab' Hix, des Herrschers von Calakmul, stattfand. Dies ist das erste Mal, dass die später übliche Praxis der Inthronisation des Herrschers eines Vasallenstaates unter der Kontrolle einer Großmacht erwähnt wird. Gleichzeitig ist es der allererste Hinweis auf die wachsende Macht von Calakmul. Unter den zwei nächsten, uns namentlich nicht bekannten Herrschern wurde Naranjo 626 von Caracol und dann 631 von von Calakmul angegriffen. Die Beziehungen zwischen Naranjo und Calakmul hatten sich also grundsätzlich verändert. Offensichtlich versuchte Naranjo unabhängig zu werden, was Calakmul verhindern wollte. Der Herrscher von Naranjo wurde nach seiner Niederlage gefoltert, vielleicht sogar verspeist.[56] 680 führte Naranjo einen siegreichen Feldzug gegen Caracol durch, was aber nur ein kurzzeitiges Erfolgserlebnis bedeutete.

Dann kam es zu einer ungewöhnlichen und überraschenden Wende bzw. zu einem Aufschwung Naranjos: Eine Frau namens Sechs-Himmel führte die Stadt mit mehreren erfolgreichen Kriegszügen wieder nach oben. Sechs-Himmel war die Tochter von B'alaj Chan K'awiil, dem Herrscher von Dos Pilas. Dos Pilas war, wie oben erwähnt, eine Gründung der ins Exil gegangenen Partei aus Tikal, die mit Calakmul kollaboriert hatte. Sechs-Himmel (682–741) kam am 27. August 682 in Naranjo an, um dort zu heiraten. Wen sie heiratete und wer der Vater ihres 688 geborenen Sohnes K'ak' Tiliw Chan Chaak (Rauchendes Eichhörnchen, 693–728) war, ist unbekannt. Sie wird in keiner Inschrift mit dem offiziellen Herrscheremblem von Naranjo angeführt, sondern immer mit dem Emblem von Dos Pilas. Sie ließ sich aber ansonsten wie eine Herrscherin darstellen, zum Beispiel in Siegespose auf mehreren am Boden liegenden Kriegsgefangenen stehend. In der Praxis führte sie die Regierungsgeschäfte sowie erfolgreiche Kriegszüge durch. Denn ihr Sohn bestieg zwar 693 im Alter von fünf Jahren offiziell den Thron, war aber natürlich noch nicht in der Lage, Kriege zu führen. Die ersten Eroberungen von Sechs-Himmel waren 693 die Städte B'ital und Tuub'al. Sechs-Himmel griff 695 sogar das mächtige Tikal an und danach bis zum Jahr 698 Ucanal und drei weitere Städte. Die folgenden Kriegszüge 706 gegen Yootz, 710 gegen Yaxha, 714 gegen Sakha' und 716 gegen einen bislang unbekannten Ort sind dann

56 Das in der entsprechenden Inschrift verwendete Verb *k'uxai* ist mit »gefoltert«, eventuell auch mit »verspeist« zu übersetzen, vgl. Simon Martin / Nikolai Grube 2000, 72.

ihrem Sohn Rauchendes Eichhörnchen zuzuordnen. Anzunehmen ist, dass es sich hierbei eher um Rückeroberungen von ehemaligen Unterworfenen handelt als um Gebietserweiterungen. Aber schon sein Nachfolger Yax Mayuy Chan Chaak wurde 744 von Tikal besiegt und als Kriegsgefangener geopfert. Von den letzten Herrschern von Naranjo (K'ak' Yipiiy Chan Chaak, K'ak' Ukalaw Chan Chaak, Bat K'awiil, Itzamnaaj K'awiil und Waxaklajuun Ub'aah K'awiil) gelang nur Itzamnaaj K'awiil (784–810) noch einmal ein Sieg über Yaxha. Dass Stelen mit dem Emblem von Naranjo in der Zeit um 830 auch im Nachbarort Xunantunich aufgestellt wurden, lässt darauf schließen, dass die Dynastie von Naranjo letztendlich dorthin ausgewandert war.

Bonampak und seine berühmten Wandgemälde

Bonampak im mexikanischen Bundesstaat Chiapas war eine Vasallen- und Nachbarstadt von Yaxchilán in der Selva Lacandona an einem Nebenfluss des Usumacinta gelegen. Obwohl Bonampak eine politisch nicht besonders bedeutende und mächtige Stadt war, erlangte sie Berühmtheit aufgrund der prächtigsten Wandgemälde des vorspanischen Amerikas. Die Gemälde von Bonampak widerlegten bei ihrer Entdeckung 1946 erstmals die bis dahin gängige Meinung, die Maya seien – im Gegensatz zu den Azteken – ein friedliches Volk gewesen, das keine Menschenopfer kannte. Sie waren der erste »handfeste« Beweis, dass auch die Maya Kriege führten und Menschenopfer praktizierten.

Die Gemälde befinden sich in drei Räumen des Tempels 1, der um 790 vom Herrscher Yajaw Chan Muwaan erbaut wurde. Im ersten Raum werden drei Würdenträger beim Tanz oder während einer Prozession gezeigt, begleitet von Musikern. Im zweiten Raum ist auf drei Wänden eine von dem Herrscher Yajaw Chan Muwaan geführte Schlacht dargestellt, in der die Gegner mit Speeren getötet oder gefangen genommen werden. Auf der vierten Wand präsentieren die Sieger triumphierend die am Boden liegenden oder hockenden Kriegsgefangenen, um sie zu opfern. In einer Szene ist Yajaw Chan Muwaan höchstpersönlich zu sehen, wie er einen Kriegsgefangenen beim Haarschopf packt. Im dritten Raum ist wieder eine Tanzszene dargestellt sowie eine Gruppe von adligen Frauen, die ein Blutopfer vollziehen, indem sie ihre Zunge durchstechen. Die Originalgemälde sind heute verblasst. Einen Eindruck der ursprünglichen Farben bietet die Rekonstruktion im *Nationalmuseum für Anthropologie* in Mexiko-Stadt.

Piedras Negras und die Entzifferung der Maya-Schrift

Piedras Negras (Guatemala), ebenfalls am Usumacinta gelegen, war zur Zeit der Klassik eine nicht so große, aber lange Zeit unabhängige Stadt. Zudem profitierte sie wirtschaftlich wie die anderen Nachbarstädte vom Fluss Usumacinta als Handelsweg und kontrollierte einige kleinere Städte. Eine besondere Bedeutung erlangte Piedras Negras in der Maya-Forschung des 20. Jh.s aufgrund der dortigen 60 Steinskulpturen: Der Maya-Forscherin Tatiana Proskouriakoff gelang anhand der Texte auf den Stelen von Piedras Negras der Durchbruch in der Entzifferung der Hieroglyphen. Sie stellte fest, dass die Texte weitgehend das Leben der Maya-Herrscher zum Thema haben.[57] In Würdigung dieses Verdienstes wurde die Urne mit der Asche von Proskouriakoff in Piedras Negras bestattet. Piedras Negras war deshalb ein idealer Ort zur Entzifferung der Maya-Schrift, weil dies hier durch eine lückenlose Reihe von Stelen – die man alle fünf Jahre (anlässlich des Ende eines *hotunob* = 1800 Tage) in der Zeit zwischen 608 und 810 aufgestellt hatte – erleichtert wurde.

Heute können wir sieben meist namentlich bekannte Herrscher auflisten. Die Stelen bieten uns neben den Texten auch eindrucksvolle Abbildungen dieser Herrscher. Ein herausragendes Kunstwerk ist der sogenannte »Thron 1«: Auf den ersten Blick sieht dieser aus wie eine Steinbank. Bis auf die Rückenlehne ist er vollständig mit Hieroglyphentexten versehen. Die Lehne ist künstlerisch genial als eine Maske gestaltet, in deren Mitte zwei Stellen durchbrochen

---

57 s. S. 251.

sind und Augen darstellen, in denen plastisch jeweils Kopf und Brust einer Person eingearbeitet wurden. Bei diesen beiden Personen handelt es sich wahrscheinlich um die Eltern des Herrschers 7 (781–808?), der diesen Thron in Auftrag gab.

Dos Pilas und die Petexbatún-Staaten

Die sogenannten Petexbatún-Staaten wie Dos Pilas, Tamarindito, Arroyo de Piedra, Seibal, Punta de Chimino, El Excavado oder Aguateca in der nach dem Petexbatún-See benannten Region (Guatemala, Dep. Petén) am Río de la Pasión erlebten nach der Niederlage Tikals 562 und dem folgenden 130-jährigen Hiatus einen Aufschwung. Dos Pilas war dabei die dominierende Stadt.

Dos Pilas entstand in der Zeit, als Calakmul über Tikal herrschte. Der Gründer seiner Dynastie war B'alaj Chan K'awiil (648–692). Er stammte aus der Dynastie von Tikal, die sich zu dieser Zeit, wie oben erwähnt in eine Partei für die Unabhängigkeit Tikals und eine Partei für Calakmul gespalten hatte. Die Gründung von Dos Pilas war letztlich die Folge des Konfliktes bzw. Bürgerkrieges dieser beiden Parteien. Als Calakmul im Jahr 648 wohl vorübergehend die Kontrolle über Tikal verloren hatte, verließ die Calakmul-Partei Tikal unter Führung von B'alaj Chan K'awiil und wanderte nach Dos Pilas aus. Calakmul erlangte schnell wieder seine alte Macht. Unter dem Schutz und der Protektion bzw. als Vasall von Calakmul konnte B'alaj Chan K'awiil (684–698) nicht nur das Zentrum von Dos Pilas ausbauen, sondern die Stadt sogar zur politisch führenden Macht der Petexbatún-Staaten machen. Eine Tochter von B'alaj Chan K'awiil war die bereits erwähnte Frau Sechs-Himmel, die in Naranjo nicht nur eine neue Dynastie errichtete, sondern dort auch erfolgreich Regierungsgeschäfte und Kriege führte. Eine andere Tochter oder Schwester von B'alaj Chan K'awiil heiratete einen Mann aus der Herrscherdynastie der Nachbarstadt Arroyo de Piedra. Er selbst hatte mit einer Frau des Herrscherhauses der Nachbarstadt Itzan zwei Söhne, die seine Nachfolger wurden: Itzamnaaj B'alam (ca. 697) und Itzamnaaj K'awiil (698–726). Während die kurze Herrschaft des Ersteren unklar ist, gilt Letzterer als der Herrscher 2 in der Dynastielinie mit einer Regierungszeit von 28 Jahren. Er erbaute die einen Kilometer von Dos Pilas entfernten Anlagen von El Duende und konnte die Vorherrschaft über die Petexbatún-Staaten stabilisieren. Sein Grab befindet sich in der Pyramide L5-1, ausgestattet mit reichlichen Beigaben wie Jadeschmuck, Kopfschmuck aus Muscheln sowie Keramik. Nachfolger von Itzamnaaj K'awiil wurde Herrscher 3 (727–742), ein General, der wohl für K'awiil Chan K'inich, den Sohn von Itzamnaaj K'awiil, die Herrschaft bis zu dessen Erwachsenenalter übernahm. Er führte 735 einen erfolgreichen Angriff auf Seibal. K'awiil Chan K'inich (741–761) gelang es, Adlige aus El Chorro, Yaxchilán und Motul de San José gefangen zunehmen, wie eine Inschrift der Hieroglyphentreppe 3 an der Tempelpyramide LD-25 berichtet. Sein Ende bleibt mysteriös. Zum letzten Mal wird er in einer Inschrift einer Hieroglyphentreppe in Tamarindito erwähnt. Der Text deutet an, dass er im Jahr 761, das letzte auf uns gekommene Datum von Dos Pilas, zur Flucht gezwungen wurde. Kurz darauf verließen die Einwohner die Stadt. Die Nachbarstädte in der Petexbatún-Region konnten noch eine Weile überleben, bis um 800 auch dort das Ende kam. Wir können uns aufgrund von Ausgrabungen in Aguateca ein Bild davon machen, wie dieses Ende aussah: Krieg und Eroberung von unvorstellbarem Ausmaß. Indiz dafür sind zunächst die Schutz- und Verteidigungswälle, die man nicht nur um die Stadt herum anlegte, sondern mit denen man auch die landwirtschaftlich genutzten Flächen vor der Stadt versah. Aber alle Schutzmaßnahmen nutzten nichts. Die Stadt wurde erobert, von wem genau ist nicht geklärt, und von einem Feuer zerstört, während die Einwohner die Flucht ergriffen.

In diesem Machtvakuum in der Petexbatún-Region gelang der Stadt **Seibal** später noch einmal ein Comeback und ein kultureller Aufschwung. Stele 11 erwähnt die »Ankunft« eines Herrschers namens Aj B'olon Haab'tal in Seibal 830: Seine Porträts auf den diversen Stelen zeigen aber eher ein fremdes bzw. mexikanisches Aussehen als das eines Maya. Seibal stand mit dem Datum von 849 unter der Kontrolle von Calakmul und Motul de San José, wie Stele 10 erwähnt. Städte, die allerdings nicht mehr so machtvoll wie früher waren.

Das Ende des Goldenen Zeitalters: Der große Kollaps

Das Ende der Städte des südlichen Tieflandes erfolgte im Laufe einiger Jahrzehnte, wie an den letzten Daten auf den Stelen in den einzelnen Städten abzulesen ist. So ist das letzte uns überlieferte Datum auf einer Stele in Uxul 705, in Dos Pilas 761, in Palenque 799, in Yaxchilán 808, in Copán 822, in Caracol 859, in Tikal 869 und die überhaupt letzten Daten aus dem Jahr 909 sind auf Stelen in Toniná und Calakmul vermerkt. Es ist aber davon auszugehen, dass die Städte nicht exakt an diesen Daten, sondern einige Jahre später erst verlassen wurden. So vermutet man im Fall von Uxul (mit dem letzten Stelendatum von 705), dass die Stadt wohl erst um 750 vollkommen verlassen war.

Mächtige und prachtvolle Städte, die in der Zeit von 750 bis 900 verlassen wurden und dann buchstäblich menschenleer waren. Eine kulturelle Ära, die ein radikales Ende fand. Warum und wieso? Diese Frage nach dem Grund des Untergangs ist bislang nicht eindeutig geklärt. In der Forschung wurden darauf unterschiedliche Antworten gegeben: Plötzliche Katastrophen wie Erdbeben, Klimawandel und damit verbundene Dürrezeiten oder Epidemien, soziale Konflikte wie Aufstände der bäuerlichen Bevölkerung gegen die Herrscherelite oder Zunahme von Kriegen zwischen den einzelnen Städten sowie Überbevölkerung und damit verbundene Knappheit der Nahrungsressourcen und in der Folge Hungersnöte und soziale Unruhen. Die Anlage von Verteidigungsanlagen gerade im 8. und 9. Jh. spricht für die Zunahme von kriegerischen Auseinandersetzungen. Auch der Klimawandel bzw. Dürreperioden lassen sich für die Jahre 810, 860 und 910 nachweisen – bei gleichzeitigem Bevölkerungswachstum und einer damit verbundenen intensiveren Landwirtschaft und in deren Folge zerstörten Böden. Skelettfunde aus dieser Zeit weisen deutliche Spuren von Mangelernährung auf. Einzelne dieser Faktoren lassen sich also durchaus belegen, aber es fehlen nach wie vor konkrete Beweise dafür, dass sie der alleinige Grund für den Kollaps waren. So kann das Argument der unfruchtbaren Böden aufgrund von Überbeanspruchung, Klimawandel oder Dürreperioden nicht als alleiniger oder hauptsächlicher

Grund für den Kollaps gelten. Dagegen spricht, dass Städte wie Dos Pilas oder Palenque schon vor den festgestellten Dürreperioden (nämlich 761 bzw. 799) verlassen wurden. Gerade diese Städte liegen aber in Flussnähe. Pollenanalysen von Dos Pilas zeigen sogar, dass hier die Böden landwirtschaftlich noch intakt waren.

Heute geht man davon aus, dass dem Kollaps der Niedergang des Herrschertums vorausging: Zuerst verloren die Herrscher immer mehr an Macht, die Herrscherelite verließ schließlich ihre Paläste. Das hatte zur Folge, dass das Gemeinwesen nicht mehr funktionierte – nicht zuletzt, weil eine Infrastruktur fehlte, für die bisher die Herrscher gesorgt hatten. Daher emigrierte dann auch die Bevölkerung aus den Städten. Vermutlich war der Sieg Tikals über Calakmul im 8. Jh. der Anfang vom Ende. Denn Tikal war es nicht mehr gelungen, die Kontrolle über die kleineren Vasallenstaaten von Calakmul zu erreichen. Das wiederum hatte viele kriegerische Konflikte zwischen den anderen kleinen Stadtstaaten zur Folge, die die Allmacht der Herrscher letztlich derart schwächte, dass es zum Ende des »Gottkönigtums« kam. Insgesamt kann man aber auch davon ausgehen, dass eine Kultur im letztlich lebensfeindlichen Regenwald vielleicht auf Dauer keinen Bestand haben kann.

Die Bevölkerung wanderte in andere Regionen aus und hinterließ buchstäblich leere Städte. Zum einen emigrierte sie in den Norden von Yukatan, wo die Puuc-Region in der Endphase der Klassik einen Aufschwung erlebte, zum anderen in das Hochland von Guatemala. Dies geschah nicht in einer plötzlichen Flüchtlingswelle, sondern in einem allmählichen, Jahrzehnte dauernden Prozess.

Barock à la Maya, die Endphase der Klassik: Puuc-, Chenes- und Rìo Bec-Stil in Yukatan

Schon vor, aber verstärkt nach dem Untergang der Maya-Kultur des südlichen Tieflandes erlebte das nordwestliche Tiefland bzw. der südwestliche Teil von Yukatan in der Endphase der Klassik einen kulturellen Aufschwung. Es ist wie erwähnt davon auszugehen, dass die Bewohner des südlichen Tieflandes, die ihre Städte verlassen hatten, nach Yukatan auswanderten. Dort kam es zum Aufschwung einer Reihe von Städten, die durch drei lokale architektonische Stile gekennzeichnet waren: Der Puuc-Stil im südwestlichen Yukatan, der Río-Bec-Stil im Süden des mexikanischen Bundesstaates Campeche und der Chenes-Stil im Norden und Zentrum von Campeche.

Die bekanntesten Städte des **Puuc-Stiles** (*puuc* = »bewaldete Hügel«) im südwestlichen Yukatan sind Uxmal, Kabah, Labná, Sayil, Edzná und Chichén Itzá. Die Puuc-Region war bis zum Ende der klassischen Zeit kaum besiedelt, da es hier kein Trinkwasser gab. Dazu mussten erst Sammelbecken für Regenwasser als Voraussetzung für die Besiedlung des ansonsten fruchtbaren Landes geschaffen werden. Jeder Wohnkomplex verfügte dementsprechend über einen Wasserspeicher, der entweder oberirdisch unter Ausnutzung natürlicher Vertiefungen, meistens aber unterirdisch als Zisterne angelegt wurde und durchschnittlich 30 000 Liter fassen konnte.

Die Anfänge der ersten Phase, des »frühen« Puuc-Stiles, sind in der Zeit von 600 bis 770 anzusetzen. Zwischen 770 und 950 folgte dann mit der klassischen Phase dieses Stiles eine relativ kurze Blütezeit mit Bevölkerungswachstum und einem Bauboom in den Städten. Am Ende des 10. Jh.s aber wurden viele dieser Städte verlassen.

Wie im südlichen Tiefland waren das Stadtstaaten, die miteinander um die wirtschaftlichen Ressourcen konkurrierten. Der Herrscher einer Stadt wurde von einem Gremium gewählt und musste mit diesem seine Macht teilen. Allerdings lassen Stelen im westlichen Teil der Puuc-Region auf eine nach wie vor mehr oder weniger große Regierungsmacht des Herrschers schließen. Die Größe der einzelnen Städte reichte von ca. zwei Quadratkilometern wie in Labná bis zu 20 km^2 wie in Uxmal. Größere Städte wie Uxmal dominierten über kleinere Nachbarstädte. Zu einer Stadt gehörten nicht nur die Wohngebäude, sondern auch Gärten zur Eigenversorgung mit Obst, Gemüse bis hin zu Mais, sodass man von »Gartenstädten« spricht.

Der Puuc-Stil wird aufgrund des reichen Fassadenschmuckes oft mit dem Barockstil verglichen. Die ein- oder zweistöckigen

Gebäude sind langgestreckt, wobei die Räume »reihenhausartig« nebeneinander angelegt und alle zur selben Seite hin geöffnet sind. Neben dem einfachen Grundriss mit einer Reihe ist auch der einer doppelten Reihe möglich. Die Fassaden sind durch ein Gesims deutlich in einen unteren und oberen Bereich gegliedert. Die untere Fassade ist in der Regel ohne jeglichen Dekor, die obere Fassade ist entweder mit Säulen, einer Art Mattengeflecht oder im sogenannten Mosaikstil mit geometrischen Mustern dekoriert. Die Mauern sind mit dünnen Steinplatten verkleidet, man spricht von »Blendmauerwerk«. Wie im südlichen Tiefland der klassischen Zeit ist im Puuc-Stil das falsche Gewölbe typisch. Allerdings waren im Unterschied dazu die tragenden Elemente nicht mehr die auskragenden Steinplatten, sondern entsprechend dicke Mauern. Zudem zeigen sich Einflüsse aus Zentralmexiko und von der Golfküste. So befinden sich auf der Fassade des großen Palastes in Uxmal Motive wie die Gefiederte Schlange und der Regengott Tlaloc.

Uxmal entwickelte sich zur »Hauptstadt« der östlichen Puuc-Region. Das zeigt sich allein schon in den Monumentalbauten, die zwischen 890 und 915 entstanden. So ließ der Herrscher Chan Chak K'ak'nal Ajaw (um 900) den riesigen »Palast des Gouverneurs« erbauen, ebenso das sog. Nonnenkloster und den Ballspielplatz I. Er ließ sich auf einer Stele darstellen, die ihn triumphierend mit Kriegsgefangenen zeigt. Sein Erfolg beruhte wahrscheinlich auf einer Allianz mit der mächtigen Stadt Chichén Itzá.

Der Name des Gouverneurspalastes dürfte insofern zutreffend sein, als dieser wohl der Herrschersitz und gleichzeitig Verwaltungsgebäude war. Auf einer 15 m hohen Plattform errichtet, hat er einen rechteckigen Grundriss (98 × 12 m) und besteht aus einem Hauptgebäude mit zwei Seitenflügeln und insgesamt 24 Räumen. Der obere Teil der Fassade ist im sogenannten Mosaik-Stil mit geometrischen Mustern, Figuren und Masken gestaltet. Insgesamt 20 000 vorgefertigte Mosaiksteine wurden dafür verarbeitet. Bei dem »Viereck der Nonnen« – so genannt, weil die sich um einen Innenhof gruppierenden Gebäude die Spanier an eine Klosteranlage erinnert haben – handelt es sich wahrscheinlich um Priestergebäude. Beeindruckend ist die 35 m hohe »Pyramide des Wahrsagers« mit eliptischem Grundriss, die über einem früheren

Tempel erbaut wurde. Namensgebend war die Legende, wonach die Pyramide von einem Zwerg, dem Sohn einer Hexe, errichtet worden sei. An der Ost- und Westseite der Pyramide befindet sich jeweils eine Treppe, wobei die östliche Treppe zum Eingang des jetzigen Tempels führt. Neben diesen Hauptgebäuden Uxmals gehören weitere Tempel, Gebäude und Ballspielplätze zur Anlage. Das Ende der Stadt erfolgte um 950, als die Itzá die bisherige Allianz beendeten und Uxmal eroberten. Gegen diese Invasion half auch die zur Verteidigung angelegte Stadtmauer nicht.

Insgesamt besitzen wir über die Puuc-Städte, ihre Geschichte und ihre Herrscher kaum Informationen. Denn es gibt, wie erwähnt – im Unterschied zum südlichen Tiefland – nur wenige Inschriften und bildliche Darstellungen von Herrschern. Es war offensichtlich eine Zeit des Friedens. Die näheren Hintergründe sind nicht bekannt. Vielleicht waren die diversen Städte durch Heiratsallianzen so stark miteinander verbunden oder eine größere Stadt wie Uxmal hatte die Herrschaft über die anderen Städte inne. Kurz nach 900 n. Chr. wurden die Puuc-Städte verlassen, die konkreten Gründe sind unbekannt.

Die Orte des **Chenes-Stils** im zentralen und nördlichen Gebiet von Campeche sind zum Beispiel Dsibiltún, Nohcacab, Macobá, El Tabasqueño, Chunlimón, Dzibilnocac oder Pakchen. Kennzeichnend für den Stil ist die geometrische Verzierung der Gebäudefassaden. Und es fehlt – im Unterschied zum Puuc-Stil – der Säulendekor. Der Haupteingang der Tempel oder der Paläste ist als – oft sehr abstrakt dargestelltes – Schlangenmaul gestaltet, sodass der Besucher das Gebäude wie durch das geöffnete Maul einer Schlange betritt. An den Gebäudeecken befinden sich meist die elefantenähnlichen Masken des Regengottes Chaak mit seiner typischen langen rüsselartigen Nase.

Die Städte des **Río-Bec-Stiles** in den mexikanischen Bundesstaaten Campeche und Quintana Roo sind zum Beispiel die namengebende Fundstätte Río Bec sowie Hormiguero, Becán, Chicanná oder Xpuhil. Typisch sind Gebäude mit Scheintürmen oder Scheintreppen, die nicht begehbar sind, sondern nur der Dekoration dienen. Die Tempel- und Palasteingänge sind wie beim Chenes-Stil als Schlangenmaul gestaltet.

Jaina, die Insel der Toten

Die an der Westküste Yukatans gelegene Insel Jaina (von *ja'nal* = »Ort des Wassers«) im mexikanischen Bundesstaat Campeche stellt als Toteninsel mit künstlerisch hervorragenden Tonfiguren als Grabbeigaben eine Besonderheit dar. Auf einer mit Steingeröll aufgeschütteten Plattform erbaute man auf der durch Sumpfgebiete geprägten Insel ein größeres Zeremonialzentrum einschließlich Tempelpyramiden, Ballspielplatz, Wohnsiedlung und einer großen Anzahl von Gräbern. Mit einem Damm verband man die Insel mit dem 60 m entfernten Festland. Die insgesamt 20 000 Gräber wurden um das Zeremonialzentrum herum angelegt. Während unter den Grabbeigaben die Gefäße wenig spektakulär sind, gehören die Tonfiguren zu den Meisterwerken der Maya-Kunst. Da die Anzahl der Gräber größer ist als die der möglichen Bewohner, ist anzunehmen, dass Jaina als Begräbnisort für die Adligen mehrerer Puuc-Städte gedient hat. Bei den Tonfiguren sind zwei Phasen festzustellen: In der Zeit zwischen 500 und 800 wurden die Figuren in massiver Form hergestellt und somit manuell, individuell und sehr realistisch gestaltet. Anscheinend war die Nachfrage aber so groß, dass die Tonfiguren in der Zeit danach von 800 bis 1000 regelrecht als Massenware hergestellt wurden. Um dies zu bewältigen, fertigte man die Figuren nun im Hohlgussverfahren bzw. unter Verwendung eines Models mit Negativform. Dadurch konnte zwar relativ schnell eine größere Anzahl hergestellt werden, die Figuren verloren aber Individualität und Lebendigkeit. Dargestellt sind Tiere, Götter und vor allem Menschen: Krieger mit Baumwollpanzer, Speer und Schwert, Kriegsgefangene, Kranke, Alte, Ballspieler oder Priester. Wir erhalten so einen lebendigen Einblick in die Welt der Maya dieser Zeit, allerdings »nur« der gesellschaftlichen Oberschicht.

Eine zweite Blütezeit: Die Postklassik im Hochland und in Yukatan (950–1697 n. Chr.)

Die Zeit der Postklassik (950–1697 n. Chr.) ist die auf die Blütezeit der Klassik folgende letzte Phase der vorspanischen Maya-Kultur in Yukatan und im Hochland von Guatemala. Außerdem ist es die Zeit, deren Endphase die spanischen Eroberer ab 1520 als erste europäische Augenzeugen sozusagen live miterlebten. Die Postklassik wird in drei Phasen eingeteilt: Die Frühe Postklassik (950–1150 n. Chr.), die Mittlere Postklassik (1150–1450 n. Chr.) und die Späte Postklassik (1450–1697 n. Chr.). In der postklassischen Zeit gab es im Unterschied zur Klassik keinen so ausgeprägten Herrscherkult mehr. Statt eines Alleinherrschers lag die Regierungsgewalt jetzt in den Händen eines Gremiums. Demzufolge wurden kaum noch Inschriften auf Stelen oder anderen Monumenten verfasst, die uns Informationen über die Geschichte und Taten eines Herrschers liefern. Das kann ebenfalls als Hinweis darauf gesehen werden, dass die hierarchischen Unterschiede zwischen Ober- und Unterschicht weniger stark ausgeprägt waren als in der klassischen Zeit. Die Postklassik wird geprägt einerseits von den Maya-Sprachgruppen der K'iche' und Kaqchikel im Hochland von Guatemala und andererseits von den Itzá mit ihren Zentren Chichén Itzá und Mayapán auf der Halbinsel Yukatan.

Die K'iche' im Hochland von Guatemala

Im **Hochland von Guatemala** gab es diverse Maya-Gruppen und Stadtstaaten. Die bedeutendsten waren die Tz'utuji mit der Hauptstadt Chiya', die Mam mit der Hauptstadt Sakuleew, die Kakquichel mit der Hauptstadt Iximche' und die K'iche' mit der Hauptstadt Q'umarkaj. Kennzeichnend für die Postklassik im Hochland von Guatemala war neben einer gewissen Kontinuität der klassischen Maya-Epoche der Einfluss aus Zentralmexiko, der sich vor allem in der Architektur und der Keramik sowie in der Religion mit der Übernahme der Gottheiten Xipe Totec und Quetzalcoatl (K'uk'ulkan) zeigt. Architektonisch wurden aus Zentralmexiko zum Beispiel die Doppel- bzw. Zwillingstempel (zwei baulich gleichartige Tempel auf einer Pyramidenplattform), Ballspielplätze mit I-förmigen Grundriss, Langhäuser oder Schädelgerüste zur Präsentation der Schädel von Geopferten übernommen. Sprachlich übernahm man auch eine Reihe von Wörtern aus dem Nahuatl, der aztekischen Sprache. Im *Popol Vuh* wird der Ursprung der K'iche' mit der Auswanderung aus Tula und der Abspaltung der K'iche' von den übrigen Maya-Stämmen und ihrer weiteren Wanderung ins Hochland erklärt. Allerdings überwiegt im *Popol Vuh* die mythologische Erzählung gegenüber den historischen Tatsachen. Der zentralmexikanische Einfluss ist nicht so stark, dass man daraus unbedingt die Einwanderung einer Herrscherelite aus Zentralmexiko ableiten müsste.

Siedlungen wurden meist auf Berghöhen und Hochebenen, weniger in Tälern, angelegt. Sie waren kleiner als in der klassischen Zeit. Nicht nur die burgähnlichen Anlagen, sondern auch neue, bessere Waffen nach zentralmexikanischem Vorbild weisen auf die zentrale Bedeutung des Krieges hin. Neu gegenüber der klassischen Maya-Kultur war die Technik der Verarbeitung von Metall wie Gold, Silber, Kupfer, Zinn und Zink zur Herstellung von Schmuck, Werkzeugen und Waffen. Eine weitere Neuheit war die Technik glasierter Keramik. Eine besondere Form davon ist die Bleiglanzkeramik, die aus bleihaltigem Ton hergestellt wird. Bei vielen Keramikstücken ist zudem das sogenannte »Maya-Blau«, eine hellblaue Farbe, kennzeichnend.

Im Laufe der Zeit konnten die K'iche' (so die Eigenbezeichnung; spanisch *Quiché*)[58] die meisten ihrer Nachbarstädte zu Vasallenstaaten machen. Diese mussten den K'iche' Tribut leisten und wurden im Kriegsfall zur militärischen Unterstützung herangezogen. Das Herrschaftsgebiet der K'iche' umfasste schließlich das gesamte Hochland von Guatemala und die westliche Pazifikküste. Dort, in Soconusco, trafen sie auf die Azteken. Denn Soconusco war der

58 *K'iche'* = »viele Bäume«, von *k'i* = »viele« und *iche'* = »Baum«. Die *K'iche'* bilden heute die größte Maya-Sprachgruppe.

äußerte Handelsposten der Azteken in dieser Region. Nach 1470 änderte sich die Lage und die Kaqchikel wurden zur vorherrschenden Macht. Der Konflikt zwischen diesen und den K'iche' sollte später den spanischen Eroberern zum Vorteil gereichen, denn die Kaqchikel unterstützten die Spanier im Kampf gegen ihre Feinde, die K'iche'.

Die gesellschaftliche Gliederung der K'iche' war hierarchisch und entsprach weitgehend der der klassischen Maya-Zeit: Der Adel auf der einen Seite und das aus Bauern, Handwerkern etc. bestehende Volk andererseits. In der Hauptstadt Q'umarkaj entwickelten sich aus den ursprünglich vier Dynastien bzw. »Häusern« (Kaweq', Nijaib', Tamub' und Ajaw K'iche') im Laufe der Zeit 24 Dynastien. Aus diesen Fürstenhäusern rekrutierte sich der gemeinsame Regierungsapparat: Herrscher und oberster Sprecher, Richter, Provinzoberhäupter. Archäologisch spiegelt sich dies darin, dass die Hauptstadt Q'umarkaj aus vier Stadtvierteln als Sitz je einer der vier ursprünglichen Dynastien mit jeweils einem Tempel, Palast und Versammlungsgebäude bestand. Die drei großen Tempel im Stadtzentrum waren dem Sonnengott Tojil, der Mondgöttin Awilix und dem Himmelsgott Jaqawitz geweiht. Die einzelnen Fürstentümer waren durch Heiratsallianzen oder militärischen Bündnisse miteinander verbunden – die Basis für die erfolgreiche Expansion der K'iche'.

Das *Popol Vuh* erzählt nicht nur den Schöpfungsmythos der K'iche', sondern auch deren Geschichte; allerdings in einem religiös-mythischen Rahmen, nicht als historischer Bericht. Danach wanderten die drei K'iche'-Gruppen Nimak'iche (»Groß-K'iche'«), Ilokab' (»Späher«) und Tamub' (»Trommler«) in das Chujuyub'-Gebirge, das Gebiet des zentralen Hochlandes, ein und besiegten die dort ansässige Bevölkerung in mehreren Kämpfen, vor allem in der Schlacht am Berg Jakawitz. Von dort eroberten sie erfolgreich weitere Gebiete, von denen sie dann Tributleistungen erhielten. Nachdem sie sich zuerst am Berg Jakawitz angesiedelt hatten, wurde das nahegelegene Ismachi ihre Hauptstadt. Schließlich kam es zum Streit um die Führungsrolle der drei verbündeten Gruppen und zur Trennung. Die Nimak'iche machten Q'umarkaj (Utatlán) zu ihrer Hauptstadt und wurden zur mächtigsten der drei Gruppen.

Die Itzá in Yukatan: Chichén Itzá und Mayapán

Als bedeutende Städte der Maya-Gruppe der Itzá im Norden Yukatans sind in der postklassischen Zeit Chichén Itzá und Mayapán, beide im mexikanischen Bundesstaat Yukatan, zu nennen. Diese waren nicht die einzigen größeren Städte. Zu erwähnen ist zum Beispiel auch Cobá im mexikanischen Bundesstaat Quintana Roo. Diese Stadt hatte sich in der Klassik und vor allem in der Postklassik zur wichtigsten und größten im Nordosten von Yukatan mit einer Siedlungsfläche von 70 km² und einem bedeutenden Zeremonialzentrum entwickelt. 45 Straßen (*sakbeoob*) verbanden die einzelnen Stadtteile untereinander und mit dem Umland. Nach Yaxuná führte sogar eine 100 km lange Straße.

Aber im Unterschied zu Cobá waren Chichén Itzá und Mayapán Metropolen, die das politische Geschehen in Yukatan bestimmten. Chichén Itzá ist vor allem deshalb von besonderem Interesse, weil hier ein starker zentralmexikanischer Einfluss in der Architektur und Kunst festzustellen ist: Chichén Itzá erscheint wie eine Zwillingsstadt von Tula, der Hauptstadt der Tolteken in Zentralmexiko. Wie genau aber die Beziehungen zwischen Tula und Chichén Itzá aussahen, wird nach wie vor diskutiert. Die letzte bedeutende Maya-Stadt nach dem Ende von Chichén Itzá und Mayapán war Maní. Hier veranstaltete der Missionar Diego de Landa ein Autodafé[59], bei dem Götterdarstellungen, Codices – kurz, alle »Werke des Teufels« der Maya, wie Landa sie bezeichnete – zerstört wurden. Chichén Itzá wurde 1532 die erste Hauptstadt der Spanier in Yukatan. Erst 1697 wurde Tayasal, die letzte Maya-Stadt, von den Spaniern unterworfen.

1988 zum Weltkulturerbe der UNESCO erklärt, steht **Chichén Itzá** heute nach Teotihuacán auf Platz 2 der Liste der meist besuchten archäologischen Stätten in Mexiko. Interessant ist dabei, dass Chichén Itzá zwar offiziell als archäologische Stätte gilt, sich aber gleichzeitig teilweise in Privatbesitz befindet. Dies hat folgende

59 Ein Autodafé ist ein Strafverfahren der Inquisition, dessen Vollstreckung zumeist eine Verbrennung ist, s. dazu ausführlicher S. 221.

Vorgeschichte: Edward Herbert Thompson (1854–1935), ein vom Reisebericht John Lloyd Stephens beeinflusster Maya-Hobbyforscher, erwarb Anfang des 20. Jh.s die auf dem Gelände einer Hacienda liegende Ruinenstätte Chichén Itzá für 500 Dollar. Aus dem dortigen *Cenote* barg er eine Vielzahl von Artefakten, die er an das *Peabody Museum of Archaeology and Ethnology* (Cambridge, Massachusetts) weitergab. Nachdem die Regierung Mexikos zunächst erfolglos versuchte, die Rückgabe der Fundstücke auf juristischem Wege durchzusetzen, wurde die Hälfte davon erst in den 1970er-Jahren wieder zurückgegeben. Nach dem Tod Thompsons wurde die Hacienda an die Familie Barbachano verkauft. 2010 verkaufte der damalige Besitzer ca. 80 Hektar des Geländes für 13 Millionen Euro an den mexikanischen Bundesstaat Yukatan. So befinden sich nach wie vor Hotels und Dörfer auf dem archäologischen Gelände.

Chichén Itzá im Norden von Yukatan entwickelte sich gleichzeitig mit den Puuc-Städten seit der Endphase der klassischen Zeit zu einer immer mächtigeren Stadt. Die Bücher des *Chilam Balam* berichten, dass die Itzá-Maya die Stadt zwischen 968 und 987 eroberten, und dass sie um 1145 zerstört wurde und ihr Ende fand. Auffallend ist die Ähnlichkeit der Stadt zu Tula, der 2000 km entfernten Hauptstadt der Tolteken in Zentralmexiko, weshalb beide als Zwillingsstädte bezeichnet werden. Die Nordgruppe von Chichén Itzá ist (im Unterschied zu der durch den Chenes-Stil geprägten Südgruppe) in gleicher Art und Weise geplant und gebaut wie Tula. In Chichén Itzá und Tula finden sich gemeinsame Merkmale in Architektur und Kunst, zum Beispiel der Kriegertempel, der dem Tempel des Quetzalcoatl in Tula ähnelt, Chak Mo'ol-Figuren, Krieger- und Jaguarfiguren, die als »Bannerträger« für Papierfahnen und Trägerfiguren (»Karyatiden«) von Altären dienten, Säulen in Form von Schlangen mit Schlangenköpfen an der Basis, Reliefs mit Schlangen fressenden Adlern, mit Jaguaren sowie mit in toltekischer Art bewaffneten Kriegern. Schließlich ist der Tempel des K'uk'ulkan ein Beleg für den gemeinsamen Kult der dementsprechend nicht nur in Zentralmexiko verehrten »Gefiederten Schlange«, die in Tula Quetzalcoatl genannt wurde.

Während in der Forschung Einigkeit über diese Ähnlichkeiten zwischen Chichen Itzá und Tula herrscht, wird die Frage, wie diese zu erklären sind, unterschiedlich beantwortet. Bis in die Mitte des 20. Jh.s sah man die Maya noch als friedvolles Volk und zentralmexikanische Ethnien wie Tolteken (und Azteken) im Unterschied dazu als kriegerisch an und ging deshalb davon aus, dass die Tolteken Chichén Itzá erobert und die Stadt dann in Architektur und Kunst beeinflusst hätten. Als sich dann die Erkenntnis durchsetzte, dass die Maya genauso kriegerisch wie andere Ethnien waren, interpretierte man auch die Beziehung zwischen Chichén Itzá und Tula anders. So vermutete man, dass Chichén Itzá immer von einer durchgehend einheitlichen Maya-Bevölkerung besiedelt wurde, die allerdings sehr stark von Zentralmexiko her beeinflusst gewesen sei. So sei zum Beispiel der sog. »Tolteken«-Komplex im Norden der Stadt vom Stil her zwar von Tula beeinflusst, die Bauherren aber seien Maya gewesen. Andere Forscher dagegen betonten, Chichén Itzá sei von Kultur und Stil her ausschließlich eine Maya-Stadt, die ihrerseits Tula beeinflusst habe. Demnach sei Tula sozusagen eine Kopie von Chichén Itzá und als solche qualitativ nicht so gut wie das Vorbild. Andere sahen den Grund für die Ähnlichkeiten in einem überregional bzw. international verbreiteten religiösen Kult des Gottes Quetzalcoatl, wie er beispielsweise auch in Xochicalco oder Cacaxtla nachweisbar ist. Heute tendiert man dazu, die Ähnlichkeiten als Ergebnis einer gegenseitigen kulturellen Assimilation und Allianz der gesellschaftlichen Elite zweier Ethnien zu sehen, die vor allem politisch-wirtschaftlich durch die Vorteile des Handels begründet war und durch diesen forciert wurde. Wie dem auch sei, feststeht, dass Chichén Itzá eine Metropole multikultureller Art war, die offen für Neuerungen und Einflüsse von außen war und als Großmacht die Zeit der frühen Postklassik im Maya-Gebiet prägte.

Chichén Itzá ist ein Name aus dem yukatekischen Maya und bedeutet »am Rand des Brunnens der Itzá«. Gemeint ist damit der *Cenote*, die Maya-Bezeichnung für eine Doline bzw. Öffnung im Kalksteinboden (Karsttrichter), die mit Wasser gefüllt ist – also ein Brunnen bzw. Wasserbecken. Wie bereits erwähnt, waren solche *Cenotes* den Maya heilig und sie brachten dort Opfer dar, einschließlich Menschenopfer. Der *Cenote* von Chichén Itzá war der Grund, warum die Stadt im Laufe der Zeit zu einem großen, überregional bedeutenden Wallfahrtsort mit einer riesigen Zeremonialanlage aufstieg. In dem *Cenote* fand man Unmengen von Opfergaben und an die 50 Skelette, wahrscheinlich Überreste von Menschenopfern.

Mit insgesamt 15 km^2 ist die Zeremonialanlage von Chichén Itzá sehr weitläufig. Sie wird in eine Südgruppe mit Gebäuden im Maya- bzw. Chenes- und Puuc-Stil und eine Nordgruppe mit Gebäuden im zentralmexikanischen Stil unterteilt, die jeweils aus einer Reihe von Gebäudekomplexen bestehen. Zur Nordgruppe gehören die bekanntesten Gebäude der Stadt wie der Tempel des K'uk'ulkan (Castillo), der Kriegertempel, der Caracol, der Große Ballspielplatz, der Tempel der Jaguare sowie eine Reihe weiterer Tempel. Zur Südgruppe – auch Chichén Viejo (»Alt-Chichén«) genannt – gehören unter anderem das sogenannte Gebäude der Nonnen, die »Kirche«, das Rote Haus und der Tempel der Türstürze. Die Gesamtanlage von Chichén Itzá enthält neben diesen wichtigen Tempeln noch eine Menge anderer Tempel, Gebäude und Ballspielplätze. Es ist längst nicht alles ausgegraben. Die einzelnen Komplexe sind durch ca. 70 *sakbeoob* (*sakbe* = »weißer Weg«)[60] bzw. Straßen miteinander verbunden.

Wie erwähnt, zeichnen sich die Gebäudekomplexe der Nordgruppe durch einen zentralmexikanischen Stil aus. Vieles wirkt wie ein Double von Tula. Das Zentrum der Großen Plattform ist die 30 m hohe Pyramide des K'uk'ulkan, *El Castillo* (»Schloss«) genannt. Sie ist ohne Vorbild in Tula. Die Fassaden der vier Seiten der Pyramide sind gestuft, wobei die neun Stufen die neun Himmel symbolisieren. An jeder Pyramidenseite ist jeweils eine Treppe mit 91 Stufen angebracht, die zusammen mit der Plattform die Anzahl der 365 Tage des Sonnenkalenders ergeben. Die nördliche Treppe der Pyramide wird an beiden Seiten von zwei Schlangenskulpturen eingerahmt, deren Köpfe sich an der Pyramidenbasis befinden. Oben auf der Pyramide befindet sich der Tempel des K'uk'ulkan, der »Gefiederten Schlange« (bzw. Quetzalcoatl in Zentralmexiko). Die jetzige Pyramide wurde über eine frühere gebaut, die ebenfalls neun Stufen hatte, aber nur eine Treppe. Ein besonderes Ereignis

60 s. S. 139 f.

lockt bis heute viele Touristen an: An den Tagundnachtgleichen (Äquinoktien, 20./21.03. und 22./23.09.) entsteht durch den Stand der Sonne an der von Schlangen eingerahmte nördlichen Treppe ein besonderes Schattenspiel, das sich mit dem Schlangenkopf am Fuß der Pyramide so verbindet, dass es den Anschein hat, als ob eine Schlange von oben aus dem Tempel nach unten krieche.

Im Osten des *Castillo* fällt mit dem »Kriegertempel« eine weitere vierstufige Pyramide auf. Die Ähnlichkeiten mit dem Tempel des Quetzalcoatl in Tula sind offensichtlich. Allerdings übertrifft dieser Bau den von Tula an Größe und architektonischer Ausführung. Er war umgeben von Säulenhallen, von denen heute nur noch einige Säulen der »Gruppe der tausend Säulen« übriggeblieben sind. Vor der zum Tempeleingang führenden Treppe stehen mehrere Reihen von Pfeilern. Die Wände des Unterbaus der Pyramide zeigen Reliefs mit Darstellungen von sitzenden Kriegern mit Speerschleudern sowie Adlern und Jaguaren – ähnlich wie in Tula. Die Pfeiler, die das Dach der Säulenhalle und des Tempels trugen, zeigen Krieger sowie Adler, die Herzen verschlingen. Diese Kriegerdarstellungen waren namensgebend für den Bau. Der Tempel oben auf der Pyramidenplattform ist etwas nach hinten versetzt. Auf dem Platz davor befindet sich in der Mitte die Steinskulptur eines Chak Mo'ol, einer liegenden Kriegerfigur mit einer Vertiefung für Opfergaben, wie man sie von Tula her kennt. Ebenso sind die Säulen am Tempeleingang in Form von Gefiederten Schlangen sowie das Relief mit der Vogel-Mensch-Darstellung und der von vier Atlanten bzw. Kriegerfiguren getragene Altar im Innenraum des Tempels Stilmerkmale, die Chichén Itzá mit Tula gemeinsam hat.

In Chichén Itzá fand man bisher zwölf Ballspielplätze, darunter den größten und bedeutendsten in ganz Mesoamerika. Das Spielfeld dieses großen Ballspielplatzes ist 168 m lang und 68 m breit. Die Längsseiten sind umgeben von senkrechten, 8,5 m hohen Mauern, in deren Mitte ein Steinring angebracht ist, durch den der Ball wahrscheinlich geworfen werden musste. Die Reliefs auf den Innenwänden der Mauer zeigen den Sieg einer Mannschaft sowie unter anderem die Enthauptung eines Spielers, aus dessen Rumpf das Blut in Form von Schlangen herausschießt. Im Zusammenhang mit Menschenopfern steht auch der sich in der Nähe des Ballspielplatzes gelegene sogenannte Tzompantli: eine Mauer mit dem Relief eines Schädelgerüstes. Solche für Zentralmexiko typischen Schädelgerüste, an denen man die Schädel der Geopferten anbrachte, existierten an vielen Orten auch in natura (vor allem bei den Azteken).

Im Süden ist der *Caracol* (»Schnecke«) genannte turmförmige, an eine Schnecke erinnernde Rundbau von ca. zwölf Meter Durchmesser zu erwähnen. Er diente als Observatorium zur Sternbeobachtung. Der Bau steht auf einer großen, rechteckigen Plattform, zu der Treppen hinaufführen. Auf dieser Plattform erbaute man zwei weitere runde Plattformen, und darauf später den Caracol. Im Inneren führte eine Treppe nach oben zu einem Raum, in dem man den Verlauf der Gestirne am Himmel durch mehrere schmale, fensterartige Öffnungen beobachten konnte. Diese Öffnungen waren genau ausgerichtet, so eine auf den nördlichsten und eine auf den südlichsten Untergang des Mondes sowie eine auf den Untergang der Sonne an den Tagundnachtgleichen am 20./21.03. und 22./23.09.

Zu erwähnen ist ferner der »Tempel der Jaguare«, so genannt nach den Reliefs an seiner Wand, die eine Prozession von Herzen verschlingenden Jaguaren zeigen, dazwischen Darstellungen von Schilden. Im Inneren des Tempels befinden sich Wandmalereien mit Abbildungen von Kämpfen. Die Pyramidenbasis, auf der der Tempel steht, ist nur ein wenig größer als der Tempel selbst und verleiht dadurch dem Gebäude eine von den übrigen Tempeln abweichende Architektur.

In der Südgruppe weist das mehrmals umgebaute und daher sehr komplexe »Gebäude der Nonnen« Merkmale des Chenes-Stiles auf. So ist zum Beispiel der Eingang in Form eines Schlangenmaules gestaltet und die Fassadenverzierung zeigt eine Reihe von Symbolen des Regengottes Chaak. Auch die Fassade der »Kirche« ist mit Chaak-Masken verziert. Das »Grab des Hohenpriesters« ist eine ca. zehn Meter hohe, dem Castillo ähnelnde Pyramide und wurde so genannt aufgrund des darin enthaltenen Grabes. Die Fassade ist durch den Puuc-Stil geprägt, der Tempel selbst eher durch toltekische Merkmale wie die von zwei Gefiederten Schlangen umrahmte Eingangstür oder der Altar mit Atlanten im Tempelinneren.

Der Erfolg von Chichén Itzá lag in seiner Rolle zum einen als bedeutender Wallfahrtsort, zum anderen als »internationale« Handelsstadt. Wallfahrtsorte sind als Orte internationaler Zusammenkünfte in der Regel immer auch Stätten des Handels. So beruhte der Wirtschaftsboom von Chichén Itzá auf den intensiven Handelsbeziehungen ins Hochland von Guatemala einerseits und zur Golfküste sowie nach Zentralmexiko andererseits. Begünstigt wurde durch die Küstennähe der Seehandel, wobei die Isla Cerritos als Hafen diente. Gehandelt wurden Waren des alltäglichen Bedarfs wie Salz, Obsidian, Kopal, Metalle oder Stoffe sowie Luxusgüter wie Jade, Schmuck, Kakao, Honig oder Federn exotischer Vögel. Salz war dabei der Exportschlager. Vor allem in Chikinchel an der Nordküste Yukatans wurde eine intensive Salzproduktion betrieben. Als Wallfahrtsort war Chichén Itzá während seiner Blütezeit zwischen 900 bis 1100 n. Chr. eine Metropole mit schätzungsweise 50 000 Einwohnern. In der Zeit zwischen 1150 und 1250 kam es zum Niedergang der Stadt.

In Chichén Itzá regierte statt eines einzigen Herrschers ein Kollektiv von Adligen, das auch die Rituale zusammen durchführte. Über die einzelnen Persönlichkeiten dieses Regierungskollektivs sind wir bisher kaum informiert, wir kennen lediglich einige Namen. Öfters erwähnt wird auf Stelen eine Person der Herrscherelite mit Namen K'ak'upakal, die in der Mitte des 9. Jh. n. Chr. lebte.

Chichén Itzá wurde von Mayapán als Kult- und Handelszentrum abgelöst. Wie genau es zum Ende von Chichén Itzá kam, ist letztlich nicht vollständig geklärt. Nach den Büchern des *Chilam Balam* wurde Chichén Itzá um 1145 zerstört. Mayapán gelang es offensichtlich, durch Intrigen und entsprechende Bündnisse, den Rivalen zu besiegen. Die *Chilam Balam*-Bücher beschreiben das Ende von Chichén Itzá so: Der Herrscher Hunak Ke'el aus der Cocom-Dynastie von Mayapán wurde von Chichén Itzá gefangengenommen und als Opfer in den dortigen *Cenote* geworfen. Er überlebte aber und konnte in einem folgenden Rachefeldzug Chichén Itzá besiegen. Mayapán wurde darauf in der Zeit zwischen 1250 und 1450 n. Chr. zum bedeutendsten Kult- und Handelszentrum in Yukatan. Nach Bericht der *Chilam Balam*-Bücher kam es zur Bildung der »Liga von Mayapán« (*mul tepal*), ein Verbund von Vertretern mehrerer Dynastien verschiedener Maya-Städte unter Führung von Mayapán. Ob diese Liga wirklich existiert hat, wird allerdings angezweifelt.

Mayapán liegt ca. 90 km südwestlich von Chichén Itzá und erscheint architektonisch wie eine Kopie davon. Allerdings fallen die »kopierten« Gebäude, wie die Pyramide von K'uk'ulkan, das Observatorium oder die Säulenhallen, kleiner aus als die Originale. Die Sieger beriefen sich damit also ganz bewusst auf die Tradition von Chichén Itzá. Dies gelang Mayapán vor allem als Handelsmetropole, die andere Städte wie Tulum, Cozumel, Santa Rita und Ichpaatun kontrollierte. Insgesamt 3600 Bauten sind in Mayapán bekannt. Zum Schutz gegen Angreifer war die Stadt von einer neun Kilometer langen Mauer mit zwölf Stadttoren umgeben. Man schätzt, dass die Stadt bis zu 17 000 Einwohner hatte. Mayapán wurde schließlich im Kampf um die Vorherrschaft zwischen zwei Dynastien der Itzá-Maya, der in Mayapán regierenden Dynastie der Cocom und der in Maní residierenden Dynastie der Tutul Xiu unter deren Herrscher Ah Xupan Xiu 1461 besiegt und zerstört. Die Stadt Maní trat die Nachfolge von Mayapán an, wurde dann aber ihrerseits von den Spaniern erobert. Im Unterschied zur Cocom-Dynastie unterstützte die Dynastie der Tutul Xiu die Spanier während der Eroberung. So verbündete sich Francisco Montejo Xiu (Ah Kukil Xiu, wie er vor seiner Taufe hieß) 1542 mit dem spanischen Eroberer Francisco de Montejo y Léon und trug so zum raschen Erfolg der spanischen Eroberung bei. Bis heute gibt es Nachkommen der Dynastie Tutul Xiu.

Mit dem von Diego de Landa in Maní veranstalteten Autodafé am 12. Juli 1562, bei dem so gut wie alle Codices und Götterdarstellungen der Maya zerstört wurden, fand die Maya-Kultur weitgehend ihr Ende. Aber noch nicht vollständig. Denn um 1221 war eine Gruppe der Itzá aus Chichén Itzá an den Petén-Itzá-See ausgewandert und hatte auf der heutigen Insel Flores ihre Hauptstadt Tayasal gegründet. Tayasal gelang es nicht nur, ein relativ großes Gebiet im südlichen Tiefland zu kontrollieren und tributpflichtig zu machen, sondern sie war auch die letzte Maya-Stadt, die erst 1697 von den Spaniern erobert wurde.

Gesellschaft, Wirtschaft, Kunst und Handwerk

Leben wie ein Gott: Der Herrscher[61]

Die Maya-Gesellschaft war hierarchisch gegliedert: Die Elite der Gesellschaft bildete der Adel, an dessen Spitze der Herrscher, der *Ajaw*[62], stand. Auch die Priester, Künstler und Schreiber gehörten der Oberschicht an. Die breite Bevölkerungsschicht bestand vorwiegend aus Bauern. Ein sozialer Aufstieg war die Ausnahme und noch am ehesten – wie bei den Azteken – durch Verdienste im Krieg möglich. Die Oberschicht lebte im Zentrum der Stadt, wo sich die Tempel für die verschiedenen Götter, der Palast als Residenz des Herrschers, Wohnanlagen der Oberschicht sowie ein oder mehrere Plätze vor allem für kultische Veranstaltungen befanden. Die einfache Bevölkerung dagegen lebte am Stadtrand und im Umland in Streusiedlungen.

Die Herrscher verstanden sich als »göttliche Herrscher« (*k'uhul ajaw*)[63]: Ihre Dynastie stammte von den Göttern ab. Sie galten als Vermittler zwischen der diesseitigen und der jenseitigen Welt. Durch die mythische Begründung der göttlichen Herkunft der Herrscherdynastie vor langer Zeit oder aus einem fernen, fremden Land betonten die Herrscher ihre Besonderheit, grenzten sich von der einfachen Bevölkerung ab und legitimierten so ihre Position und ihren Machtanspruch. Um dies zu verdeutlichen, stellten die Herrscher ihre Geschichte und ihre Großtaten ikonografisch und in Inschriften dar, vor allem auf Stelen, Türstürzen sowie Relieftafeln an Tempel- und Palastgebäuden. Die Untertanen und die Nachwelt

61 Hier wird der Begriff »Herrscher« statt »König« vorgezogen, da er allgemeiner und nicht durch die Geschichte und Kulturen der Alten Welt vorbelastet ist.

62 Im Yukatan der postklassischen Zeit war *halach winik* (»wahrer Mann«) die Bezeichnung für den Herrscher.

63 Bis Ende des 4. Jahrhunderts war nur die Bezeichnung *ajaw* (wörtlich: »der mit der kraftvollen Stimme«, Plural *ajawo'ob*) für den Herrscher üblich. Mit der wachsenden Zahl von Adligen am Hof grenzte sich dann der Herrscher mit dem Titel *k'uhul ajaw* von diesen ab.

wurden so über Herkunft, Familie, Geburt, Amtsantritt und Amtsjubiliäen, Kriege, Rituale und Feiern, Eroberungen, Vorgänger und Nachfolger, Untertanen und Kriegsgefangene der einzelnen Herrscher informiert. Besonders betont wurden dabei die Abstammung des Herrschers und seine Titel, die sich aufgrund seines Amtes und seiner Eroberungserfolge ergaben. Es handelt sich also nicht um historische Berichterstattung in unserem Sinne, sondern um Herrscher- und Dynastiegeschichte, die in einen religiösen bzw. kosmischen Rahmen gesetzt wurde. Und wie in der heutigen Politik betrieben auch schon die Maya-Herrscher Propaganda für sich, für ihre Dynastie und ihre Herrschaft. Dazu gehörte neben der bereits erwähnten Abstammung von den Göttern die Darstellung ihrer Siege, Eroberungen und Ruhmestaten. Im Zuge der Propaganda wurden diese Darstellungen auch gerne einmal übertrieben oder Daten manipuliert. Der Herrscher war die zentrale Regierungsinstanz. Eine wichtige Aufgabe kam ihm als Vermittler zwischen Göttern und Menschen wie erwähnt im religiösen bzw. kultischen Bereich zu, um dadurch das Wohlergehen seines Volkes zu garantieren. Entsprechend häufig wird der Herrscher zum Beispiel bei der Darbringung eines Blutopfers gezeigt.

Wie die Könige der Alten Welt unterschieden sich auch die Maya-Herrscher von der einfachen Bevölkerung durch den Luxus ihrer Lebenshaltung. Dazu gehörte eine entsprechend bessere Ernährung, was sich nicht zuletzt in einem höheren Lebensalter zeigt: Während die durchschnittliche Lebenserwartung eines Bauers um die 30 Jahre betrug, bestiegen viele Herrscher in diesem Alter erst den Thron und erreichten durchaus ein Alter von 80 Jahren.

Ähnlich wie bei den Königen der Alten Welt waren Krone und Zepter die Insignien der Herrscherwürde bei den Maya. So war ein Zepter aus Holz und in Form des Gottes K'awiil mit seinem schlangenförmigen Bein das Zeichen der königlichen Macht. Ursprünglich der Gott der Visionen, die als Privileg des Herrschers galten, hatte sich K'awiil allgemein zum Schutzgott der Herrscher und Herrscherdynastien entwickelt. Bei vielen Herrschern war »K'awiil« der Bestandteil ihres Namens bzw. ein Titel.

Das Herrscheramt wurde üblicherweise patrilinear, d. h. in der väterlichen Linie, an den ältesten Sohn vererbt. Nur wenn der

Herrscher keinen männlichen oder gar keine Nachkommen hinterlassen hatte, übernahmen manchmal Brüder oder Frauen die Herrschaft und wurde ausnahmsweise sogar die patrilineare Erbfolge unterbrochen. In Palenque und Naranjo übernahmen zeitweise Frauen die Regierung oder waren maßgeblich daran beteiligt. Die Herrscher hatten meist mehrere Frauen. Und ebenso wie in der Alten Welt gehörte es zur Politik, dass sich ein Herrscher durch die Heirat einer Herrscherstochter aus einer anderen Stadt Verbündete schaffte.

Bei der Inthronisation saß der zukünftige Herrscher auf seinem mit einem Jaguarfell ausgelegten Thron. Statt seines Geburtsnamens erhielt er nun für das neue Amt seinen numinosen bzw. göttlichen Namen (*k'uhul k'aba'*) und es wurden ihm die Insignien seiner Herrscherwürde überreicht: Das bereits erwähnte Zepter und der Kopfschmuck bzw. die Krone des Hu'unal, des Gottes der Königswürde. Diese Krone war ein Stirnband aus Rindenbast, verziert mit Blumen, die später durch Jadefiguren als Personifizierung der Blumen ersetzt wurden. Der Kopfschmuck wurde nach dem Tod des Herrschers an den Nachfolger als kostbares und vor allem heiliges »Erbstück« weitergegeben. Als zum Beispiel der Herrscher Palenques K'an Joy Chitam II. von seinem Kontrahenten zehn Jahre lang in Toniná gefangengesetzt wurde, wurde für den Kopfschmuck des Herrschers extra der Tempel 19 als Aufbewahrungsort erbaut. Denn dieser symbolisierte die Identität des Herrschers und wurde wie eine Reliquie verehrt. Inschriften nennen sogar ein Geburtsdatum des Kopfschmuckes.

Neben der Krone bzw. dem Kopfschmuck waren die Herrscher reichlich mit anderem Schmuck (vorwiegend aus Jade) ausgestattet: blütenförmige Ohrpflöcke, Pektorale, Halsketten, Armbänder und mit kleinen Masken oder Figuren versehene Gürtel. Selbst die Zähne waren mit Jadeinkrustationen versehen. Die übrigen Adligen waren ähnlich geschmückt. Ein weiteres herrschaftliches Statussymbol waren Jaguarfelle, die als Kleidung oder als Ausstattung des Thrones dienten. Bei Kriegszügen werden Herrscher oft mit Götter- oder Tiermasken gezeigt. Diese bestanden aus einem Mosaik aus Jade und Muscheln und waren zudem mit den wertvollen Schwanzfedern des Quetzalvogels geschmückt. Mit solchen Masken wurde der Herrscher auch bei der Bestattung versehen.

Der Herrscherpalast verfügte über großzügige Räumlichkeiten und entsprechende Ausstattung, von Schlafpodesten bis hin zu Schwitzbädern. Dazu gehörten Lagerräume für Handelswaren, Lebensmittel und Luxusartikel. Vor allem Keramikgefäße und Schmuck aus Jade, Muscheln oder Knochen waren wertvolle Repräsentationsstücke des Herrschers. Diese wurden zudem vererbt oder anlässlich von Festen an treue und verdienstvolle Untergebene sowie an Würdenträger der Nachbarstädte verschenkt.

Es gab kein großes einheitliches Maya-Reich, sondern nur Städte, die eigene, kleine Staaten bildeten (ähnlich der Polis im antiken Griechenland). Jede Stadt hatte ihren eigenen Herrscher und unterschied sich durch jeweils eigene Schutzgottheiten von den anderen Städten. Das Verhältnis der Herrscher dieser Städte untereinander war einerseits durch Konkurrenz und Kriege, andererseits aber auch durch Allianzen geprägt. So pflegten die Herrscher der verschiedenen Stadtstaaten diplomatische Kontakte dynastischer bzw. familiärer Art untereinander, zum Beispiel durch Heiraten, durch Einladungen zu Thronbesteigungen und anderen Anlässen.

Während wir über die Azteken und Inka ausführliche Berichte über das Leben am Herrscherhof von den davon stark beeindruckten spanischen Chronisten besitzen, ist dies bei den Maya der klassischen Zeit nicht der Fall. Allerdings vermitteln Reliefs auf Stelen und in Tempeln und Palästen sowie Malereien auf Wänden und vor allem auf Keramik lebendige Eindrücke vom Leben eines Herrschers. Ikonografische Szenen am königlichen Hof zeigen den Herrscher oft in königlicher Kleidung oder Kriegstracht, in erhabener Haltung oder mit gekreuzten Beinen erhöht sitzend – im Kreis seiner Frauen, Würdenträger, der Diener und des übrigen Hofstaates wie Musikanten, Akrobaten und Hofzwergen. Palastszenen der Keramikmalerei zeigen den Herrscher in der Mitte des Bildes auf den Thron sitzend, hinter ihm seine Diener, vor ihm Untertanen, die er empfängt. In Kriegsszenen ist der Herrscher im Nahkampf zu sehen, wie er Kriegsgefangene an den Haaren festhält oder triumphierend einen Fuß auf den am Boden liegenden Gegner setzt. In kultischen Darstellungen bringt der Herrscher Opfer wie das Blutopfer[64], in-

64 s. S. 190 f.

dem er seinen Penis durchsticht oder in Trance mit einer Gottheit kommuniziert. Schließlich sind politische Szenen dokumentarisch festgehalten, in denen der Herrscher an seinem Hof Gesandte oder Herrscher von anderen Städten empfängt, Geschenke oder Tributzahlungen entgegennimmt oder in Vasallenstädten der Inthronisation des dortigen Regenten beiwohnt bzw. diese »überwacht«. Ziel der Herrschermacht war nicht ein territoriales Großreich, sondern die Kontrolle über tributpflichtige Vasallenstädte und damit über Handelswege sowie Ressourcen zu gewinnen. An der Spitze im ganzen südlichen Tiefland der Klassik standen die Herrscher der miteinander konkurrierenden Supermächte Tikal und Calakmul.

Nach seinem Tod war ein Herrscher als vergöttlichter Ahne immer noch präsent und wurde verehrt. Man vermutet, dass in der Vorstellung der Maya der Herrscher nach einer Reise durch die Unterwelt ähnlich wie der Maisgott wiedergeboren wurde. Aber diesbezüglich fehlen uns detaillierte Texte als Primärquellen, wir können einige Informationen nur durch Rückschlüsse aus ikonografischen Darstellungen und Inschriften erschließen. Der Verstorbene wurde in einem Sarkophag oder auf einer Bahre in einer für ihn errichteten Grabkammer aufgebahrt, ausgestattet mit kostbarer Kleidung und Jadeschmuck, das Gesicht mit einer Jademaske bedeckt. Darüber wurde ein Pulver aus Hämatit und Zinnober gestreut, das alles in einem dunklen Rot erscheinen ließ – der Farbe des Blutes, dem Symbol für das Leben. Ausgestattet war der Tote mit zahlreichen Beigaben von Keramikgefäßen mit Lebensmitteln, Götterfiguren aus Ton, Musikinstrumenten bis hin zu Menschenopfern. Oft wurde über die Grabkammer eine Pyramide mit einem Tempel erbaut, in dem der Herrscher als vergöttlichter Ahne verehrt wurde. Das berühmteste und beste Beispiel ist das Grab von Pakal in Palenque.[65] Manchmal wurden die Herrschergräber in späteren Jahren rituell geöffnet und die Knochen verbrannt oder als Reliquien anderswo deponiert.

In der neueren Forschung wird für die Maya-Herrscher häufig der Begriff »Gottkönige« verwendet, um deren göttlichen Eigenschaften zu betonen. Dieser Ausdruck wird in der Religionswissenschaft

---

65 s. S. 79.

vor allem für die antiken Hochkulturen der Alten Welt wie Ägypten verwendet. Man spricht auch vom sakralen Königtum. Während wir uns im Fall des Alten Ägypten ein relativ gutes Bild von der Stellung des Königs bzw. Pharaos machen können, ist das Verständnis der vorspanischen Maya-Kultur vom Herrschertum aufgrund der vergleichsweise schlechteren Quellenlage nicht eindeutig zu rekonstruieren. Nur durch Rückschlüsse ergibt sich ein mehr oder weniger grobes und somit letztlich ungenaues Bild. Man kann im Fall der Maya wohl insofern von Sakralkönigtum sprechen, als dass der Maya-Herrscher in einem nahen bzw. intimen Verhältnis zu den Gottheiten stand und seine Herrschaft aufgrund dieses Verhältnisses legitimiert wurde. Es gibt verschiedene Möglichkeiten, wie dieses genau aussah, wie die Religionsgeschichte zeigt:

- Der König selbst gilt als Gott und wird als solcher verehrt, wie im römischen Kaiserkult.
- Der König übt sein Amt als Stellvertreter eines Gottes aus, wie in Mesopotamien.
- Der König wird von Gott erwählt, wie im Alten Israel (David, Salomo) bzw. ist ein König von Gottes Gnaden wie Karl der Große.
- Der König gilt nur aufgrund und während der Ausübung seines Königsamtes bzw. nur in Verbindung mit diesem als göttlich, ohne mit der Gottheit gleichgesetzt zu werden, wie im Alten Ägypten. Es ist sozusagen eine repräsentative Göttlichkeit aufgrund der Ausübung des Königsamtes.

Der letzte Fall, die Königsrolle im Alten Ägypten, lässt sich wohl noch am ehesten mit der des Maya-Herrschers vergleichen. Daher kann ein Blick auf den göttlichen Status der altägyptischen Könige aufgrund ihres Amtes vielleicht die Rolle der Maya-Herrscher etwas erhellen und veranschaulichen: Die Herrschaft des Pharaos war zum einen politisch dadurch legitimiert, dass er in der Regel das Herrscheramt von seinem Vater geerbt hatte. Die göttliche Legitimation erfolgte erst bei Amtsantritt, indem er nun das Amt des Himmelsgottes Horus und die Rolle des Sohnes des Sonnengottes

Re übernahm. In dieser zweifachen, politischen und göttlichen Legitimation garantierte der Pharao den Erhalt der Weltordnung, einerseits in Hinblick auf das Wohl des Staates und seiner Untertanen, andererseits bezüglich des Dienstes für die Gottheiten bzw. der korrekten Ausübung des Kultes. Er war ein Mittler zwischen Diesseits und Jenseits. Im Kult kam ihm daher eine priesterliche Funktion zu, und die Durchführung bestimmter Riten war ein königliches Privileg. Die Göttlichkeit des Pharaos war bis zu seinem Tod wirksam. Nach seinem Tod musste er sich wie alle anderen Sterblichen vor dem Gericht des Totengottes Osiris verantworten. Der Pharao erhielt bei der Geburt einen Eigen- bzw. Geburtsnamen und beim Antritt des Herrscheramtes verschiedene Namen als Zeichen und Bestandteile der Königstitulatur.[66] Diese Herrscherrolle des altägyptischen Königs mag als Vorbild für die Deutung des »Gottkönigtums« in der Maya-Forschung gedient haben. Andererseits zeigt es aber, dass das »Gottkönigtum« der Maya in der Religionsgeschichte gar nicht so außergewöhnlich ist, wie es der Begriff suggeriert. Zusammenfassend kann man zwar vermuten, dass die Maya eine ähnliche Königsideologie wie im Alten Ägypten hatten, beweisen lässt sich das aber letztlich nicht eindeutig.

Ob und inwiefern es komplexe Verwaltungseinheiten bei den Maya gab, wissen wir so gut wie gar nicht. Über Priester, deren oberste Vertreter sicher wie bei den Azteken aus der Adelsschicht kamen, sind wir nur aus der postklassischen Zeit durch Diego de Landa informiert. Einige Ämter in der klassischen Maya-Gesellschaft sind uns dem Namen nach bekannt. So hatte der Gouverneur (*sahal* = »der Ängstliche«?) nach dem Herrscher den zweiten Rang inne und war für die Orte im Herrschaftsgebiet zuständig. Er spielte wohl auch im Krieg eine wichtige Rolle. Ein weiterer Amtsträger mit dem Titel *ah k'ul na* war für die kleineren Paläste und Tempel der Stadt zuständig. Schreiber (*ah tzi'ib*) und Maler stammten ebenfalls aus dem Adel und nahmen einen hohen Rang ein. Kleinwüchsige und Personen mit deformiertem Körper (zum Beispiel Bucklige) gehörten – ähnlich wie bei den Azteken – ebenfalls

66 Vgl. Sabine Kubisch: Das Alte Ägypten. Von 4000 bis 30 v. Chr., Wiesbaden 2017, 83 ff.

zum Hofstaat. Ihre Rolle scheint über die der reinen Unterhaltung hinausgegangen zu sein.

Das Leben der einfachen Bevölkerung

Lange Zeit standen der Herrscher und die Adligen der Maya-Gesellschaft sowie ihre Hinterlassenschaften wie Tempel, Paläste und hochwertige Kunstwerke im Fokus des Interesses nicht nur der Forschung, sondern auch der breiten Öffentlichkeit. Das hat sich inzwischen geändert, und die Forschung bringt immer mehr Information über das Alltagsleben der einfachen Bevölkerung zutage. Diese lebte, wie bereits erwähnt, am Stadtrand oder im Umland in einfachen Häusern, deren Wände aus Lehm und deren schräge Dächer aus Stroh oder Palmblättern bestanden. Die Wände bestanden aus Holzgeflechten, die in einigen Regionen mit Lehm oder Kalk verkleidet wurden. Vier Pfosten trugen den schrägen Dachstuhl aus Holz, der mit Stroh oder Palmblättern bedeckt wurde. Der Häusertyp dürfte dem ähnlich sein, der noch heute bei der Maya-Bevölkerung üblich ist. Wie Diego de Landa über die yukatekischen Maya schreibt, war das Haus der Länge nach durch eine Zwischenwand mit einigen Türöffnungen geteilt. Der vordere Teil war offen und »die vordere Dachschräge zieht sich zum Schutz gegen Sonnenschein und Regen weit nach unten«[67]. Im hinteren Hausteil befanden sich die Betten. Diese »waren aus dünnen Stäben, auf denen eine kleine Schilfmatte lag, darin schlafen sie unter ihren baumwollenen Umhängen«[68]. Die Häuser waren bis zu zehn Meter lang, drei Meter breit und an den Längsenden abgerundet, sodass es keine Dachgiebel gab. Mehrere Gebäude gruppierten sich jeweils um einen Innenhof und bildeten auf diese Weise sogenannte Hofgruppen, in denen jeweils eine Großfamilie wohnte. In der Regel gehörte zu jeder Hofgruppe noch ein kleiner pyramidenförmiger Bau als Tempel für die Schutzgottheiten und Ahnen der Familie. Diese waren manchmal auch Grabstätten

67 Diego de Landa 2017, 56.
68 Ebd.

für sehr bedeutende Ahnen. Aber normalerweise wurden die verstorbenen Familienmitglieder unter dem Wohnhaus bestattet. Die Häuser dienten nicht nur zum »Wohnen« in unserem heutigen Sinn, sondern meist gleichzeitig als Werkstätten. Das wiederum zeigt, dass der Normalbürger mehrere »Berufe« ausübte. So war er nicht nur als Bauer Selbstversorger, sondern stellte in Zeiten, in denen auf dem Feld weniger zu tun war, zum Beispiel auch Werkzeuge oder Keramik her.

Aus der postklassischen Zeit haben wir von Diego de Landa die Beschreibung der wohl in vielem der klassischen Zeit ähnlichen Lebensweise der Maya in Yukatan, so zum Beispiel über die Kindheit: »Sie ließen ihre Kinder nackt heranwachsen; sie gaben ihnen lediglich im Alter von vier oder fünf Jahren eine kleine Decke zum Schlafen und ein paar Baumwollstreifen, um ihre Scham zu verhüllen, wie es ihre Eltern taten, und die Mädchen bekleidete man nun von den Lenden abwärts. Sie gaben den Kindern lange die Brust, weil sie ihnen niemals, soweit es ihnen möglich war, die Muttermilch entzogen, selbst wenn sie schon drei oder vier Jahre alt waren.«[69]

Landa beschreibt ausführlich den **Pubertätritus**, bei dem die »Kinder« bzw. Jugendlichen den Übergang ins Erwachsenenalter vollziehen. Er nennt diesen Ritus »Taufe«, wahrscheinlich, weil die Kandidaten ähnlich wie bei der christlichen Taufe ihre Namen erhielten und mit »geweihtem« Wasser benetzt wurden. Die Eltern wählten einen Mann aus der Dorfgemeinde aus, der das ganze Fest ausrichtete und in dessen Haus die Feier stattfand. Dort versammelte man alle Kinder, die zu »taufen« waren. Der Priester »segnete« die Kinder mit einem Weihwedel aus Schlangenschwänzen. Danach bestrich derjenige, der das Fest ausrichtete, mit einem zuvor in eine Flüssigkeit eingetauchten Knochen den Kindern die Stirn sowie die Hände und Füße. Zum Abschluss der Feier »näherten sich die übrigen Gehilfen des Priesters mit einem Blumenstrauß und einem Rauch, den die Indios einzusaugen pflegen, und damit machten sie neunmal ein Zeichen vor jedem Kind; sodann ließen sie die Kinder an den Blumen riechen und

69 Ebd., 90.

den Rauch einsaugen.«[70] Danach erhielten die Kinder Speisen als Geschenke und den Göttern wurde »ein großes Glas Wein«[71] dargebracht. Nach der Verabschiedung der Kinder »endete das Fest mit Essen und Trinken im Überfluss«.

Bezüglich der Heirat berichtet Landa, dass das Heiratsalter in der Regel zwölf oder dreizehn Jahre betrug. Die Eltern des Sohnes (selten er selbst oder die Eltern einer Tochter) suchten mithilfe eines Heiratsvermittlers für diesen eine standesgemäße Frau aus, die aus demselben Ort stammte. Die Hochzeit selbst fand im Haus des Brautvaters statt. Dort untersuchte der dabei anwesende Priester, »ob sie zueinander passten, ob die Schwiegereltern es gut bedacht hätten und ob es ihnen recht sei«.[72] Mit einem »Mahl und Gelage«[73] endete die Feier. »Von nun an blieb der Schwiegersohn bei dem Schwiegervater, um fünf oder sechs Jahre für ihn zu arbeiten; und wenn er es nicht tat, warf man ihn hinaus.«[74] Die Frau war verpflichtet, als Zeichen der Ehe für das Essen des Mannes zu sorgen. Landa betont, dass die yukatekischen Maya in Einehe lebten. Im Fall der Witwer und Witwen wurde die Ehe formlos vollzogen, indem der Witwer zur Witwe zog.

Mais war das wichtigste Nahrungsmittel, wie schon Landa feststellte:

> »Die Hauptnahrung ist Mais, aus dem sie verschiedene Speisen und Getränke herstellen, und selbst die Getränke, die sie zu sich nehmen, dienen ihnen zugleich als Essen und Trinken; die Indias lassen den Mais eine Nacht zuvor in Kalk und Wasser quellen, und am Morgen ist er weich und halbgekocht, auf diese Art entfernt man Schalen und Stiele von ihm; sie mahlen ihn zwischen Steinen [...] und aus dem am feinsten gemahlenen Mais gewinnen sie einen Milchsaft und dicken ihn am Feuer ein, daraus machen sie eine Art von Mehlbrei für den Morgen, den sie warm trinken; was vom Frühstück übrigbleibt,

70 Ebd., 75.
71 Ebd.
72 Ebd., 70.
73 Ebd.
74 Ebd.

verdünnen sie mit Wasser und trinken es tagsüber, denn gewöhnlich trinken sie kein reines Wasser. Sie rösten auch Mais, mahlen ihn und lösen ihn in Wasser auf, was ein sehr erfrischendes Getränk ergibt, wenn man etwas Nelkenpfeffer oder Kakao hinzugibt.«[75]

Bis heute ist der Mais das Grundnahrungsmittel der Maya und wird noch genauso zubereitet, wie Landa es beschreibt: Nachdem der Mais mit Kalk und Wasser aufgeweicht und das Wasser abgegossen ist, wird er auf einem kleinen Tisch aus Stein (*Metate*) mit einem Steinmörser (*Mano*) zu einem Teig gemahlen und dieser dann auf einer Herdplatte zu Tortillas gebacken. Während heute die Tortillas, die Maisfladen, zu jeder Mahlzeit verzehrt werden, waren es in der klassischen Maya-Kultur wahrscheinlich eher die mit Bohnen oder Fleisch gefüllten Maisbrote, die Tamales. Diese Tamales werden auch heute noch gegessen und dienen nach wie vor als Opferspeise vor allem für den Regengott. Aus Mais werden bis heute Getränke zubereitet wie zum Beispiel Atole, eine Art Kaffee bestehend aus Mais, Wasser und Gewürzen oder Pinole (eine angereicherte Maismehlmischung).

Als weitere Speisen erwähnt Landa Gemüse, Fleisch von Hirsch oder Vögeln sowie Fisch. Pfeffer bzw. Chili war ein wichtiges Gewürz sowohl für Speisen als auch für Getränke. Männer und Frauen aßen getrennt auf dem Boden, als Tisch diente höchstens eine Schilfmatte.[76]

Vom **Aussehen, Kleidung und Schmuck** der einfachen Bevölkerung in der klassischen Zeit sind wir nur über Abbildungen informiert. Aus der Zeit der Postklassik liegt uns der ausführliche Bericht von Diego de Landa vor. Kleidungsstoffe der oberen Gesellschaftsschicht wurden aus Baumwolle gewebt, die Kleidung der übrigen Bevölkerung bestand in der Regel aus Agavefasern. Prunkgewänder des Adels, der Priester etc. wurden mit Vogelfedern verziert. Herrscher trugen auch Jaguarfell als Kleidungsteil. Die Kleidungsformen waren ansonsten gleich: Die Männer trugen

75 Ebd., 59.
76 Ebd., 60.

einen kurzen oder rockartigen Lenden- bzw. Hüftschurz – mit oder ohne ärmellosen Umhang. Bei besonderen Anlässen wie Inthronisation des Herrschers, Krieg oder Ballspiel war der Kopfschmuck ein wichtiger Bestandteil der Kleidung. Anhand der Art der Darstellung und des Beiwerkes war die gesellschaftliche Position des Trägers erkennbar. Frauen trugen ein rechteckiges, langes, ärmelloses Oberteil, das an der Hüfte mit einem Gürtel zusammengehalten wurde, ähnlich der römischen Tunika.

Als Besonderheiten bzw. als Schönheitsideal der Maya erwähnt Landa das Schielen oder den künstlich deformierten Kopf:

> »Das Schielen hielten sie für etwas Anmutiges, und die Mütter führten es auf künstlichem Wege herbei, indem sie ihnen schon als Kindern ein kleines Pechpflaster an die Haare hängten, das bis zu dem Raum zwischen den Brauen herabreichte; und da es dort hin und her schwang, blickten sie stets nach oben und wurden schließlich zu Schielern. Kopf und Stirn waren bei ihnen flach, was auch ihre Mütter absichtlich herbeiführten, während jene noch kleine Kinder waren;[77] die Ohren hatten sie durchbohrt, um Ringe zu tragen, und von den Opfern waren sie stark zerstochen. Sie bekamen keinen Bart und sagten, ihre Mütter würden ihnen als Kindern das Gesicht mit heißen Tüchern versengen, damit ihnen kein Bart wüchse.«[78]

Über die Männer schreibt Landa: »Sie ließen sich die Haare wie bei den Frauen wachsen: In der Scheitelgegend verbrannten sie ungefähr so viel wie eine reichliche Tonsur, und daher wuchs das Haar weiter unten kräftig, während das im Bereich der Tonsur nachwachsende Haar kurz blieb; und sie flochten es zu einem Kranz rings um den Kopf, das Schwänzchen ließen sie hinten wie eine Quaste stehen.«[79]

Gesicht und Körper bemalten sie rot. Ferner waren Tätowierungen bei ihnen üblich. Dazu wurde zunächst mit Farbe das Muster bzw. Bild auf die Haut gemalt und dieses dann in die Haut

77 Dies erfolgte, indem man ein Brettchen vorne an der Stirn und am Hinterkopf befestigte (Anm. der Autorin).

78 Diego de Landa 2017, 57 f.

79 Ebd., 58.

eingeschnitten. Die ganze Prozedur war sehr schmerzhaft und hatte oft Entzündungen und Eiterungen zur Folge. Aber diejenigen, die sich nicht tätowieren ließen, wurden verspottet.[80] Auch die Frauen tätowierten sich, allerdings mit zierlicheren Bildern. Sowohl Männer als auch Frauen trugen Ohrringe. Spiegel verwendeten nicht Frauen, sondern ausschließlich Männer.

Die Kleidung der Männer »bestand aus einem Streifen, der eine Hand breit war und ihnen als Beinkleider und Strümpfe diente; sie schlugen ihn mehrmals am Gürtel um, sodass ein Zipfel vorn und der andere hinten herunterhing, und ihre Frauen gaben diesen Zipfeln eine zierliche Form und schmückten sie mit Federarbeiten. Sie trugen lange und viereckige Umhänge, die sie an den Schultern festbanden; sie hatten Sandalen aus Hanf oder ungegerbtem, getrockneten Hirschleder.«[81]

Bezüglich der Frauen betont Landa, dass sie sich nicht wie die Spanierinnen das Gesicht schminken.

> »Sie hatten die Sitte, ihre Zähne spitz zuzusägen, so dass diese wie Sägezähne aussahen; dies hielten sie für eine Zierde, und dieses Amt übten ein paar alte Frauen aus, die ihnen die Zähne mit gewissen Steinen und Wasser abfeilten.
>
> Sie durchbohrten sich den Knorpel, der sich zwischen den Nasenlöchern befindet, und in die Öffnung stecken sie einen Amberstein, was sie für einen Festschmuck hielten. [...]
>
> Sie trugen das Haar sehr lang, und sie ordneten und ordnen es noch heute zu einer sehr schönen Frisur, die es in zwei Hälften teilt; und bei einer anderen Frisur flochten sie es zu Zöpfen. [...] Bis die Mädchen herangewachsen sind, flechten sie[82] ihnen die Haare zu vier oder zu zwei hornförmigen Zöpfen, die ihnen sehr gefallen.«[83]

Die Frauen trugen üblicherweise als Kleidung einen nach beiden Seiten offenen, langen Mantel. Zudem hatten sie einen Umhang,

80 Ebd., 60 f.
81 Ebd., 58f.
82 Gemeint sind die Mütter (Anm. der Autorin).
83 Ebd. 91f.

der zum Schlafen diente und unterwegs zusammengefaltet oder eingerollt umgelegt wurde.[84]

Über das **Rechts- und Strafsystem** sind wir wenig informiert. Landa erwähnt einige diesbezüglichen Aspekte bei den postklassischen Maya in Yukatan, wie zum Beispiel im Fall von Ehebruch, Totschlag und Diebstahl:

> »Nachdem die Untersuchung abgeschlossen und jemand des Ehebruchs überführt war, versammelten sich die Vornehmen im Haus des Häuptlings; man brachte den Ehebrecher, band ihn an einen Pfahl und überantwortete ihn dem Ehemann der schuldigen Frau; wenn er ihm vergab, war er frei, andernfalls tötete er ihn mit einem großen Stein, (den) er ihm von einem höheren Platz auf den Kopf (herabstürzen) ließ; bei der Frau reichte als Genugtuung die Ehrlosigkeit aus, die etwas Schwerwiegendes war, und im allgemeinen wurde eine solche Frau deshalb von ihrem Ehemann verlassen.
>
> Die Strafe für den Totschläger, selbst wenn er aus Versehen gehandelt hatte, war, dass die Verwandten ihm auflauerten und ihn töteten; andernfalls musste er den Preis für den Toten bezahlen. Einen Diebstahl sühnten und bestraften sie, selbst wenn er unbedeutend war, indem sie den Schuldigen versklavten«.[85]

Im Zeichen des »Großen Sterns«: Die Maya – ein kriegerisches Volk

In anderen Ländern bilden Schlachtszenen, Krieger und Kriegswaffen gerade die hervorragendsten Gegenstände der Skulptur; da sie hier nun gänzlich fehlen, so hat man Grund zu glauben, dass jenes Volk nicht kriegerisch, sondern friedlich gesinnt war und daher später auch ohne Mühe unterworfen ward.[86]

84 Diego de Landa 2017, 92.
85 Ebd., 86.
86 John Lloyd Stephens 1980, 53.

Mit dieser Aussage setzte John Lloyd Stephens, der Entdecker der Maya-Ruinen im 19. Jh., einen Mythos in die Welt, der sich in der Forschung bis zur Mitte des 20. Jh.s hielt: Die Maya galten als friedliches Volk, als die »Griechen« der Neuen Welt, während im Unterschied dazu die Azteken als die »Römer« der Neuen Welt im Ruf eines kriegerischen, barbarischen Volkes standen. Widerlegt wurde diese Annahme durch die Entdeckung der Wandgemälde von Bonampak 1946, die durch ihre Kampfszenen berühmt wurden. Wie in anderen Kulturen führten die Maya-Herrscher erbitterte Kriege um Macht, um die Vorherrschaft über Ressourcen oder schlicht und einfach aufgrund persönlicher Konflikte. Krieg war ein wesentlicher Bestandteil der königlichen Herrschaft und auch im Alltagsleben der Maya. Das ergibt sich schon aus der politischen Situation: Das Maya-Gebiet zur klassischen Zeit war kein einheitliches Reich, sondern gekennzeichnet durch viele miteinander konkurrierende Stadtstaaten. Und diese Konkurrenz untereinander führte dementsprechend zu mehr oder weniger häufigen militärischen Auseinandersetzungen. Diese Kriege nahmen gegen Ende der Klassik extrem zu und waren letztlich einer der Gründe für den Untergang der klassischen Maya-Kultur. Vor allem große Kriege führte man im Zeichen der Venus, von den Maya »Großer Stern« *(chak ek')* genannt. Dementsprechend sprach man von »Sternenkrieg«. Die Hieroglyphe für »Sternenkrieg« stellt einen Stern dar, von dem Wasser oder Blut fließt.

Nicht nur Wandmalereien, sondern auch Malerei auf Keramikgefäßen und Reliefs in Stein oder Holz mit Inschriften zum Beispiel auf Stelen, an den Wänden der Gebäude oder auf Türstürzen geben uns Auskunft über das Kriegsgeschehen bei den Maya. Dargestellt sind die Herrscher häufig während einer Schlacht oder nach einem Sieg bei der Präsentation von Kriegsgefangenen. Diese Darstellungen, zusammen mit den Hieroglypheninschriften, dienten der herrschaftlichen Propaganda und somit wird meistens über die Siege, aber so gut wie nie über Niederlagen berichtet.

Es ist unbekannt, ob und inwiefern es bei den Maya Kriegerorden wie bei den Azteken gegeben hat. Ein stehendes Heer hatten die Maya nicht, sondern milizartige Streitkräfte, die ausgebildet und im Bedarfsfall zusammen mit Teilen der bäuerlichen Bevölkerung eingesetzt wurden. Die Anführer bzw. Offiziere stammten aus der Adelsschicht. Diego de Landa schreibt über die nachklassischen Maya in Yukatan: »Sie hatten immer zwei Hauptleute: Der eine übte (sein Amt) auf Lebenszeit aus und vererbte (es), der andere wurde mit vielen Zeremonien auf drei Jahre gewählt [...]. Diese zwei Hauptleute beschäftigten sich mit dem Krieg und regelten die entsprechenden Angelegenheiten; hierfür gab es in jeder Ortschaft als Soldaten ausgewählte Männer, die zu den Waffen griffen, wenn es notwendig war.«[87]

Als Fernwaffen dienten Pfeil und Bogen sowie Speere. Aus Teotihuacán stammte die Speerschleuder (*atlatl*), eine Art verlängerter Speergriff, der den Wurf des Speeres verstärkte und verlängerte. Im Nahkampf verwendete man bis zu zwei Meter lange Lanzen mit Spitzen aus Feuerstein, ferner Äxte, Keulen und mit Feuerstein- oder Obsidiansplittern besetzte Schwerter. Landa beschreibt die Waffen und Kriegsausrüstung der yukatekischen Maya der postklassischen Zeit wie folgt:

> »Die Angriffswaffen waren Bogen und Pfeile, die sie in Köchern trugen und die Feuersteine und sehr scharfe Fischzähne als Spitzen haben und die sie mit großer Gewandtheit und Kraft verschießen. [...] Zu ihrer Verteidigung hatten sie Rundschilde, die sie aus aufgeschnittenen, eng verflochtenen Rohrstengeln herstellten und mit Hirschhäuten überzogen. Sie fertigen gesteppte Mäntel aus Baumwolle und unzermahlenem Salz an, das in zwei Schichten oder Polstern eingenäht wurde, und diese Mäntel waren äußerst dicht. Einige Herren und Hauptleute hatten eine Art von Sturmhauben aus Holz, doch diese waren wenige; und diejenigen, die so etwas besaßen, zogen mit diesen Waffen, dem Federschmuck und umgelegten Tiger- oder Löwenfellen[88] in den Krieg.«[89]

Die Herrscher zogen mit dem vollen königlichen Ornat in die Schlacht – wie bei Landa erwähnt, mit Jaguarfell, der königlichen

87 Diego de Landa 2017, 84 f.

88 Gemeint sind Jaguarfelle (Anm. der Autorin).

89 Diego de Landa 2017, 83 f.

Kleidung und geschmückt mit Pektoralen, Arm- und Beinschmuck aus Jade sowie einem mächtigen Kopfschmuck in Form von Tier- bzw. Göttermasken oder Federschmuck. Darstellungen zeigen die Herrscher sowohl aktiv kämpfend als auch Szenen, in denen sie in Sänften getragen werden. Figuren oder Bildnisse der jeweiligen Schutzgottheiten wurden ebenfalls in Sänften mit in den Krieg geführt. Diese waren beim Gegner genauso wie die Kriegsgefangenen eine begehrte Beute. Zur Kriegsausstattung gehörten ferner Standarten bzw. Feldzeichen, die der schnellen Orientierung in der Schlacht dienten und von denen man sich andererseits göttliche Unterstützung erhoffte. »Kriegsgeschrei« und Musikinstrumente wie Trommeln, Flöten oder Trompeten dienten zur Anfeuerung des Kampfeswillens sowie Einschüchterung des Gegners.

In der Schlacht war es nicht das Ziel, möglichst viele Gegner zu töten, sondern lebend zu fangen. Die Kriegsgefangenen wurden dann in der Stadt des Siegers triumphierend vorgeführt, gefoltert und geopfert. In den Darstellungen sieht man häufig, wie der Sieger mit einem Fuß auf dem vor ihm liegenden Gefangenen steht oder wie die gefesselten Gefangenen dem siegreichen Herrscher vorgeführt werden. Geriet ein Herrscher in die Hände seines Feindes, war die Schlacht für ihn verloren. In der besiegten Stadt wurde entweder der besiegte Herrscher oder an seiner Stelle ein Vasallenherrscher eingesetzt, manchmal aber auch jemand aus der Dynastie des siegreichen Herrschers. Es kam zudem vor, dass ein besiegter Herrscher jahrelang gefangen gehalten wurde. Solange er lebte, konnte kein Nachfolger in seiner Stadt als Regent eingesetzt werden. Auf diese Art und Weise konnte man die besiegte Stadt kontrollieren und ein eigenständiges Handeln verhindern. Durch Kriege konnten vor allem die zwei Supermächte Tikal und Calakmul ihre hegemoniale Vorherrschaft über eine Reihe von Vasallenstädte ausüben und sich damit Tribut in Form von Gebrauchs- und Luxusgütern sowie Dienstleistungen sichern, aber ebenso die Kontrolle über Handelsrouten.

Wirtschaft, die Grundlage des herrschaftlichen Luxuslebens[90]

Alle einfachen Leute bauten den Häuptlingen nicht nur das Haus, sondern kümmerten sich auch um deren Felder, sie bestellten diese und ernteten solche Mengen, dass es für den Häuptling und sein Hauswesen ausreichte; und wenn Wild oder Fisch gefangen wurde oder auch die Zeit gekommen war, Salz zu holen, so gaben sie stets dem Häuptling einen Teil, weil sie derartige Unternehmen immer gemeinsam ausführten.[91]

Was Diego de Landa hier über die postklassischen Maya in Yukatan schildert, gilt auch für die klassische Zeit: Voraussetzung für die Kultur der Maya und das luxuriöse Leben der Herrscher war eine hochentwickelte Landwirtschaft. Die prachtvollen Tempel- und Palastbauten der Maya waren nur möglich, weil man in der Landwirtschaft eine Überproduktion erzielte, sodass ein Teil der Arbeitskräfte »frei« wurde und für die Belange und Ansprüche der Herrscher einsetzbar war. Grundlage der Maya-Wirtschaft war und ist bis heute in erster Linie der landwirtschaftliche Anbau vor allem der drei wichtigsten Grundnahrungsmittel Mesoamerikas: Mais, Bohnen und Kürbis. Das zweite »Standbein« war der Handel sowohl regional innerhalb des Maya-Gebietes als auch überregional bis Zentralmexiko einerseits und Panama andererseits. Ein wichtiger Aspekt ist zudem, dass die Wirtschaft in einem religiösen Kontext zu sehen ist. Denn aus Sicht der Maya hing eine florierende Landwirtschaft von der Unterstützung des Regen- und des Maisgottes ab, d. h. die Voraussetzungen dafür waren Regen und das Gedeihen des Maises. Diese Hilfe der Götter sicherte man sich durch entsprechende Riten und Gebete. Noch heute führen die Maya entsprechende Rituale für den Regengott durch, um die Fruchtbarkeit der Felder zu erbitten.

90 Dieser Abschnitt beschränkt sich auf die Kennzeichen und Methoden der Wirtschaft, eine detaillierte Beschreibung der für die Wirtschaft relevanten Pflanzen und Tiere s. S. 26.

91 Diego de Landa 2017, 56 f.

Was uns heute fast unmöglich erscheint, gelang den Maya: Im tropischen Regenwald konnten sie Sümpfe trockenlegen, Land urbar und auf diese Weise fast vollständig für die Landwirtschaft nutzbar machen. In Gebieten, in denen es zu wenig Niederschlag gab, sicherten sie sich eine ganzjährige Wasserversorgung durch die Anlage von Wasserspeichern, in Gebieten mit viel Niederschlag regulierten sie die Wasserfluten durch die Anlage von Kanälen oder Dämmen. Die Art und Weise der Landwirtschaft war je nach Region und Zeitepoche unterschiedlich. Denn die Siedlungsgebiete der Maya unterschieden sich – wie bereits ausgeführt – geografisch sehr vom Hochgebirge bis zum tropischen Regenwald. Mit der Entstehung von städtischen Zentren und dementsprechendem Bevölkerungswachstum kam es nicht nur zur immer intensiveren Nutzung der landwirtschaftlichen Anbauflächen, sondern auch zur Weiterentwicklung von landwirtschaftlichen Techniken.

Kennzeichnend für die landwirtschaftliche Anbauweise nicht nur der Maya, sondern in ganz Mesoamerika, ist das sogenannte **Milpa-System.** *Milpa* (Nahuatl = »Feld«) bezeichnet dabei ein Feld, dass durch Brandrodung nutzbar gemacht wurde und auf dem nicht nur eine, sondern mehrere Pflanzenarten (Mais, Bohnen, Kürbis und andere) angebaut werden. Bis heute wird das Milpa-System praktiziert, allerdings im Unterschied zur vorspanischen Zeit oft als Monokultur, bei dem man zum Beispiel ausschließlich Mais anbaut. Beim Brandrodungsfeldbau werden die Bäume eines Waldstückes gerodet, danach verbrannt und die Asche wird dann als Dünger für den Feldanbau genutzt. Dabei ist es wichtig, dass die Brandrodung zur richtigen Zeit erfolgt, nämlich unmittelbar vor der Regenzeit. Bei einer zu frühen Brandrodung würde die als Dünger fungierende Asche buchstäblich vom Winde verweht, und bei einer Brandrodung während des Regens würde mehr Rauch als Asche beim Verbrennen entstehen. Die *Milpa*-Methode garantiert für ca. drei Jahre einen ertragreichen Anbau. Dann ist eine Ruhezeit von ca. fünf Jahren notwendig, damit der Boden sich regeneriert. Danach wird der Boden wieder landwirtschaftlich genutzt. Die Ruhezeit ist dabei zu kurz, als dass der ursprüngliche Hochwald nachwachsen könnte, es wachsen nur Niedrigwald und Büsche nach. Es müssen mehrere Landflächen gleichzeitig und nacheinander gerodet werden, um einen Wechsel ohne Unterbrechungen zu garantieren. Auf dem *Milpa*-Feld werden in Mischkultur Mais, Bohnen und Kürbis angebaut. Das erscheint uns, die wir Monokulturen gewohnt sind, chaotisch, ist aber effektiver als der Anbau nur einer Pflanze. Der Mais bietet den Bohnen eine Rankhilfe und die Bohnen versorgen den Mais mit dem benötigten Stickstoff. Die Kürbisse mit ihren großen Blättern schützen den Boden vor zu großem Sonneneinfall bzw. Austrocknung sowie vor zu starkem Regen, und verhindern so die Erosion des Bodens. Auf diese Weise garantiert das Milpa-System insgesamt eine effektive, d. h. ertragreiche und relativ sichere Ernte. Der Feldbau erfolgt bis heute oft mit dem Pflanzstock, der den Boden nicht so stark zerstört wie der Pflug und somit ökologisch effektiver ist. Von Mitte Januar bis April wird der Boden vorbereitet und – so Diego de Landa –, »wenn der Regen beginnt, bringen sie die Saat in den Boden; hierfür tragen sie einen kleinen Sack auf dem Rücken, und mit einem spitzen Stock graben sie ein Loch in die Erde, sie legen fünf oder sechs Körner hinein, die sie mit demselben Stock zuschütten. Ein erstaunlicher Anblick ist es, wie die Pflanzen sprießen, sobald es regnet.«[92]

Je nach Region wurden unterschiedliche **Anbauweisen** praktiziert. In Bergregionen wurde an den Berghängen Terrassenfeldbau betrieben und dadurch eine größere Anbaufläche erreicht. Für diese Terrassenfelder schüttete man Erde auf. An den unteren Grenzen der Felder errichtete man jeweils Mauern, die nicht nur als Stütze und Schutz vor Erosion dienten, sondern auch für eine gleichmäßige Verteilung des Regenwassers sorgten. Zur Weiterleitung des Wassers wurden aber ebenso Kanäle angelegt. Durch den Terrassenfeldbau konnte man selbst sehr steile Berghänge bewirtschaften. In den von Flussüberschwemmungen heimgesuchten Feuchtgebieten des Tieflandes legte man inselartige Felder, sogenannte Hochäcker an. Diese Hochäcker entstanden, indem man Erde in Wasserflächen aufschüttete und diese Anlagen dann durch Kanäle regulierte. Zur Ableitung des überschüssigen Wassers legte man Drainagen an. Schließlich ist der Anbau im eigenen Garten zu erwähnen: In den

92 Ebd., 65.

Städten und Dörfern hatten die meisten Wohnhäuser einen Garten. Mit zunehmender Entfernung vom Stadtzentrum wurden die Abstände zwischen den Häusern immer größer, sodass oft genügend Platz nicht nur für den Anbau von Mais, Bohnen, Kürbis, Kakao oder Gewürz- und Heilkräutern, sondern auch von Nutzbäumen wie dem Amapola- oder Brotnussbaum vorhanden war. Man spricht deshalb von den »Gartenstädten« der Maya. Archäologisch eindeutig und anschaulich nachgewiesen wurden solche Gärten bei der Ausgrabung des Dorfes Joya de Cerén (El Salvador), das 590 n. Chr. von einem Vulkanausbruch zerstört wurde.

Neben dem landwirtschaftlichen Anbau nutzten die Maya das große Angebot an Früchten im Regenwald, wie zum Beispiel die des Avocadobaumes, des Papayabaumes oder der Schwarzen Sapote. Der Wald lieferte Holz, das primär als Brennstoff zum Kochen der Speisen wichtig war, aber ebenso für die Herstellung von Keramik und Stuck sowie für den Hausbau. Dafür wurden im Zuge des Bevölkerungswachstums und dem damit verbundenen größeren Holzverbrauch teilweise so große Waldteile abgeholzt, dass man von einer regelrechten Umweltzerstörung und entsprechend gravierenden Folgen sprechen kann. Bestes Beispiel dafür ist die Stadt Copán, wo die Abholzung der Wälder nachweislich einer der Faktoren war, die zum Untergang der Stadt geführt hatten.[93]

An **Haustieren** gab es nur Hund, Truthahn und Bienen. Die Jagd mit Speeren, Blasrohr oder Fallen auf Rehwild, Kaninchen und diverse Vögel sowie – an den Meeresküsten – der Fang von Fischen, Muscheln und anderen Meerestieren sorgten aber für einen abwechslungsreichen Speiseplan.

Ein wichtiger Ort des regionalen und alltäglichen **Handels** waren die Märkte, wie schon Landa feststellte: »[...] und auf den Märkten handelten sie mit allem, was dieses Land gab. Sie borgten, verliehen und bezahlten höflich und ohne Wucherzinsen.«[94] Diese Märkte spielen bis heute eine bedeutende Rolle nicht nur im Handel, sondern generell im sozialen Alltagsleben der Maya. Das überregionale Handelssystem bzw. der Fernhandel der Maya

93 s. S. 85.
94 Diego de Landa 2017, 4.

reichte bis zur Golfküste Mexikos sowie bis Zentral- und Westmexiko und andererseits bis Panama. Gehandelt wurden Gebrauchs- und Luxusgüter, Lebensmittel, Sklaven sowie die Rohstoffe für eine Reihe der Konsumgüter. Zu den Gebrauchsgütern zählten zum Beispiel Keramik, Werkzeuge oder Kleidung. Transportiert wurden die Handelsgüter zu Fuß oder mit Booten auf Flüssen, Seen und auf dem Meer. Lasttiere fehlten, wie schon Landa es formulierte: »Ihre Maultiere und Ochsen sind die Menschen.«[95] Ging man zu Fuß, trug man die Last in Tragkörben auf dem Rücken, unterstützt von einem Kopfband für den Korb und mit einem Gehstock. Dargestellt ist so eine Szene des Warentransportes auf dem Wandgemälde eines Tempels in Calakmul.[96]

Vom Handel übers Meer haben wir einen Bericht der ersten spanischen Augenzeugen: Kolumbus und seine Mannschaft trafen, wie sein Sohn Hernando berichtet, auf ihrer vierten Entdeckungsfahrt 1502 an der Küste von Honduras auf ein Handelsboot der Maya –

> »ein Kanu, so groß wie eine Galeere und acht Fuß[97] breit, aus einem einzigen Stück [...] In der Mitte hatte es ein Dach aus Palmblättern ähnlich wie die Gondeln von Venedig [...] zum Schutz derer, die sich darunter befanden [...] vor Regen und Unwetter. Unter diesem Dach befanden sich die Kinder der Frauen, die Möbel und die Handelswaren [...] wie einige Decken und Hemden aus Baumwolle, ohne Ärmel, gewebt und mit verschiedenen Farben gefärbt, Handarbeiten, einige Lendenschurze der gleichen Art, mit denen sie ihre Scham bedecken, einige Decken mit denen sich die Indianerinnen des Kanus zudeckten. Als Proviant hatten sie einige Wurzeln und Körner [...] und viele Mandeln[98], dass sie in Neuspanien als Geld verwenden. Diese schätzten sie als sehr wertvoll ein, denn als [...] sie merkten, dass einige dieser Mandeln zu Boden fielen, bemühten sie sich diese aufzulesen als wären es ihre Augäpfel.«[99]

95 Ebd., 64.
96 s. S. 72.
97 1 Fuß = ca. 30 cm.
98 Gemeint sind Kakaobohnen.
99 Hernando Colón 1749, 104, dt. Übers. U. Peters.

Während die einfache Bevölkerung Tauschhandel betrieb, waren Kakaobohnen ebenso wie Jade, Spondylusmuscheln, Obsidian, aber auch Salz, Baumwollstoffe oder besonders kunstvoll gestaltete Keramik das Zahlungsmittel der gesellschaftlichen Elite. Diese Luxusgüter waren gleichzeitig Handelsgüter und als solche bei der High Society in Zentralmexiko sehr beliebt. Luxus- und Gebrauchsgüter sowie jeweils ein gewisser Teil der Ernteerträge waren als Tribut bzw. Steuer an den Herrscher und den Adel abzuliefern. Während von den Azteken detaillierte Tributlisten erhalten sind, wissen wir über das Tribut- und Steuerwesen der klassischen Maya-Zeit wenig.

»Von der erregenden Wirkung der Denkmäler«: Kunst und Handwerk

Von der erregenden Wirkung der Denkmäler selbst, wie sie so dastehen in der Tiefe eines tropischen Waldes, schweigend und feierlich, von fremdartigem, wundersamen Entwurf, prächtig gemeißelt, reich an Schmuck, abweichend von den Bildwerken aller anderen Völker [...] *– von dieser Wirkung, sage ich, werde ich mir nicht anmaßen, eine Vorstellung zu vermitteln.*[100]

So John Lloyd Stephens über seine Entdeckung der Stelen von Copán[101], die in der Tat zu den Meisterwerken der Maya-Kunst gehören. Dabei muss man sich bewusst sein, dass die Maya die Kunst ausschließlich in einem religiösen Kontext sahen, während im Unterschied dazu bei uns die Ästhetik eine entscheidende Rolle spielt. Zum einen wurde ein großer Teil der Kunstwerke für rituelle Zwecke hergestellt, vom Tempelgebäude über Götterbilder bis hin zur Keramik, die bei bestimmten Riten Verwendung fand, zum Beispiel als Weihrauchgefäße oder als Grabbeigabe. Zum anderen stellen die Kunstwerke vorwiegend religiöse Themen dar, wie zum Beispiel mythologische oder rituelle Szenen sowie Darstellungen von Gottheiten. Selbst die Darstellungen der Herrscher und der

100 John Lloyd Stephens 1980, 78.
101 s. S. 83.

Ereignisse während ihrer Regierungszeit sind in einem religiösen Kontext zu sehen, zum Beispiel die Inthronisation oder die Darbringung von Blutopfern. Und schließlich wurden nicht nur einige Materialien wie Jade als numinos bzw. heilig angesehen, sondern ebenso die Kunstwerke selbst. Sogar die Herstellung von Götterbildnissen war ein religiöser bzw. ritueller Vorgang, wie Diego de Landa von den postklassischen Maya in Yukatan berichtet:

> »Eine Sache, die diese armen Leute für äußerst schwierig und mühselig hielten, war, Götzenbilder aus Holz herzustellen, was sie ›Götter schaffen‹ nannten; und daher hatten sie eine besondere Zeit bezeichnet, um sie zu schaffen und dies war der Monat *Mol* oder auch ein anderer, wenn der Priester ihnen sagte, dass dies genüge. Diejenigen, die diese Götzenbilder machen wollten, konsultierten zuerst den Priester, und nachdem sie sich bei ihm Rat geholt hatten, gingen sie zu jenem, dessen Amt es war, sie herzustellen, und sie sagen, dass diese Handwerker sich immer entschuldigen, weil sie fürchteten, dass sie oder ein Familienangehöriger sterben oder sie tödliche Krankheiten heimsuchen müssten. Wenn sie ihr Einverständnis erklärten, so begannen die *Chaces*, die sie auch hierfür wählten, der Priester und der Handwerker mit dem Fasten. Während sie fasteten, holte derjenige, dem die Götzenbilder gehören sollten, selbst oder mit Hilfe von anderen im Wald das Holz, das immer Zedernholz war.«[102]

Danach wurde eine Strohhütte errichtet, in der sie alles Nötige für die Herstellung unterbrachten. Dann »schlossen sich die *Chaces*, der Priester und die Handwerker ein. Und sie begannen ihr Werk, Götter zu schaffen, wobei sie sich häufig in die Ohren schnitten, jene Teufel mit dem Blut bestrichen und ihren Weihrauch vor ihnen verbrannten; und so harrten sie aus bis zum Ende, während man sie mit Essen und dem Notwendigsten versorgte. Und sie durften nicht mit ihren Frauen verkehren und nicht einmal an sie denken; es durfte sogar kein anderer zu jenem Ort kommen, wo sie waren«.[103]

---

102 Diego de Landa, 155 f.
103 Ebd., 156 f.

Alle Monumentalbauten der Maya wurden ohne Werkzeuge aus Metall errichtet, nur mit Werkzeugen aus Stein, d. h. mit Messern und Äxten aus Feuerstein und Obsidian. Zum anderen fehlten Zug- und Reittiere wie Pferd oder Esel. Nicht zuletzt deshalb verwendete man keine Räder[104]. Sowohl das Fehlen von Metallwerkzeugen als auch von Zugtieren erschwerte ein Bauvorhaben erheblich und setzte die Freistellung entsprechend vieler Arbeiter voraus.

Die Wohnhäuser der einfachen Bevölkerung und die Prachtbauten der High Society in den **Städten** hatten dasselbe Grundriss-Schema, nämlich die sogenannte Hofgruppe. Dabei gruppierten sich mehrere Häuser bzw. Gebäude um einen Innenhof. Diese Hofgruppen wurden auf Plattformen aus Lehm oder – vor allem im Tiefland – aus Stein errichtet, um die Gebäude vor eindringendem Wasser zu schützen. Die Gebäude der Stadtzentren wurden meist aus Kalkstein errichtet, je nach regionalen Vorkommen aber auch aus Tuffstein wie in Copán oder Sandstein wie in Quirigua. Das Stadtzentrum bestand aus großen rechteckigen, gepflasterten und mit Kalkmörtel überzogenen Plätzen, um die sich Tempel, Paläste und andere Gebäude wie Wohngebäude der Oberschicht, Speichermagazine, Schwitzbäder gruppierten. Jede größere Stadt verfügte über einen Ballspielplatz. Das Stadtzentrum war durch eine Abwasserkanalisation vor Überschwemmungen in der Regenzeit sowie vor Trinkwassermangel in der Trockenzeit durch Wasserreservoirs gesichert. Alle Gebäude waren farbig, meist rot bemalt und mit Reliefs, Stuckmasken oder Wandgemälden geschmückt.

Sowohl die einzelnen Stadtteile als auch die Städte untereinander waren durch ein **Straßensystem** verbunden. Eine solche fünf bis zehn Meter breite Straße (*sakbe* = »weißer Weg«, Pl. *sakbeoob*) wurde angelegt, indem man eine Geröllschicht aus kleinen Steinen zwischen zwei Begrenzungsmauern aufschüttete und diese mit Kalkmörtel überzog. Solche Straßen ermöglichten einerseits einen besseren Transport von Handelswaren, andererseits den Austausch diplomatischer Beziehungen und erwiesen sich zudem im Kriegsfall von Vorteil. Zudem dienten sie auch als Prozessionsstraßen für

104 Allerdings war das Rad in Mesoamerika nicht unbekannt, wie Tonfiguren zeigen.

rituelle Zwecke. Sie konnten durchaus über 100 km lang sein, wie zum Beispiel die Straße zwischen Cobá und Yaxuná.

Nicht selten wurden und werden die **Pyramiden** der Maya mit denen des Alten Ägyptens verglichen. Wie im Alten Ägypten waren auch bei den Maya die meisten Pyramidenbauten Grabstätten ihrer Herrscher. Allerdings bestehen auch gravierende Unterschiede: nicht nur, dass beide Kulturen ihre Bauten zu unterschiedlichen Zeiten errichteten, die Maya-Pyramiden dienten zudem als Basis für Tempel, die auf ihnen errichtet wurden. Diese waren meistens aus Holz und haben sich im Unterschied zu den Pyramiden aus Stein nicht erhalten.

Die Pyramidenbauten waren gestuft und innen meist mit aus diversen Steinen bestehendem Schüttmaterial aufgefüllt. Außen waren sie mit Kalk verputzt, farbig bemalt und nicht selten mit Stuckreliefs geschmückt. Der Kalk für die Stuckreliefs wurde in Schichtöfen gebrannt. Ein besonderes Kennzeichen war die Überbauung von Pyramiden – sozusagen nach dem Prinzip der russischen »Puppe in der Puppe«. So war es durchaus üblich, dass ein Herrscher über die Grabkammer des Dynastiegründers oder seines Vorgängers einen Tempel zu dessen Ehren errichtete, der dann wiederum von seinem Nachfolger durch einen weiteren vergrößert wurde. Weiter charakteristisch für etliche Tempelgebäude sind Dachkämme, die das ganze Gebäude höher erscheinen ließen und die ebenfalls mit Stuck versehen sowie farbig bemalt waren. Für die Puuc-Region sind Tempeleingänge in Form eines Schlangenmaules typisch.

Ein weiteres typisches Kennzeichen der Maya-Gebäude ist das **»falsche Gewölbe«**, auch Kraggewölbe genannt. Dieses wird – im Unterschied zum echten Gewölbe oder Rundbogen, die beide bei den Maya-Bauten nicht vorkommen – durch auskragende bzw. aufeinander zugeschobene Steinplatten gebildet und durch einen größeren Stein abgeschlossen. Ein falsches Gewölbe ist steil, da es seine Stabilität durch massive Außenmauern erhält. Dadurch sind die Räume entsprechend schmal.

Zur Monumentalkunst der Maya zählt außerdem der Architekturschmuck in Form von Fassadenschmuck wie Reliefplatten, Steinköpfen von Gottheiten oder Türstürzen beispielsweise. Aus

Tikal sind drei Türstürze aus Holz aus dem Tempel I und IV erhalten, die in Abbildungen und Inschriften von den Siegen der Herrscher Yich'aak K'ak und Yik'in Chan K'awiil berichten. Die Türstürze befinden sich heute im *Museum der Kulturen Basel*. Sie sind insofern etwas Besonderes, weil sie zu den wenigen Maya-Kunstwerken aus Holz gehören, die sicht trotz des feuchtwarmen Klimas bis heute erhalten haben. Die bekanntesten Beispiele der Monumentalkunst der Maya sind die Stelen, die meist Herrscher darstellen und auf Inschriften über die besonderen Ereignisse ihrer Regierungszeit berichten.

Buchstäblich wahre Kunstwerke schufen die Maya im Bereich der **Keramik**, vergleichbar durchaus mit den Keramiken der Alten Welt und das, obwohl die Maya keine Töpferscheibe kannten. Keramikobjekte gab es je nach ihrer Funktion in unterschiedlichster Art. So wurde Ess- und Trinkgeschirr für den einfachen Gebrauch im Alltag, für festliche Anlässe, als Luxusgut oder Opfergabe hergestellt. Als Opfergaben dienten ferner Deckelgefäße, Tonfiguren oder Weihrauchgefäße in Form von Schalen oder Götterfiguren. Die einfache Bevölkerung verwendete für den Alltag einfaches Ess- und Trinkgeschirr. Bei der Oberschicht dagegen war aufwendig bemaltes und verziertes Keramikgeschirr in Gebrauch, sowohl bei den täglichen Mahlzeiten als auch bei großen Festen. Zudem diente es als Luxushandelsgut und als Geschenk, mit dem der Herrscher (Ver-)Dienste von Adligen, den Herrschern von Vasallenstädten und anderen belohnte.

Die Künstler dieser Luxuswaren stammten aus der Oberschicht, und waren gesellschaftlich hoch angesehen. Sie lebten an den Maya-Höfen, hatten dort ihre Werkstätten, eigene Gottheiten als Schutzpatrone und eine eigene Tracht. Diese Werkstätten prägten jeweils eigene Malstile aus: Bekannte Maler signierten ihre Keramik und ihre Schüler übernahmen ihren Malstil – ähnlich wie in der europäischen Kunst. Die Keramikstile unterschieden sich je nach Zeit und Region. So stammen aus der Zeit der Frühen Klassik, als Teotihuacán politisch maßgebend war, die für diese Stadt typischen großen, zweiteiligen Weihrauchgefäße. Der obere Teil stellt dabei eine Maske bzw. einen Kopf mit riesigem Kopfschmuck dar. Ebenso aus der Frühen Klassik stammen schwarze Weihrauchgefäße sowohl in Form einer Figur als auch von Deckelgefäßen mit eingeritzten geometrischen Verzierungen. Zum anderen gibt es aus der Frühen Klassik Deckelgefäße mit rötlicher, cremig-weißer und schwarzer Bemalung. Dabei sind am Gefäßrand stilisierte Schlangenköpfe dargestellt und der Knauf des Deckels ist in Tierkopfform gestaltet, zum Beispiel in Form eines Vogels, Hirsches oder Jaguars. Für die Spätklassik ist mehrfarbige Keramik typisch, die sich in ihrer künstlerischen Qualität durchaus mit der des antiken Griechenlands messen kann. Ein Spezifikum ist die vor allem in Calakmul und im Mirador-Becken verbreitete Keramik im Codex-Stil der Spätklassik, so genannt wegen der stilistischen Ähnlichkeit mit den Codices. Bei dieser sind auf Tellern, Bechern oder Vasen auf beigefarbenem Untergrund Schriftglyphen und mythologische Szenen in schwarzer und roter Farbe dargestellt. Die Texte auf einer Reihe von Vasen berichten über Ereignisse der Herrscherdynastie von Calakmul. Auch Tikal und Uaxactún zeichneten sich in der Spätklassik durch einen besonderen Stil aus: Teller, die auf orangefarbenem Grund die Figur eines Tänzers mit ausgebreiteten Armen (wahrscheinlich der Maisgott) in einem Kreis von Pseudoschriftzeichen in roter und schwarzer Farbe darstellen. Im Tal von Sula (Honduras) wurden in der Spätklassik Flöten diverser Art in Form von Menschen oder Tieren hergestellt. Schließlich sind noch die realistisch dargestellten Tonfiguren der Insel Jaina zu erwähnen.[105]

Da eine Töpferscheibe fehlte, wurden die Gefäße in Spiralwulsttechnik hergestellt: Man fertigte aus dem Ton zunächst Spiralwülste, die man bei Tellern nebeneinander oder bei Bechern übereinander zusammenfügte. Das Ganze wurde erst luftgetrocknet und dann mit Engobe, einem Gemisch aus Tonmineralmasse und Wasser, beschichtet. Anders als eine Glasur, die den Maya unbekannt war, eignete sich eine Engobe-Schicht besser für eine feinere Bemalung. Danach konnte man die Keramik mit ebenfalls aus Engobe hergestellter schwarzer, roter, weißer, brauner oder gelber Farbe bemalen oder nach dem Brand in sogenannter Fresko- oder Frischmalerei, bei der man auf die mit Löschkalk erstellte Malgrundlage mehr, d. h. auch grüne oder blaue Farben auftragen konnte. Die Technik

105 s. S. 101.

der Freskomalerei wurde vor allem in der Frühen Klassik und in der Postklassik angewendet. Gemalt wurde mit unterschiedlich dicken Pinseln aus Tierhaaren oder Agavenfasern. Eine weitere Möglichkeit der Verzierung war statt der Malerei das flachreliefartige Einritzen von Darstellungen und Motiven. Die Keramik wurde schließlich im offenen Feuer im Freien gebrannt, Brennöfen hat man bisher nicht gefunden.

Was für uns der Goldschmuck ist, war bei den Maya der **Jadeschmuck**. Während es im Maya-Gebiet kaum Goldarbeiten gab, hatte Jade für die Maya nicht nur einen materiellen Wert als Luxus- und Handelsgut, sondern auch einen religiösen Wert. Denn es wurde aufgrund seiner grünen, den Pflanzen entsprechenden Farbe dem Maisgott zugeordnet und war damit ein Symbol für Leben. Mit Jade bezeichnet man unterschiedliche Gesteinsarten bzw. Mineralien, vor allem Nephrit und Jadeit. In Mesoamerika kommt Jade nur als Jadeit, nicht als Nephrit vor. Im weitesten Sinne gelten für die mesoamerikanischen Kulturen darüber hinaus Steine mit Grünfärbung wie Albit oder Diopsid als Jade. Das gesamte in Mesoamerika verarbeitete Jadeit stammte aus dem Tal des Río Motagua. Schon die Olmeken, später auch Teotihuacán und die anderen Kulturen Mesoamerikas importierten Jade aus dem Maya-Gebiet. Die Jadeitblöcke bearbeitete man mit flachen, harten Holzstücken, Schnüren sowie Bohrern aus Holz oder Vogelknochen sowie mit entsprechenden Schleifmitteln wie Obsidianpulver oder Sand. Das Ergebnis ist von der Qualität her durchaus mit der Jadekunst des Alten China zu vergleichen – mit dem Unterschied, dass in China Eisenwerkzeuge für die Verarbeitung von Jade zur Verfügung standen. Jade wurde einerseits für Schmuck, andererseits für Opfer- und Grabbeigaben verwendet. So wurden Ketten, Pektorale, Ohrpflöcke, Anhänger, Arm- und Fußbänder, Gürtel sowie Einzelteile der Kleidung als Jadeschmuck hergestellt. Totenmasken mit Porträts des Verstorbenen oder von Gottheiten, Statuetten, Gefäße und ebenso Schmuck aus Jade brachte man als Opfer dar oder gab diese dem Verstorbenen mit ins Grab. Ein bekanntes Schmuckstück ist die sogenannte Leidener Plakette, die sich heute im niederländischen *Reichsmuseum für Völkerkunde* in Leiden befindet. Sie wurde an der Karibikküste Guatemalas in der Nähe von Puerto Barrios gefunden. Man vermutet, dass sie aus Tikal stammt. Die Plakette, vielleicht ein Gürtelschmuck, ist 21 cm lang, ca. 8 cm breit und ca. 1,5 cm dick. Auf der einen Seite ist ein Maya-Herrscher mit Zepter und großem, aus Masken bestehendem Kopfschmuck abgebildet. Vor ihm auf dem Boden liegt ein gefesselter Kriegsgefangener. Auf der anderen Seite befindet sich eine Inschrift mit dem Datum der Langen Zählung 8.14.3.1.12 (17. September 320 n. Chr.), dem Datum der Inthronisation eines Herrschers namens Null-Mond-Vogel. Dieser Name taucht aber nicht in der Herrscherliste von Tikal auf, sodass die Herkunft der Plakette aus Tikal nicht eindeutig belegt ist. Die Totenmaske aus Grab 160 in Tikal aus der Zeit der Spätklassik gilt als eine der schönsten ihrer Art: Sie ist mosaikartig aus vielen Plättchen zusammengesetzt und besteht größtenteils aus dem grünlichen Stein Diopsit, die Ohrpflöcke sind aus Jadeit. Die roten Lippen und roten Glyphen des Kopfschmuckes sind aus roten Muschelschalen, die lebendig wirkenden Augen aus Perlmutt und die Pupillen aus schwarzem Pyrit. Der Künstler erzielte ausdrucksstarke, strenge Gesichtszüge. Ähnlich wie aus Jade gibt es auch Schmuckstücke, Figürchen und Plaketten aus Muscheln. Zu erwähnen sind ferner uns seltsam erscheinende Geräte aus Feuerstein, sogenannte »**exzentrische Flints**«, in abstrakter oder figürlicher Form, die als als Opfergabe dienten.

Textilien haben sich aus der klassischen Zeit aufgrund des feuchtwarmen Klimas bis auf einige Funde von Stoffresten (zum Beispiel in Río Azul) keine erhalten. Gewebte Stoffe dienten zur Herstellung von Bekleidung und Decken. Sie wurden einerseits für den Eigengebrauch, andererseits als Handelsware oder Tributleistung verwendet. Das Spinnen und Weben war Aufgabe der Frauen. Ix Chel, die Mond- und Fruchtbarkeitsgottheit war auch die Göttin der Webkunst. Mit einem Spindelstab, der mit einem aus Vogelknochen bestehenden Spinnwirtel versehen war, wurde die Baumwolle zu Fäden gesponnen und anschließend gefärbt. Gefärbt wurde zum Beispiel mit dem aus den Pflanzen der Gattung Indigofera hergestellten Indigo, mit dem aus der Cochenille-Laus stammenden Karmin-Farbstoff oder der aus der Purpurschnecke gewonnenen violetten Farbe. Der Webstuhl bestand aus einem sogenannten Rückenband- bzw. Hüftwebrahmen. Dabei ist das eine Ende des Webstuhls am Gürtel der Weberin, das andere Ende an einem Baum befestigt, wie man es heute noch sieht. Die so hergestellten Stoffe besaßen schon fertige Ränder, die nicht extra genäht werden mussten. Es gab keine maßgeschneiderte Kleidung, denn man trug diese einfach um den Körper gewickelt.

Als **Musikinstrumente** sind vor allem Trommeln und Pfeifen zu nennen. Landa beschreibt folgende Instrumente der postklassischen Maya in Yukatan:

> »Sie haben kleine Trommeln, die sie mit der Hand schlagen, und eine weitere, die dumpf und traurig klingt und die sie mit einem länglichen Stab schlagen [...]; und sie haben große und dünne Trompeten aus hohlen Baumstämmen, an deren Ende lange und gekrümmte Kalabassen angebracht sind; sie haben ein weiteres Musikinstrument aus der Schale einer ganzen Schildkröte [...].
> Sie haben Pfeifen aus den Röhrenknochen von Hirschen, große Schneckentrompeten und Rohrflöten, und mit diesen Instrumenten spielen sie den Tanzenden auf.«[106]

Von den **Tänzen** beschreibt Landa einen »sehenswerten« wie folgt:

> »Hierfür findet sich ein großer Kreis von Tänzern zusammen, wozu Musik erklingt, und in deren Takt treten zwei aus dem Kreis heraus: Der eine trägt ein Bündel Wurfpfeile und tanzt mit ihnen in aufrechter Haltung; der andere tanzt hockend, wobei beide dem Takt des Kreises folgen; und der eine schießt die Wurfpfeile mit ganzer Kraft auf den anderen ab, während dieser sie sehr geschickt mit einem kleinen Holzstab abfängt. Nachdem alle Pfeile verschossen sind, tanzen sie dem Takt folgend in den Kreis zurück, und andere treten heraus, um das gleiche zu tun.«[107]

106 Diego de Landa 2017, 63 f.
107 Ebd., 63.

Schrift, Kalender und Bücher der Maya

Eine Schrift aus Wörtern und Silben

Diese Leute gebrauchten auch bestimmte Schriftzeichen oder Buchstaben, mit denen sie in ihren Büchern ihre alten Geschichten und ihre Wissenschaften aufschrieben, und durch sie, die Bilder und einige Zeichen an den Bildern verstanden sie ihre Angelegenheiten, machten sie anderen begreiflich und lehrten sie.[108]

So Diego de Landa 1566 in seinem *Bericht aus Yukatan*. Ihm ist es letztlich zu verdanken, dass wir die Maya-Schrift sowie die Kalenderzeichen heute weitgehend lesen können, obwohl er andererseits als übereifriger Missonar viele Bücher der Maya vernichtete. Das sogenannte Landa-Alphabet war der Schlüssel zur Entzifferung der Maya-Hieroglyphen. Dazu später ausführlicher. Die wichtigsten Merkmale einer Hochkultur sind Schrift, Zahlen und Kalender. Die meisten Kulturen Mesoamerikas erfüllten diese , aber die Maya waren allen anderen Kulturen des vorspanischen Amerikas in dieser Beziehung voraus. Denn ihr Schrift- und Kalendersystem erreichte die höchste Entwicklungsstufe im vorspanischen Amerika.

Die Maya-Schrift ist den Schriftsystemen der Alten Welt ebenbürtig. Allerdings ist sie nicht wie unsere eine aus einzelnen Buchstaben bestehende Alphabetschrift, sondern eine aus Silben und Wörtern bestehende, sogenannte logosyllabische Schrift. Sowohl die Alphabetschrift als auch die logosyllabische Schrift geben einen Sprachcode wieder. Im Unterschied dazu ist die aus Bildern und/oder Symbolen bestehende piktografische Schrift wie zum Beispiel die der Azteken nicht an eine Sprache gebunden und daher über Sprachgrenzen hinaus sozusagen international verständlich. Erst in

108 Ebd., 160.

den letzten Jahrzehnten konnte man die Maya-Schrift weitgehend entziffern. Lange Zeit stufte man sie als rein piktografische Schrift ein, da sie ähnlich wie die altägyptische Schrift bildhafte Zeichen verwendet. Daher die Bezeichnung »Hieroglyphen«[109] und dementsprechend bestand selbst in der Forschung das Vorurteil, dass sie somit keine vollwertige Schrift im eigentlichen Sinne sei.

Maya-Schrift und -Texte sind uns heute vor allem einerseits auf Steinmonumenten wie Stelen, auf Wänden von Tempeln oder Palästen, Treppen, Altären oder Türstürzen sowie als Stuckformen erhalten, andererseits auf Keramikgefäßen sowie Schmuck und anderen kleineren Gegenständen. Schließlich sind noch die aus der Rinde eines Feigenbaumes hergestellten Bücher, die sogenannten Codices oder Handschriften zu nennen, von denen uns aber nur noch insgesamt vier erhalten geblieben sind. Die Entzifferung der Schrift der Maya, der »Hieroglyphen«, hat besonders in den letzten Jahrzehnten Fortschritte gemacht. Heute sind ca. 80 % der Maya-Hieroglyphen entziffert. Nach wie vor ungeklärt ist aber der konkrete Ursprung der Maya-Schrift. Die erste mesoamerikanische Kultur mit nachweisbarer Schrift ist die der Olmeken in der präklassischen Zeit. Schon früh finden sich im Maya-Gebiet an der Pazifikküste und im Hochland Schrifttexte auf Stelen und zwei Schriftsysteme: zum einen die Isthmus-Schrift[110], die vermutlich den Sprechern der Mixe-Zoque-Sprachen zuzuordnen ist, zum anderen ein wohl eher den Maya zuzuordnendes Schriftsystem. Das bislang erste erhaltene und datierbare Schriftdokument mit Maya-Hieroglyphen ist ein Stein aus der präklassischen Zeit um 300 v. Chr. aus San Bartolo (Dep. Petén, Guatemala) nahe Tikal. Dabei sind die Hieroglyphen bereits voll entwickelt, sodass der eigentliche Anfang der Maya-Schrift noch einige Jahrhunderte früher anzusetzen ist. Ebenfalls frühe Inschriften stammen aus

109 Mit Hieroglyphen (von griech. *hieros* = »heilig« und *glyphe* = »Eingeritztes«) bezeichnete man zunächst die ägyptische Schrift und später auch alle anderen ähnlichen Schriften mit bildhaften Schriftzeichen, ohne dass sie unbedingt den rein piktografischen Schriften zuzuordnen sind.

110 Die Isthmus-Schrift ist bisher so gut wie nicht entziffert und ihre Zuordnung zu einer Sprache ist auch unsicher. Schriftzeichen finden sich zum Beispiel auf Stele 2 von Tres Zapotes, der Stele 1 von Mojarra und der Stele 2 von Chiapa de Corzo.

Orten wie El Mirador, Tikal oder Uaxactún. Eine Blütezeit und weite Verbreitung erlebte die Maya-Schrift in der klassischen Zeit, vor allem auf Steinmonumenten und Gegenständen wie Keramik oder Schmuck und natürlich durch Bücher. In der postklassischen Zeit ist diesbezüglich ein gewisser Rückgang zu beobachten: Bis ins 17. Jh. hinein stellten nun Bücher das mehr oder weniger einzige Schriftmedium dar.

Mit logosyllabischen Schriftzeichen hatten die Maya also ein »gemischtes« Schriftsystem, in dem die Zeichen sowohl ganze Wörter als auch Silben repräsentieren, die miteinander kombiniert wurden. Insgesamt gab es ca. 800 Schriftzeichen, die meisten davon Wortzeichen (Logogramme). Die Silbenzeichen bestehen immer aus einem Konsonanten und einem Vokal. Durch die Kombination von 22 Konsonanten und 5 Vokalen ergaben sich insgesamt mindestens 110, möglicherweise aber an die 300 Silbenzeichen.[111] Mit ihnen drückte man nicht nur die Bedeutung eines Wortes aus, sondern konnte man auch die Aussprache anzeigen (sog. phonetische Komplemente) oder die Interpretation bzw. Lesung verdeutlichen (sog. Deutezeichen bzw. Determinative). Erschwerend beim Lesen der Maya-Hieroglyphen kommt allerdings hinzu, dass es verschiedene Schreibvarianten gab: Nicht nur ein Wort, sondern auch ein und dieselbe Silbe konnten mit mehreren bzw. verschiedenen Zeichen – nicht zuletzt auch bildhaft – dargestellt werden. Ein Beispiel ist das Wort *ajaw* (»Herrscher«, »König«), für das es drei Wortzeichen gab: der Kopf eines Herrschers, der Kopf eines Geiers oder ein abstraktes Wortzeichen. *Ajaw* konnte man ebenso nur mit Silbenzeichen (*a-ja-wa*) schreiben und schließlich auch in der Verbindung von Wort- und Silbenzeichen. Eine weitere Schwierigkeit war, dass ein und dasselbe Zeichen verschiedene Bedeutungen haben konnte: Ein Frauenkopf konnte »Frau« oder »Mutter« repräsentieren. Die genaue Bedeutung konnte man nur aus dem konkreten Kontext herauslesen. Es stellt sich die Frage, warum es die Maya-Schreiber dem Leser so schwierig machten? Es waren wohl rein ästhetische Gründe bzw. der künstlerische Ehrgeiz eines Schreibers, der nach dem Motto »je vielfältiger, virtuoser und

111 So Nikolai Grube 2020, 44.

prachtvoller, desto besser« vorging. So konnte ein Text kalligrafisch kunstvoll ohne Wiederholung derselben Zeichen gestaltet werden.

Die Hieroglyphen wurden in Doppelkolumnen angeordnet, die von oben nach unten und von links nach rechts gelesen werden. D. h. man beginnt mit der obersten Zeile der linken Kolumne und der Hieroglyphe links, liest dann die rechte Hieroglyphe und als nächstes die erste Hieroglyphe links eine Zeile tiefer usw. bis zum Ende der ersten Kolumne. Dann beginnt man mit der obersten Zeile der zweiten Kolumne wieder von links nach rechts.

Die Sprache, in der die Schriftdokumente der klassischen Maya-Epoche verfasst wurden, war das »klassische Maya«, ein Vorläufer der heutigen Ch'ol-Sprachen. Diese gehören zur Cholan-Tzeltalan-Sprachgruppe und bestehen aus den Sprachen Ch'ol, Chontal und Ch'orti'. Letztere zeigt die meisten Ähnlichkeiten mit dem »klassischen Maya«. Das »klassische Maya« war als Hochsprache in der klassischen Zeit im ganzen Tiefland verbreitet. Allerdings war es eine Sprache der gesellschaftlichen Elite, die sich von der der breiten Bevölkerung in gewisser Hinsicht unterschied.

Die Schrift diente in der klassischen Zeit vor allem der Darstellung und Legitimation von Herrschern sowie religiösen Zwecken. Die Hieroglyphentexte auf Steinmonumenten haben dementsprechend historischen Charakter und berichten zum Beispiel über die Geschichte und das Leben der Herrscher und ihrer Dynastien. Aber selbst historische Ereignisse, die schriftlich festgehalten wurden, sah man in einem religiösen Zusammenhang, denn nicht zuletzt galt der Herrscher als göttlich. Bei der Schrift auf Keramikgefäßen und Schmuck handelt es sich meist um die die Bildszenen begleitenden und erklärenden Texte sowie um Weiheformeln mit Namensangabe des Eigentümers und Herstellers. Die Weiheformeln auf den Keramikgefäßen sind als eigene Literaturgattung einzuordnen. Sie geben Auskunft über die rituelle Einweihung, die Art des Gefäßes (zum Beispiel Trinkgefäß), den Inhalt des Gefäßes (zum Beispiel Kakao), den Titel des Besitzers (zum Beispiel Ballspieler) und zum Teil auch über das Entstehungsdatum und den Künstler des Gefäßes. In keiner anderen vorspanischen Kultur Amerikas geben uns somit Keramikgefäße so viel Auskunft wie bei den Maya. Neben dieser Textart der Weiheformeln gibt es noch weitere Texte auf den Keramikgefäßen, die die dargestellten Abbildungen erklären.

Die einzigen vier uns erhaltenen Bücher bzw. Codices stammen aus der postklassischen Zeit.[112] Der Inhalt dieser von Priestern verfassten Bücher (zum Beispiel der Dresdner Codex) ist vor allem astronomisch-kalendarischer Art, bei dem es größtenteils um Wahrsagerituale geht. Die Schreiber nahmen als eigene Berufsgruppe eine gesellschaftlich hohe Stellung ein und wohnten in palastartigen Häusern, häufig in der Nähe der Herrscherpaläste. Es gab zwei affenartige Gottheiten (*Jun B'atz* und *Jun Chuwen*)[113], die als Schutzpatrone der Schreiber fungierten. Malereien der Maya zeigen die Schreiber meist mit einem Kopftuch, in das sie ihre Pinsel steckten.

Der Blick in die Zukunft: Kalender und Zahlen

Sie haben ein so vollkommenes Jahr wie das unsere.[114]

Schon Diego de Landa erkannte die Gleichwertigkeit des Maya-Kalenders, der einer der weltweit differenziertesten ist, mit den Kalendersystemen der Alten Welt. Wie bei der Maya-Schrift lieferte Landa uns auch im Fall des Zahlen- und Kalendersystems den Schlüssel für das Verständnis.

Eine Besonderheit, die das Zahlsystem der Maya im vorspanischen Amerika einzigartig macht, ist die Verwendung der Null. Eine Errungenschaft, mit der komplexe und umfangreiche Rechnungen möglich waren. Und eine Errungenschaft, die bei uns in Europa erst mit dem arabischen Zahlensystem im Mittelalter eingeführt wurde. Bis dahin rechnete man hier mit dem römischen Zahlensystem, das keine Null kennt.

Während wir insgesamt neun Zeichen und die Null verwenden, benutzten die Maya nur drei Zeichen für Zahlen: Einen Punkt für 1 (zwei Punkte für 2 etc.), einen Balken für 5 und die Muschel als

112 s. S. 160–165.
113 s. S. 184.
114 Diego de Landa 2017, 100.

Zeichen für die Null. Die Zahlen konnten aber nicht nur in dieser abstrakten Form dargestellt werden, sondern alternativ auch in Form von Kopfvarianten, d. h. als Kopf eines Menschen oder Tieres.

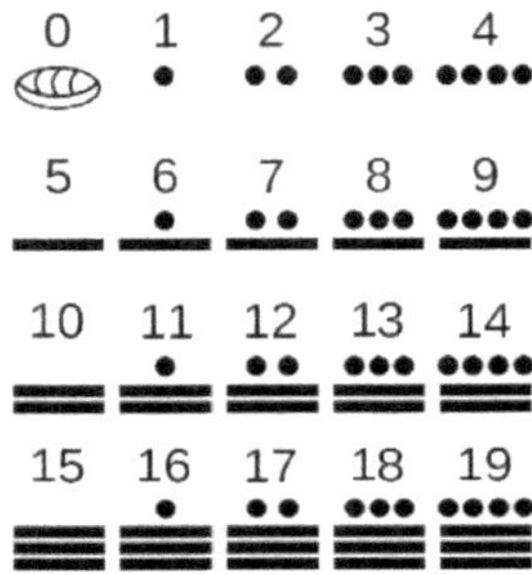

Das Zahlensystem der Maya war wie das unsere ein Stellenwertsystem, bei der der Zahlenwert von seiner Stelle abhängt. Dargestellt sei dies am Beispiel der Zahl 285: Der Stellenwert der Hunderter hat in diesem Fall den Wert 2 (= 200), der Stellenwert der Zehner den Wert 8 (= 80) und der Stellenwert der Einer den Wert 5 (= 5). Fügt man diese Werte zu einer Zahl zusammen, ergibt sich 285. Wir schreiben die einzelnen Werte einer Zahl horizontal nebeneinander, wobei der Stellenwert von links nach rechts abnimmt. Die Maya schrieben eine Zahl vertikal bzw. in einer Kolumne, wobei der Stellenwert von unten nach oben zunahm.

Ein wesentlicher Unterschied war, dass das Zahlensystem der Maya – wie in ganz Mesoamerika – ein Vigesimalsystem war, unseres dagegen ein Dezimalsystem ist. Während wir die Zahlen sozusagen an den zehn Fingern der beiden Hände abzählen und für uns daher 10 (10^1), 100 (10^2), 1000 (10^3) etc. die maßgebenden Einheiten sind, benutzten die Maya für die Zählung Hände und Füße, und dementsprechend waren 20, dann 400 (20^2) und 8000 (20^3) die entscheidenden Zahlenwerte. Für die Maya dienten aber Zahlen bzw. die Mathematik in erster Linie zur Kalenderberechnung. Entsprechend sind die Zahlenangaben der Inschriften fast ausschließlich Kalenderdaten. Dazu passten die Maya das Zahlensystem an das Kalendersystem an und nahmen dabei eine »kleine«

Änderung vor: So wurde bei den Kalenderrechnungen zunächst der Stellenwert der Einer gemäß dem Zahlensystem mit einer entsprechenden Anzahl von Punkten angegeben und der Stellenwert der Zwanziger jeweils mit einer Eins. Beim nächsten, dem dritten Stellenwert, machten die Maya dann aber eine Ausnahme: Statt $20^2 = 400$ rechneten die Maya an dieser Stelle $20 \times 18 = 360$. Danach wurde an vierter Stelle die Reihenfolge des Vigesimalsystems mit der Zahl 360 fortgesetzt: $360 \times 20 = 7200$, $7200 \times 20 = 144\,000$ etc. Die Zahl 360 hatte man eingesetzt, weil dies der Zahl der Tage des Sonnenkalenders ohne die fünf zusätzlichen Tage entsprach und somit für die Kalenderrechnung wichtig war.

Eine wichtige Aufgabe der Priester war die Astronomie, d. h. die Beobachtung und Berechnung des Verlaufs der Gestirne. In Mesoamerika war bekannt, dass es sich bei Morgen- und Abendstern um dasselbe Gestirn handelt, während man in Europa lange davon ausging, dass es zwei verschiedene »Sterne« seien. Von den Maya wissen wir, dass sie eine ausgezeichnete Kenntnis des Verlaufs diverser Gestirne besaßen, vor allem von Sonne, Mond, Venus, Merkur, Jupiter, Saturn und Mars. Dies belegen vor allem die Codices, die vorwiegend oder ausschließlich kalendarischen Inhaltes sind. So konnten die Maya zum Beispiel vorhersagen, wann eine der von ihnen gefürchteten Sonnen- oder Mondfinsternisse auftrat oder wann die Venus sichtbar war. Zu betonen ist, dass diese Kenntnisse und Leistungen auf zeitaufwendiger Beobachtung der Gestirne ohne technische Hilfsmittel wie Fernglas oder Teleskop beruhten.

In den mesoamerikanischen Kulturen waren vor allem zwei zyklische Kalendersysteme in Gebrauch, von den Maya übernommen und bis zur Perfektion weiterentwickelt: ein Kalender nach dem Verlauf der Sonne und ein Ritualkalender nach dem Verlauf des Mondes.

Der **Sonnenkalender, Haab** genannt, bestand aus 18 Monaten (*uinal*) mit je 20 Tagen, also insgesamt 360 Tagen. Man zählte am Jahresende noch die zur Vollständigkeit eines Sonnenjahres fehlenden fünf restlichen Tage (*wayeb*) hinzu und hatte dann so wie bei uns einen Kalender mit 365 Tagen. Diese fünf Tage, die »Schläfer des Jahres«, galten als unglücksbringend. Die Tage nummerierte man von 0 bis 19 durch (beim Tzolk'in dagegen von 1 bis 20).

Die 18 Monatsnamen[115] des Haab:

Monatsname		Übersetzung
1	Pop	Strohmatte
2	Wo	(Hieroglyphe: schwarzes Kreuzband)
3	Slip	Jagdgott
4	Sotz'	Fledermaus
5	Tzek	?
6	Xul	Hund mit Sonne
7	Yaxk'in	»Grüne Sonne« (= Trockenzeit)
8	Mol	(Hieroglyphe: Jade)
9	Ch'en	(Hieroglyphe: schwarze Himmelsschlange des Westens)
10	Yax	(Hieroglyphe: grüne Himmelsschlange des Südens)
11	Sak	(Hieroglyphe: weiße Himmelsschlange des Nordens)
12	Keh	(Hieroglyphe: rote Himmelsschlange des Ostens)
13	Mak	?
14	K'ank'in	(Hieroglyphe: Hund der Unterwelt)
15	Muwan	(Hieroglyphe: Muwan-Vogel)
16	Pax	?
17	K'ayab'	(Hieroglyphe: Schildkröte)
18	Kumk'u	(Hieroglyphe: Muscheln über Maiskeimen = Itzamnaaj)
	Wayeb'	»Schläfer des Jahres« (die fünf Tage zum Ausgleich des Jahres)

115 Von den Monatsnamen des Haab sind nur von einigen die Namen bekannt, von anderen nur die Hieroglyphe oder weder Name noch Hieroglyphe.

Der **Ritualkalender, Tzolk'in** genannt, bestand aus 260 Tagen bzw. aus 13 Abschnitten von jeweils 20 Tagen. Jeder der 20 Tage hatte einen eigenen Namen. Dieser Tagesname bestand aus einem Tageszeichen und einer Zahl. Die Tageszeichen wurden nach einem Naturphänomen, einem Tier oder ähnlichem benannt. Jedes dieser 20 Tageszeichen wurde jeweils mit einer Zahl von 1–13 verbunden. So begann der Name des ersten Tages mit *1 imix* (»1 Erdmonster«), *2 ik* (»2 Wind«) etc. Die erste Einheit des Tzolk'in-Jahres endete dann mit *13 ben* (»13 Schilfrohr«). Die zweite Einheit begann wieder mit 1 und den fortlaufenden Namen, also *1 ix* (»1 Jaguar«), *2 men* (»2 Adler«) etc. So ergaben sich bis zum Ende des Jahres immer verschiedene Zusammensetzungen von Zahlen und Symbolen bei den Tagesnamen – bis beim ersten Jahrestag des folgenden Jahres (bzw. mit dem 261. Tag) alles wieder mit *1 imix* usw. begann. Nach Ablauf von 52 Jahren (bzw. 18980 Tagen) trafen Sonnen- und Mondkalender in ihrem zyklischen Ablauf am selben Tag zusammen. 52 Jahre galten daher als eine unserem Jahrhundert vergleichbare Zeiteinheit, die (damals) einem Menschenleben entsprach. Besondere Beachtung fanden die Tage des Ritualkalenders, die auf den Neubeginn eines Haab-Jahres fielen, sie hießen »Jahresträger«.

Die 20 Tagesnamen des Tzolk'in:

Tagesname		**Übersetzung**
1	Imix	Erdmonster
2	Ik'	Wind
3	Ak'bal	Nacht
4	K'an	Mais
5	Chickchan	Schlange
6	Kimi	Tod
7	Maník'	Hirsch

8	Lamat	Kaninchen
9	Muluk	Regen
10	Ok	Hund
11	Chuwen	Affe
12	Eb	Besen
13	Ben	Schilfrohr
14	Ix	Jaguar
15	Men	Adler
16	Kib	Geier
17	Kaban	Erde
18	Etz'nab	Feuerstein (Messer)
19	Kawak	Sturm
20	Ajaw	Herr

Der Ritualkalender war in seiner primär religiösen Funktion als Wahrsagekalender wichtiger als der Sonnenkalender. Denn die im Ritualkalender festgelegten Tage waren schicksalsentscheidend für viele Ereignisse und Unternehmungen vom alltäglichen bis hin zum politisch-staatlichen Bereich (zum Beispiel Namensgebung der Kinder, Krankheiten und ihre Behandlung, für die Einsetzung des Herrschers, für die Kriegsführung sowie für die Festlegung wichtiger Daten wie Jahresfeste, Aussaat und Ernte oder Opfer). Jeder Kalendertag stand unter der Herrschaft einer bestimmten Gottheit. Zudem hielten die Maya die Position eines jeden Tages im Mond- und Venusjahr fest. Jeder Tag war so durch das Zusammenwirken göttlicher und kosmischer Kräfte individuell bestimmt und bestimmend.

Sonnen- und Ritualkalender waren zyklische Zeitberechnungen, während wir ein lineares Kalendersystem haben, dass von einem fixen Datum (einem Null-Datum bzw. Christi Geburt) ausgeht. Mit den zyklischen Kalendersystemen war die Vorstellung verbunden, dass sich alle Ereignisse der Vergangenheit in Gegenwart bzw. Zukunft wiederholen. Außer diesen beiden zyklischen

Kalendersystemen gab es in Mesoamerika schon in der präklassischen Zeit noch ein lineares Kalendersystem, dessen Berechnung wie bei uns von einem fixen Zeitpunkt ausgeht und als »**Lange Zählung**« bzw. »**Long Count**« bezeichnet wird. Dieses lineare Kalendersystem übernahmen die Maya und entwickelten es weiter. Der Long Count ermöglichte den Maya Kalenderrechnungen in buchstäblich astronomischem Ausmaß. Der Nullpunkt bzw. Beginn des Long Count lag weit zurück in der Vergangenheit. Um aber in der Praxis die Kalenderberechnungen nicht mit so großen Jahreszahlen zu erschweren, wurde bei den Datumsangaben immer »nur« die Anzahl der Tage angegeben, die seit der Erschaffung dieser Welt bzw. dem Beginn des gegenwärtigen, vierten Zeitalters vergangen war. Das war der Tag 4 Ajaw 8 Kumk'u, was dem 8. September im Jahr 3114 v. Chr.[116] entspricht. Da uns also dieses Anfangsdatum bekannt ist, ist es uns möglich, die auf den Stelen und anderen Denkmälern verzeichneten Long-Count-Daten in unsere Zeitrechnung zu übertragen.

Der Kalender in Form des Long Count war zwar keine Erfindung der Maya, aber sie entwickelten diesen zur Perfektion weiter. Die ersten Stelen mit Daten in der Long-Count-Rechnung stammen aus Tres Zapotes, La Mojarra und Tuxtla. Die Stele C von Tres Zapotes (31 v. Chr.) im mexikanischen Bundesstaat Veracruz und die Stele 2 von Chiapa de Corzo (36 v. Chr.) im mexikanischen Bundesstaat Chiapas gelten als bislang erste Stelen mit der Langen Kalenderzählung. Beide Orte sind der Kultur der Epi-Olmeken zuzuordnen. Die Bewohner von Chiapa de Corzo waren Sprecher der Mixe-Zoque-Sprache, die von der Olmeken-Kultur beeinflusst waren. Die früheste Datumsangabe der klassischen Maya-Zeit, die bisher gefunden wurde, enthält die Stele 29 in Tikal, nämlich 292 n. Chr. Die letzte erhaltene Datumsangabe des Long Count ist 909 n. Chr. auf einer Stele von Toniná. Ein Datum, das als Ende der klassischen Maya-Kultur gilt.

---

116 Nach Nikolai Grube 2012, 40. Oft findet sich noch die ältere Datumsangabe 11. oder 13. August 3114, so bei Linda Schele / David Freidel 1994, 74.

Zeiteinheiten des Long Count:

Name	Einordnung in den Maya-Kalender	Tage	Jahre
K'in		1	
Winal	20 K'in	20	
Tun	18 Winal	360	1
K'atun	20 Tun	7200	20
Bak'tun	20 K'atun	144 000	400
Piktun	20 Bak'tun	2 880 000	8000
Kalab'tun	20 Piktun	57 600 000	160 000
Kinchiltun	20 Kalab'tun	1 152 000 000	3 200 000
Alautun	20 Kinchiltun	23 040 000 000	64 000 000

Ein *tun* entsprach einem Jahr und bedeutete »Stein«, weil an jedem Jahresende ein Gedenkstein aufgestellt wurde. Ein Beispiel für ein Datum des Long Count ist das der Leidener Platte[117]: Auf ihr ist das Datum 8.14.3.1.12 vertikal bzw. übereinander in einer Kolumne angeordnet. Die Maya-Forscher umschreiben dies folgendermaßen in einer linearen Form: 12 kin, 1 winal, 3 tun, 14 k'atun und 8 bak'tun. Dies sind insgesamt 1 265 432 Tage bzw. fast 3467 Jahre, die seit dem Beginn der Maya-Zeitrechnung (dem Tag 4 Ajaw 8 Kumk'u) vergangen sind. Das Datum auf der Platte entspricht dem 17. September 320 n. Chr. Die Datumsangaben der Inschriften auf den Monumenten beginnen mit der sogenannten Initialserie, die durch eine Einführungsglyphe gekennzeichnet ist. Diese Einführungsglyphe kündigt die Datumsangabe an, die die Anzahl der Tage angibt, die seit dem Schöpfungstag 4 Ajaw 8 Kumk'u vergangen sind.

Auch eine hochentwickelte Kalenderberechnung über oder bezüglich des Verlaufes der **Venus** war in Gebrauch. Informationen darüber liefern uns die acht sog. Venustafeln des Dresdner Codex. Für die Maya war es wichtig zu wissen, wann der »Venusstern« zum

117 s. S. 143 f.

ersten bzw. letzten Mal als Morgen- und als Abendstern sichtbar ist. Die Berechnungen des Venusverlaufes dienten dazu, vor dem ersten Sichtbarwerden des Morgensternes zu warnen, das bei den Maya sehr gefürchtet war. Der Codex beschreibt dementsprechend den Verlauf von 65 Venusjahren, die jeweils aus 584 Tagen bestanden. Der Codex verbindet den Verlauf der Venus mit denen des Sonnen- und Mondkalenders sowie mit der LongCount-Rechnung. So bestand zum Beispiel ein Venuszyklus aus 2920 Tagen, was genau acht Zyklen bzw. Jahren des Sonnenkalenders entspricht (8 × 365 = 2920).

Aufgrund der besonderen rituellen Bedeutung des Kalenders war das **Neujahrsfest** am ersten Tag des Monats Pop eines der wichtigsten Feste der yukatekischen Maya. Diego de Landa berichtet, dass die Priester und Adligen zwei bis vier Wochen vorher begannen zu fasten. Die Indios erneuerten am Neujahrstag »ihren ganzen Hausrat, wie etwa Teller, Gefäße, Schemel, Schilfmatten, die alte Kleidung und die Umhänge, in die sie ihre Götzenbilder eingewickelt hatten. Sie fegten ihre Häuser aus, den Kehricht und die alten Hausgeräte warfen sie außerhalb des Ortes auf den Abfallhaufen und niemand, auch wenn er ihrer bedurfte, rührte sie an.«[118] Im Tempelhof versammelten sich die Männer (ohne Frauen). Dann

> »reinigte der Priester, der sich mit seinem priesterlichen Ornat bekleidet hatte, den Tempel, wobei er sich in die Hofmitte setzte, und bei sich (hatte) er ein Kohlenbecken und die Brettchen mit dem Weihrauch. [...] Nachdem der Teufel ausgetrieben war, begannen alle andächtig zu beten, und die *Chaces* entfachten ein neues Feuer und zündeten das Kohlenbecken an, denn bei den Festen, an denen die ganze Gemeinde teilnahm, verbrannten sie den Weihrauch für den Teufel mit neuem Feuer; nun streute der Priester seinen Weihrauch in das Kohlenbecken; dann kamen alle der Reihe nach, wobei die Häuptlinge den Anfang machten, und empfingen Weihrauch aus der Hand des Priester, der ihnen den Weihrauch mit solch feierlichem und andächtigem Ernst gab, als überreichte er ihnen Reliquien; und streute ihn nach und nach in das Kohlenbecken, wobei sie abwarteten, bis er völlig verbrannt war.

118 Diego de Landa 2017, 137.

Nach diesem Räucherwerk aßen sie alle gemeinsam die Gaben und Speiseopfer, und der Wein ging von Hand zu Hand, bis sie stockbetrunken waren: Dies war ihr Neujahresfest und eine ihren Götzen sehr angenehme Zeremonie.«[119]

Codices: Die Bücher der Maya

Wir fanden bei ihnen eine große Zahl von Büchern [...], *und weil sie nichts enthielten, was von Aberglauben und den Täuschungen des Teufels frei wäre, verbrannten wir sie alle, was die Indios zutiefst bedauerten und beklagten.*[120]

So Diego de Landa, der allein 27 Maya-Codices während des berühmten, von ihm veranstalteten Autodafés am 12.07.1562 verbrannte. Insgesamt haben von den Hunderten von Handschriften bzw. Codices nur ganze vier die Zerstörungswut der spanischen Missionare überstanden.

Mit dem Begriff Kodex (vom lat. *codex*, Mehrzahl *codices*, für »Baumstamm«, später »Buch«) bezeichnet man in der Alten Welt einen Vorläufer bzw. eine frühe Form des heutigen Buches. Diese wurden zunächst in Form von Holz- oder Wachstafeln angefertigt, später als Block von gefalteten Papyrus-, Pergament- oder Papierblättern zwischen zwei Holzbrettchen, die bis ins Mittelalter hinein verwendet wurden. Auch in der Neuen Welt spricht man bei den Kulturen der Maya, Mixteken und Azteken von Codices.[121] Dabei handelt es sich um Faltbücher, die leporelloartig oder wie eine Ziehharmonika gefaltet wurden.

Die Codices der Maya bestanden aus Amate-Papier, d. h. aus der Rinde eines Ficus-Baumes. Ein solcher Codex wurde durch zwei mit Jaguarfell überzogene Holzdeckel geschützt. Die einzelnen Blätter wurden mit einer feinen Kalk- bzw. Stuckschicht als Grundlage überzogen und schließlich farbig bemalt. Die doppelseitig

119 Ebd., 139 f.

120 Ebd., 160 f.

121 Üblicherweise in Anpassung an die spanische Sprache mit C geschrieben.

beschriebenen Blätter haben eine Größe von ca. 20 × 10 cm und waren durch dünne Häutchen miteinander verbunden. Die Herstellung dauerte wahrscheinlich mehrere Jahre. Es gab nicht nur einen, sondern durchaus mehrere Autoren eines Codex, wie es auch beim Dresdner Codex der Fall ist. Von den Büchern wurden immer wieder Abschriften erstellt, denn die Lebensdauer des Papiers war im feuchtwarmen Klima nicht sehr lang. Aufbewahrt wurden die Codices von Priestern in den Bibliotheken der Zeremonialzentren. Die uns erhaltenen Codices stammen alle aus der Zeit der Postklassik und zwar – mit Ausnahme des Codex Grolier – kurz vor Ankunft der spanischen Eroberer. Sie alle stammen aus derselben Gegend, nämlich Yukatan, und beschäftigen sich inhaltlich mit religiösen und astronomischen Themen.

Drei der Maya-Codices sind nach den Städten benannt, in denen sie sich heute befinden: Der Codex Dresdensis befindet sich in Dresden (*Buchmuseum der Sächsischen Landes- und Universitätsbibliothek*), der Codex Madrid in der spanischen Hauptstadt (*Museo de América*) und der Codex Paris bzw. Peresianus in Frankreich (*Bibliothèque Nationale*). 1971 wurde ein vierter Codex, der Codex Grolier, entdeckt, der sich in Mexiko befindet. Inhaltlich befassen sich diese Codices mit Kalender, Astronomie und Astrologie – für die Maya eng mit der Religion verbunden: So dienten die in den Codices beschriebenen Kalenderberechnungen und die Beschreibungen der Bahnen von Sonne, Venus, Mond und anderen Gestirnen der Voraussage von Glücks- und Unglückstagen sowie Tagen, an denen Krankheiten drohen, oder der Festlegung der Termine von Festen, Opfern, Ritualen und landwirtschaftlicher Tätigkeiten (Aussaat, Ernte etc.). Enthalten sind auch damit zusammenhängende Anrufungen der entsprechenden Gottheiten.

Der **Dresdner Codex** (*Buchmuseum der Sächsischen Landes- und Universitätsbibliothek* Dresden) stammt aus dem 15. Jh., vermutlich aus der Zeit kurz vor der Ankunft der Spanier, denn er wurde nicht fertiggestellt. Zudem sind die darin dargestellten Räuchergefäße identisch mit archäologischen Funden der materiellen Kultur der späten postklassischen Zeit. Der Codex besteht inhaltlich hauptsächlich aus kalendarischen Angaben. Ursprünglich war die Handschrift leporelloartig gefaltet, bestehend aus 39 doppelseitig beschriebenen Blättern von ca. 20 × 10 cm Größe mit insgesamt 78 Seiten. Seit 1830 wird er nicht gefaltet, sondern in zwei ca. 1,80 m langen Teilen mit 20 bzw. 19 Blättern und in beidseitiger Verglasung ausgestellt. Dabei wurden drei Blätter vertauscht, sodass die Handschrift seitdem in einer falschen Seitenfolge gezeigt wird. Dies wird nicht korrigiert, da beim Bombenangriff auf Dresden 1945 ein Wasserschaden entstand und die Farbschicht teilweise am Glas haften blieb, sodass eine Änderung der Seitenverdrehung nicht mehr möglich ist.

Die Forschungsgeschichte des Codex begann, als der Hofkaplan und Bibliothekar Johannes Christian Götze (1692–1749) diesen »bei einer Privat-Person in Wien gefunden, und als eine sonst unbekannte Sache gar leicht umsonst erhalten«[122] hatte. Wie der Codex nach Wien kam, ist nicht mehr nachvollziehbar. Götze übergab den Codex der Kurfürstlichen Bibliothek in Dresden, wo er 1848 erstmals veröffentlicht wurde. Alexander von Humboldt (1769–1859) zeigte einige Seiten aus dieser Handschrift in seiner *Kordillerenreise* (1810) und weckte so das wissenschaftliche Interesse am Codex. Constantine Samuel Rafinesque-Schmaltz (1783–1840) wies nach, dass es sich nicht, wie man bisher annahm, um ein Buch der Azteken, sondern der Maya handelte. Ernst Wilhelm Förstemann (1822–1906), Sprachwissenschaftler und Leiter der Königlichen Bibliothek in Dresden, erkannte den kalendarischen Inhalt des Codex: eine Reihe von Almanachen (wie Förstemann sie nannte), die sich mit den einzelnen Tagen des Ritualkalenders sowie den jeweils für diese Tage zuständigen Gottheiten befassen. Die Gottheiten werden dabei angerufen und beraten über das Schicksal der Tage. Förstemann ist es zu verdanken, dass wir heute wissen, wie der Ritualkalender sowie die Rechnung von einem fixen Nullpunkt und wie das Zahlensystem der Maya funktionierte. Der mit Förstemann befreundete Jurist Paul Schellhas (1859–1945) konnte 20 Maya-Gottheiten des Dresdner Codex' anhand ihrer spezifischen Darstellung mit Symbolen, Kleidung etc. identifizieren. Er benannte die Gottheiten nach dem Alphabet als Gott A, Gott B usw., um eine

122 Johann Christian Götze: Die Merckwürdigkeiten der Königlichen Bibliotheck zu Dreßden, Bd. 1, Dresden 1743, 4.

voreilige und somit eventuell falsche Deutung zu vermeiden. Diese Namen werden teilweise bis heute in der Forschung verwendet. Der Codex behandelt in zehn, von insgesamt sechs verschiedenen Schreibern verfassten Kapiteln folgende Themen:

1. Anrufung der 20 wichtigsten Gottheiten
2. Anrufung der Mondgöttin
3. »Venustafeln«, die das Erscheinen und Wirken des Venusgottes darstellen
4. Sonnen- und Mondfinsternisse
5. Multiplikationstafeln für die Zahl 78 (die eine besondere, bislang unbekannte Bedeutung hatte)
6. Prophezeiungen der Katastrophen am Ende eines *K'atun*[123]
7. Ursprung des Regens und der Zeit
8. Weltuntergang durch eine Sintflut
9. Neujahrszeremonien bzw. Zeremonien zum Ende des Sonnenjahres
10. Opferrituale für den Regengott sowie die Reisen des Regengottes und des Mars (»Marstafeln«)

Der **Codex Madrid** (Madrid, *Museo de América*) besteht aus 56 Blättern bzw. 112 Seiten und ist mit einer Länge von insgesamt 6,82 m der längste Codex. Seine Entstehung ist, wie beim Dresdner Codex, zwischen dem 15. und 16. Jh. anzusetzen, nicht zuletzt auch hier wieder aufgrund der Ähnlichkeiten von archäologischen Funden mit den im Codex dargestellten Objekten wie Trommeln oder Rasseln. Allerdings besteht ein auf Seite 56 eingefügter Textteil aus europäischem Papier und ist somit ein Beleg dafür, dass der Codex nach Ankunft der Spanier zumindest noch bearbeitet wurde. Es wird vermutet, dass der Codex in Tayasal entstanden ist, der Maya-Stadt der Itzá, die erst 1697 von den Spaniern erobert wurde.

Vermutlich von einem katholischen Priester beschlagnahmt, gelangte der Codex um 1618 an den spanischen Königshof, dann in Privatbesitz und geriet in Vergessenheit. In den 1860er-Jahren wurde er in zwei Teilen an verschiedenen Orten wiederentdeckt,

123 *K'atun* = eine Periode von 20 Jahren, deren Ende feierlich begangen wurde.

als »Codex Troanus« (im Besitz von Juan de Tro y Ortolano, von Charles Étienne Brasseur de Bourbourg publiziert) und als »Codex Cortesianus«. Der Franzose Léon de Rosny stellte fest, dass beide Teile zusammen eine Handschrift bilden, die daraufhin zunächst »Codex Tro-Cortesanius« genannt wurde.

Thematisch werden zum Beispiel Krieg, Jagd, Bienenzucht (11 Seiten) sowie ausführlich der Regengott Chaak und seine Herrschaft über die Landwirtschaft behandelt. Aber auch astronomische Tabellen wie die Venustafeln fehlen nicht. Der Codex weist etliche Schreibfehler auf und ist in der Qualität nicht mit dem Dresdner Codex vergleichbar.

Der **Pariser Codex** (oder »Codex Peresianus«, *Bibliothèque Nationale de Paris*) ist bis auf den mittleren Teil der am schlechtesten erhaltene Maya-Codex. Nur etwa 30 % der Bemalung sind erhalten. Er ist 1,45 m lang, besteht aus 22 Seiten und entstand wohl im 15. Jh. Wie die anderen Codices in Vergessenheit geraten, entdeckte ihn Léon de Rosny – buchstäblich im letzten Augenblick – in einem Korb mit Altpapier neben dem Kamin der Bibliothek. Der Inhalt des *Pariser Codex* ist astronomischer Art. Dargestellt sind eine Reihe von Kalenderzyklen (so ein Zyklus unter der Herrschaft des Regengottes Chaak) sowie *K'atun*-Prophezeiungen.

Der **Codex Grolier** (oder »Sáenz Codex« bzw. »Mexiko Maya Codex«, *Museo Nacional de Antropología* in Mexiko-Stadt) bestand ursprünglich aus 20 Blättern, von denen 10 einseitig bemalte Blätter erhalten sind. Nach ersten Radiokarbon-Messungen datierte man das Papier in die Zeit um 1230, nach jüngsten Forschungsergebnissen soll der Codex sogar aus dem 11./12. Jh. stammen.[124] Danach wäre der Codex Grolier der älteste der Maya-Codices. Andererseits ist er der zuletzt – 1965 in Chiapas – wiederentdeckte Codex. Aus einer Raubgrabung stammend, wurde er von dem mexikanischen Sammler José Sáenz gekauft, von dem Mayaforscher Michael D. Coe begutachtet und zunächst im Grolier Club in New York ausgestellt. Schließlich schenkte Sáenz den Codex der Mexikanischen Regierung. Der Codex fand schließlich seine letzte

124 Vgl. INAH Boletín N° 299, 2018

Heimstätte im *Museo Nacional de Antropología* in Mexiko-Stadt. In Art und Stil – zum Beispiel der ausschließlichen Verwendung von Zahlzeichen – unterscheidet sich dieser Codex von den anderen drei. Deshalb wurde er lange als Fälschung eingestuft.[125] Zudem schien der schlechte Zustand des Papiers im Widerspruch zur gut erhaltenen Bemalung zu stehen. Ebenso schien die Darstellung einer damals noch unbekannten Berggottheit mit gespaltenem Kopf die Einstufung als Fälschung zu belegen. Dann aber fand man Abbildungen dieser Gottheit auf Artefakten bei Ausgrabungen in Tancah und Pasíon del Cristo. Es ist kaum anzunehmen, dass diese Gottheit Fälschern bereits vor diesen Funden bekannt war. Inhaltlich beschreibt der Codex – im Unterschied zum *Dresdner Codex* – den vollständigen Himmelsverlauf des Planeten Venus: nicht nur als Morgen- und Abendstern, sondern darüber hinaus das Verschwinden in der oberen und Wiedererscheinen in der unteren Konjunktion. Auf jeder Seite ist zudem eine nach links blickende Person oder Gottheit mit einer Waffe oder mit einem Gefangenen dargestellt.

Popol Vuh, Chilam Balam und weitere Literatur

Zu den Büchern bzw. zur Literatur der Maya zählen aber nicht nur die Codices, sondern auch das *Popol Vuh* und die Prophezeiungen des *Chilam Balam* (»Jaguarpriesters«) als die bekanntesten Schriften, ferner die *Annalen der Kaqchikel*, das Tanzdrama *Rab'nal Achí* oder die *Lieder von Dzitbalché*.

Das **Popol Vuh** (»Buch des Rates«) besteht aus den mythischen und historischen Erzählungen der K'iche'-Maya. Der erste Teil enthält den Mythos der Schöpfung und der vier Weltzeitalter sowie den Mythos der Göttlichen Zwillinge,[126] der zweite Teil die Geschichte der K'iche'-Maya.[127] Die Erzählungen wurden lange, wohl schon in der klassischen Zeit, mündlich überliefert, ehe sie schriftlich festgehalten wurden. Nach der spanischen Eroberung

125 Zum Beispiel von Nikolai Grube 2012, 21 f.
126 s. S. 199–202.
127 s. S. 103 ff.

vernichteten die spanischen Missionare so gut wie alle Maya-Handschriften. Aber die Maya fertigten insgeheim einige Abschriften an. Diese waren in der Sprache der K'iche' verfasst, allerdings in lateinischer Schrift und von christlichen Vorstellungen beeinflusst. Der Dominikanermönch Francisco Ximénez (1666–1722) in Chichicastenango (Guatemala) erhielt 1702 eine solche Abschrift von einem Indianer. Er widersetzte sich den Anordnungen, solche Manuskripte zu vernichten, stellte eine Kopie her und übersetzte den K'iche'-Text ins Spanische. Diese Kopie von Ximénez ist der einzige auf uns gekommene Primärtext des *Popol Vuh.* Dieses »Erbe« von Ximénez verblieb zunächst in seinem Dominikanerkloster, kam dann in die Universitätsbibliothek von Guatemala-Stadt und wurde von Charles Étienne Brasseur de Bourbourg wiederentdeckt, publiziert und ins Französische übersetzt.

Die **Annalen der Kaqchikel** enthalten die Geschichte der Kaqchikel im Gebiet des Lago de Atitlán und im Dep. Sololá[128] (Guatemala) von der Einwanderung aus Tula in das Hochland von Guatemala, Ansiedlung und Eroberungen dort bis zur Zeit der spanischen Eroberung. Die Geschichte wird in einem mehr mythologischen als historischen Rahmen erzählt, ähnlich wie die Geschichte der K'iche'-Maya im zweiten Teil des *Popol Vuh.* Trotzdem handelt es sich um eine wertvolle Quelle zur Geschichte der vorspanischen Kultur der Kaqchikel sowie der benachbarten Ethnien. Sie enthält durchaus wichtige historische Daten. Über mehrere Jahrzehnte schrieben an dem Werk mehrere Autoren aus der ehemaligen Kaqchikel-Herrscherdynastie Xahil[129], so Hernández Arana Xajilá in der Zeit von 1560 bis 1583 und sein Enkel Francisco Rojas in der Zeit von 1583 bis 1604. Niedergeschrieben wurde es zwar in der Sprache der Kaqchikel, aber in lateinischer Schrift. Zunächst im Besitz der Familie Xahil wurde das Manuskript bis zu seiner Wiederentdeckung 1844 im Kloster San Francisco de Guatemala aufbewahrt und 1855 von Charles Étienne Brasseur de Bourbourg ins Französische übersetzt.

128 Daher auch bekannt als *Memorial de Tecpán-Atitlán* oder *Memorial de Sololá.*
129 Daher auch bekannt als *Anales de los Xahil.*

Das **Rab'inal Achí**[130] ist ein Tanzdrama der Achi'-Maya (Dep. Baja Verapaz, Guatemala). Benannt nach der Hauptperson des Stückes, wurde es in der Maya-Sprache verfasst, aber in lateinischer Schrift niedergeschrieben und ist seit 2005 Teil der UNESCO-Liste des immateriellen Kulturerbes der Menschheit. Dargestellt wird eine der kriegerischen Auseinandersetzungen zwischen den K'iche' und den Achí' im 15. Jh. im Hochland von Guatemala: Ein Mitglied des Fürstenhauses der K'iche' dringt unerlaubt in das Gebiet der Achì' von Rab'inal ein, wird von einem dortigen Krieger gefangengenommen, angeklagt und geopfert. Der Krieger von Rab'inal bezichtigt den K'iche'-Krieger in einer eindrucksvollen Rede an, sein Volk vertrieben und zu Vasallen gemacht zu haben, obwohl beide Völker eigentlich Brüder seien. Bevor der K'iche'-Krieger von den Adler- und Jaguar-Kriegern geopfert wird, wird ihm auf seine Bitte hin ein Tanz mit der Prinzessin von Cahyub ermöglicht. Charles Étienne Brasseur de Bourbourg übersetzte und publizierte das Drama 1862.[131] Noch heute wird es jedes Jahr am 25. Januar, dem Tag der Bekehrung des heiligen Paulus, als Erinnerung an die Vorfahren aufgeführt.

Die verschiedenen Bücher, die unter dem Titel **Chilam Balam** zusammengefasst werden, bestehen aus einer Reihe verschiedener, aber miteinander verwandter Textsammlungen aus Yukatan, verfasst in der yukatekischen Maya-Sprache und aufgeschrieben in lateinischer Schrift. Sie stammen aus dem Zeitraum zwischen dem 16. und 19. Jahrhundert. Inhaltlich enthalten sie vor allem die Prophezeiungen des sogenannten *Chilam Balam* (*chilam* = »Prophet, Priester«; *B'alam* = »Jaguar«) zum Beispiel über die spanische Eroberung Yukatans, die mehrere Priester von diesem empfingen und nach dem später die gesamte Textsammlung benannt wurde. Daneben finden sich in diesen Büchern aber auch aber auch historische, medizinische und astronomische Texte.

In dem Werk vermischen sich oft indianische Tradition und christliches Gedankengut. Die verschiedenen Chilam Balam-Bücher sind nach dem Ort ihrer jeweiligen Entstehung benannt. Sie

130 Der originale Titel lautet *Xajoj Tun* (»Trommeltanz«).

131 *Grammaire Quichée et le drame de abinal Achí.*

haben alle eine gemeinsame, nach 1540 entstandene Textquelle. Ungefähr zwei Drittel der Texte zeigen mehr oder weniger starken spanisch-christlichen Einfluss, nur der Rest beruht auf vorspanischer Maya-Tradition. Als wichtigste Bücher des Chilam Balam sind folgende zu nennen:

- Chilam Balam von Chumayel (107 Seiten; um 1780; *Princeton University Library* in Princeton, New Jersey)
- Chilam Balam von Tizimin (54 Seiten; um 1760; Bibliothek des *Museo Nacional de Antropología*, Mexiko-Stadt)
- Chilam Balam von Maní (um 1790; erhalten als Kopie in dem von Juan Pío Pérez um1837 geschriebenen Codex Pérez; Bibliothek des *Museo Nacional de Antropología* in Mexiko-Stadt)
- Chilam Balam von Ixil (88 Seiten; Bibliothek des *Museo Nacional de Antropología* in Mexiko-Stadt)
- Chilam Balam von Chan Kann (128 Seiten; Bibliothek des *Museo Nacional de Antropología* in Mexiko-Stadt)
- Chilam Balam von Káua (282 Seiten; *Princeton University Library* in Princeton, New Jersey)
- Chilam Balam von Nah (67 Seiten; *Princeton University Library* in Princeton, New Jersey)
- Chilam Balam von Tusik (58 Seiten; verschollen, es existieren nur Kopien)
- Chilam Balam von Tekax (37 Seiten; verschollen)

Die bekannteste Sammlung ist das Chilam Balam-Buch von Chumayel. Es war namensgebend für diese Textsammlungen und enthält die Prophezeiungen einer Reihe von »Jaguarpriestern« (*Chilam Balam*). Diese heißen Ah Xupan Nauat, Ah Napuc Tun oder Ah Kauil Chel, und sagen zum Beispiel die Ankunft der Spanier und die Eroberung Yukatans sowie eine neue Religion voraus. Eine besondere Textgattung sind die K'atun[132]-Prophezeiungen, die weniger eine glückliche Zukunft verkünden als vielmehr Katastrophen wie Krieg, Seuchen, Hunger oder Dürre. Außerdem gibt es noch Zaubersprüche, in denen die Krankheiten und die Krankheitsbehandlung bzw. Heilung mit den entsprechenden Sprüchen beschrieben werden.

Die **Lieder von Dzitbalché** sind ein Beispiel für die Poesie der Maya. Aufgeschrieben während der Kolonialzeit in yukatekischem Maya, aber in lateinischer Schrift, stammen die Texte selbst wohl aus der Zeit um 1440. Es handelt sich um 15 Lieder zu den unterschiedlichsten Themen, von Liebe, Religion bis hin zur Philosophie. Der religiöse Bereich beinhaltet Themen wie Menschenopfer, Neujahrsfest oder Gebete. Die Lieder wurden von einem der Dorfältesten namens Ah Nam des Ortes Dzitbalché im mexikanischen Bundesstaat Campeche im 18. Jh. zusammengestellt, 1942 in Mérida wiederentdeckt und 1962 erstmals von Alfredo Barrera Vásquez übersetzt und publiziert.

132 K'atun = 20 Jahre.

Weltbild und Religion

Die Kultur der Maya wurde entscheidend von der Religion geprägt. Religion war ein das gesamte Alltagsleben bestimmender Faktor – nicht wie in unserer modernen Welt, in der die Religion letztlich zu einer »Nebensache« im privaten Bereich degradiert ist. So sahen die Maya Gesellschaft, Politik, Kunst, Schrift und Kalenderwissenschaft unter religiösen Aspekten bzw. im religiösen Kontext. Im Weltbild der Maya wurden sehr viel mehr Phänomene des Lebensraumes bzw. der Umwelt als numinos bzw. heilig oder göttlich (*k'uh*) betrachtet als in unserem: Nicht nur Tempel und Kultanlagen, sondern zum Beispiel auch Berge, Seen, Flüsse, bestimmte Bäume und Kunstwerke galten als heilig. Uns profan erscheinende Handlungen wie Aussaat oder Ernte waren mit religiösen Ritualen verbunden.

Die Quellen zu dem, was wir über die Religion der Maya wissen, sind zum einen die archäologischen Zeugnisse wie Tempel, Grabbauten, Altäre, Stelen, Götterdarstellungen auf Reliefs oder als Tonfiguren, sodann Kultgeräte und Opfer- und Grabbeigaben wie zum Beispiel Keramikgefäße oder Schmuck. Besonders zu erwähnen sind die Wand- und Keramikmalerei sowie schließlich die schriftlichen Zeugnisse wie die Maya-Codices, das *Popol Vuh* der K'iche'-Maya, die Chilam-Balam-Bücher aus Yukatan und der *Bericht aus Yukatan* des spanischen Missionars Diego de Landa. Diese Quellen bieten uns allerdings im Vergleich zu anderen Hochkulturen nicht so viele konkrete und sichere Informationen, dass sie uns ein umfangreiches und verlässliches Bild von der Religion der Maya vermitteln. In vielen Fällen müssen wir uns eher mit Indizien als mit handfesten Beweisen begnügen. So kann der Mythos vom Maisgott – der vom Gott der Unterwelt gefangen gehalten, dann befreit wird und wieder auf die Erde zurückkehrt – nur aufgrund der Interpretation von Darstellungen auf Keramikmalerei oder Reliefs erschlossen werden. Einzig und allein der Schöpfungsmythos und der Mythos der Göttlichen Zwillinge sind in einer schriftlichen Quelle überliefert: dem *Popol Vuh* der K'iche'-Maya.

Die »Maismenschen« und ihre Welt

Aus Mais, dem Lebensstoff [...] *schufen sie, formten sie des Menschen Fleisch.* [...] *So ging der Mais durch der Erzeuger Werk in die Schöpfung ein.*[133]

Wie hier im Schöpfungsbericht des *Popul Vuh* beschrieben, erschufen die Götter den Menschen aus Mais. Dementsprechend spielt die Fruchtbarkeit des Maises eine zentrale Rolle nicht nur in der Wirtschaft, sondern auch im Weltbild und in der Religion der Maya. Für die Maya der klassischen Zeit bestand der Kosmos aus 13 Himmeln, der Erde und neun Unterwelten. Die Erde stellten sich die Maya meist als eine auf dem Urwasser schwimmende Schildkröte vor, die Maya der Postklassik in Yukatan als eine runde Scheibe oder als den Rücken eines Krokodils. Auf ikonografischen Darstellungen ist der Himmel durch ein Himmelsband und den Gott Itzamnaaj in Vogelgestalt repräsentiert, das Urwasser durch ein Wasserband und Seerosen sowie die Unterwelt durch einen aufgesperrten Rachen.

Die Erde war durch die vier Himmelsrichtungen und die Erdmitte gekennzeichnet, denen jeweils eine Gottheit, eine Pflanze und/oder ein Tier, eine Farbe und ein bestimmtes Tageszeichen zugeordnet waren. Der Osten war durch die Farbe Rot markiert, der Süden durch gelb, der Westen durch schwarz, der Norden durch weiß und die Mitte der Erde durch grün. In der Mitte der Erde befand sich der kosmische Welten- bzw. Lebensbaum (*wak chan* = »aufgerichteter Himmel«), eine Weltenachse, die durch alle drei Bereiche Himmel, Erde und Unterwelt reichte: Der Baum war in der Unterwelt verwurzelt, sein Stamm befand sich auf der Erde und seine Krone reichte in die Himmelsregion. Dieser Weltenbaum wird meist als Kreuz dargestellt, manchmal verbunden mit einer Gottheit wie Chaak, aus dem der Baum sozusagen herauswächst. Das Kreuz war zudem das Symbol der Milchstraße, die – nach Vorstellung der Maya – eine Art Achse im Himmel darstellte. Für die Maya verkörperte der bis zu 75 m große und

133 Popul Vuh 1978, 102.

bis heute als heilig geltende Kapokbaum (*Ceiba pentandra*) diese Weltachse. Berge und Höhlen als das Innere der Berge waren besonders heilige Stätten.

Die Unterwelt (*Xibalbá* = »Ort der Angst«) war ein trostloser, dunkler und kalter Ort, der die Menschen nach dem Tod erwartete. Die oberste der neun Unterweltsbereiche bestand aus Wasser. Flüsse, Seen und *Cenotes*[134] sowie Ballspielplätze galten als Eingänge zur Unterwelt. Das Popul Vuh beschreibt ausführlich die Unterwelt und die Prüfungen, die den Verstorbenen dort erwarten:

> »Zahlreich waren die Züchtigungen in Xibalbá, vielerlei Prüfungen gab es da. Zuerst kam das Dunkle Haus, ganz schwarz war es drinnen. Das zweite Haus, Xuculim genannt, ist innen schrecklich kalt, und eisiger Wind fegt über die weißen Wände. Das dritte ist Jaguarhaus genannt, nur Jaguare sind da drinnen. Sie drängen sich, springen wie toll, fletschen die Zähne, diese im Haus eingeschlossenen Jaguare. Fledermaushaus heißt die vierte Marterstätte, nur Fledermäuse sind in dem Haus. Sie pfeifen, piepsen und flattern durch das Haus. [...]. Das fünfte ist Messerhaus genannt. Da gab es einzig scharfe, spitze Obsidianmesser, mit Spitze und Schneide schimmerten sie, klirrend schlugen sie aneinander im Raum. Viele Marterstätten gibt es in Xibalbá [...].«[135]

Diese Vorstellungen vom Kosmos bildeten das Ordnungsprinzip, an dem sich die Maya beim Bau von Städten, Gebäuden und sogar der Anlage von Feldern orientierten. So spiegelt ein Zeremonialzentrum die Erde als Mikrokosmos wider: Die Pyramide symbolisierte den heiligen Berg (*witz*) und der Tempel galt als heiliges Haus. Der Tempeleingang war der Eingang zum Berg, im Tempelinneren befand sich das Tor zum Jenseits. Tempel und Pyramide wurden gern mit dem Motiv des *Witz*-Monsters verziert und die Tempeleingänge häufig als Rachen des *Witz*-Monsters dargestellt. Die Stelen, die man im Tempelbezirk aufstellte, wurden »Baum-Steine«

---

134 Die für Yukatan typischen Karsthöhlen mit Grundwasser.
135 Popol Vuh 1978, 60.

(*te-tun*) genannt. Der Platz mit den aufgestellten Stelen symbolisierte einen heiligen Wald. Tempel, Stelen und Keramikgefäße waren für die Maya mit einer besonderen, heiligen Kraft versehen. Zur Einweihung von Tempeln und anderen Denkmälern gehörte das Vergraben von Opfergaben, um ihnen Leben zu verleihen. Hatten sie als sakrale Objekte ausgedient, musste man sie rituell töten oder bestatten, um ihnen diese Kraft zu nehmen. Gebäude wurden zerstört, Stelen begraben und Keramik zerbrochen oder durchbohrt.

Die jetzige Welt wurde nach der Vorstellung der Maya am 08. September 3114 v. Chr. erschaffen bzw. nach ihrem Kalender am Tag *4 ajaw 8 kumk'u*, an dem das Zeitalter des 13. Bak'tun vollendet wurde. Dieses Datum ist der Beginn der Kalenderrechnung des Maya-Kalenders gemäß der Langen Zählung. Als ersten Akt der Schöpfung stellten die Gottheiten drei Steine als Zentrum des Kosmos auf: Den »Jaguar-Bündel-Stein«, den »Schlangen-Bündel-Stein« und den »Wasser-Bündel-Stein«. Diese Steine entsprachen den drei Herdsteinen in der Mitte eines jeden Maya-Hauses, womit der Schöpfungsakt beim Hausbau symbolisch wiederholt wurde. Im *Popol Vuh* liegt uns eine ausführliche Version des Schöpfungsberichtes vor, der folgendermaßen beginnt:

> »Das ist die Kunde: Da war das ruhende All. Kein Hauch. Kein Laut. Reglos und schweigend die Welt. Und des Himmels Raum war leer. [...] Noch war der Erde Antlitz nicht enthüllt. Nur das sanfte Meer war da und des Himmels weiter Raum. [...] Unbeweglich und stumm war die Nacht, die Finsternis. Aber im Wasser, umflossen vom Licht, waren diese: Tzakól, der Schöpfer; Bitól, der Former; der Sieger Tepëu und die Grünfederschlange Cucumátz; Alóm auch und Cahalóm, die Erzeuger.«[136]

Diese Götter erschaffen zusammen mit Huracán, dem »Herz des Himmels« zunächst die Erde und danach die Tiere. Aber da diese nicht sprechen und daher die Götter nicht loben und anbeten konnten, entschieden die Götter, dass sie als Nahrung dienen

136 Ebd., 29.

sollten und sprachen zu ihnen: »Das ist fortan euer Schicksal: euer Fleisch wird vertilgt werden. So sei es. So sei euer Schicksal.«[137] Die Götter entschlossen sich zu einem zweiten Versuch. Sie schufen ein Menschenwesen aus Erde bzw. Lehm. »Wohl sprach es, aber es hatte keine Vernunft. Bald weichten es die Wasser auf, und es sank dahin.«[138] Da es sich auch nicht vermehren konnte, zerstörten die Götter ihr Werk. Beim dritten Versuch erschufen die Götter Menschen aus Holz. Sie sahen zwar wie Menschen aus, aber es fehlte ihnen Seele und Verstand. Daher zerstörten die Götter auch diese. Ihre Nachkommen leben heute als Affen in den Wäldern. »Die Vollendung der Schöpfung« waren dann die Menschen aus Mais:

> Die Götter »überlegten weiterhin die Schöpfung und Formung unserer ersten Mutter und unseres ersten Vaters. Aus gelbem und weißem Mais machten sie sein Fleisch. Aus Maisbrei machten sie die Arme und Beine des Menschen. Einzig Maismasse trat in das Fleisch unserer Ahnen, der vier Menschen, die geschaffen wurden.
>
> Dies sind die Namen der vier ersten Menschen, die geschaffen und geformt wurden: Waldjaguar, der erste. Der zweite Nachtjaguar. Nachtherr war der dritte. Und der vierte Mondjaguar. Dies sind die Namen unserer Ahnen. [...]. Es waren gute und schöne Menschen und ihre Körper war der des Mannes [sic!]. [...]
>
> Dann waren auch die Gattinnen da, wurden die Weiber geschaffen. Gott selbst machte sie mit aller Sorgfalt [...]. Hier sind die Namen der Frauen: Himmelswasser nannte sich die Frau des Waldjaguars. Brunnenwasser nannte sich die Frau des Nachtjaguars. Kolibriwasser war die Frau des Nachtherren. Und Papageienwasser war der Name von Mondjaguars Frau. Das sind die Namen ihrer Frauen, welche die ersten Herrinnen waren.
>
> Sie erzeugten die Menschen, die kleinen und die großen Stämme. Und sie waren der Ursprung von uns, dem Stamme Quiché.«[139]

137 Ebd., 32.
138 Ebd., 33.
139 Ebd., 103–106.

Eine Vielfalt von Göttern: Das Pantheon

Sie hatten so viele Götzenbilder, dass ihnen nicht einmal diejenigen ihrer Götter genügten, vielmehr gab es kein vierfüßiges Tier und kein Gewürm, denen sie nicht Standbilder errichteten, und alle gestalteten sie in der Art ihrer Götter und Göttinnen.[140]

Wie schon Landa feststellte, bestand das Pantheon der Maya aus einer Vielzahl von Gottheiten. Die spanischen Missionare bezweifelten übrigens nicht die Existenz dieser Götter, aber ihre Göttlichkeit. Sie sahen sie als »Teufel« bzw. Teufelswerk an. Denn zu dieser Zeit war der Teufel im christlichen Glauben noch sehr präsent. Wie in den Hochkulturen der Alten Welt unterschieden sich die Götter aus Sicht der Maya von den Menschen durch ihre wesentlich größere Macht, waren aber ansonsten durchaus durch »menschliche« Eigenschaften wie Zorn oder Eifersucht geprägt. Dem Menschen konnten die Götter Heil, aber ebenso Verderben bringen. So konnte der Regengott Chaak Regen und Fruchtbarkeit für die Felder bescheren, aber er brachte auch Dürre oder Überschwemmungen. Daher mussten die Götter durch Opfergaben der Menschen günstig gestimmt werden, vor allem durch das Blutopfer.

Gottheiten konnten in Menschengestalt, in Tiergestalt oder in Mischgestalt auftreten. So erscheint der junge Maisgott in Menschengestalt, K'uk'ulkan als »gefiederte Schlange« oder Jun B'atz und Jun Chuwen, die Schutzpatrone der Schreiber, mit Affenkopf und Menschenkörper. Jede Gottheit ist an spezifischen Symbolen, an körperlichen Merkmalen, an Kleidung, Kopfbedeckung, Schmuck oder Farben erkennbar, und jeder Gottheit war ein bestimmter Bereich zugeordnet, für den sie »zuständig« war. Eine Gottheit konnte aber auch verschiedene Zuständigkeits- und Funktionsbereiche haben. Ein und dieselbe Gottheit konnte in verschiedenen Erscheinungsformen und Aspekten präsent sein: So wird Itzamnaaj, der höchste Gott, in menschlicher Gestalt

140 Diego de Landa 2017, 78.

oder als Vogel dargestellt. Der Regengott Chaak konnte in vierfacher Form erscheinen, wobei jeder Erscheinung eine Himmelsrichtung und eine Farbe zugeordnet war. Diese Vielfältigkeit der Gottheiten erschwert nicht selten die konkrete Zuordnung. Die Namen von Gottheiten auf den Inschriften werden häufig mit der Hieroglyphe *k'uh* (»heilig«, »numinos«, »göttlich«) eingeleitet.

Wie in vielen Religionen der Welt sind auch in Mesoamerika die Vorstellungen der Götterwelt abhängig von den wirtschaftlichen und gesellschaftlichen Bedingungen. Grundlage für das Leben und Überleben der Maya war und ist eine erfolgreiche Landwirtschaft, die durch Regen, Sonne und das Gedeihen bzw. die Fruchtbarkeit des Maises garantiert wird. Dementsprechend waren der Regengott Chaak, der Maisgott Jun Ye' Nal und der Sonnengott K'inich Ajaw die wichtigsten Götter. Jede Maya-Stadt bzw. Herrscherdynastie hatte darüber hinaus bestimmte Gottheiten, die sie als Schutzpatrone besonders verehrte. So wissen wir von Palenque, dass dort eine Götterdreiheit als Schutzpatrone der Stadt und der Herrscherdynastie verehrt wurden, die von dem ersten Götterpaar Jun Ye Nal Chaak I. und Jemnal Jxik Matan abstammten: zum einen Jun Ye Nal Chaak II., außerdem K'awiil als zweiter und schließlich K'inich Ajaw als dritter Gott. Daneben hatten die einzelnen Herrscher ihre persönlichen Schutzgottheiten, nach denen sie sich benannten, zum Beispiel K'inich Ajaw, K'awiil oder Chaak. Im Folgenden sollen die Hauptgottheiten der Maya dargestellt werden:

Chaak ist eine der wichtigsten und ältesten Gottheiten des Maya-Pantheons. Die Karriere seiner Verehrung reicht von den Anfängen der Maya-Kultur bis in die Gegenwart. Als Regengott, als der »Beste« (*yutzil*), wie er oft bezeichnet wird, ist Chaak für die Bereiche Regen, Wasser, Fruchtbarkeit, Blitz und Sturm zuständig. Dargestellt wird er anthropomorph mit langer Nase, übergroßen Augen und einer Muschelschale als Ohrschmuck. Sein Attribut ist ein Beil, mit dem er den Panzer der als Schildkröte gedachten Erde aufbricht und dabei den Donner erzeugt. In der Zeit der Klassik erscheint Chaak zudem reptilienartig mit Reptiliengesicht. Besonders oft findet man Darstellungen der elefantenartigen Regengott-Maske an den Tempeln im Chenes-Stil in Yukatan, leicht zu erkennen an der langen, nach oben gebogenen, rüsselartigen Nase. In den postklassischen Codices ist der Regengott identisch mit dem Schellhas-Gott B und nimmt eine menschlichere Gestalt an. In den Codices ist Chaak der am häufigsten vorkommende Gott. Der Regengott konnte in vierfacher Form erscheinen: als »roter Chaak des Ostens« (*Chak Xib Chaak*), als »weißer Chaak des Nordens« (*Sac Xib Chaak*), als »schwarzer Chaak des Westens« (*Ex Xib Chaak*) und als »gelber Chaak des Südens« (*Kan Xib Chaak*). Bis heute werden dem Regengott Chaak Opfer dargebracht und Mythen über ihn überliefert.

Der Maisgott **Jun Ye' Nal** (»Korn des Maiskolbens«) ist eine weitere zentrale Gottheit der Maya-Religion. Als jugendlicher, dem Schönheitsideal der Maya entsprechender Gott personifiziert er die für die Maya lebenswichtige Maispflanze. In Darstellungen der Frühklassik trägt er einen Maiskolben auf dem Kopf, in der Spätklassik wird er, ebenfalls dem Schönheitsideal der Maya entsprechend, auch mit deformierten Kopf und Tonsur gezeigt. Meist ist er nur mit einem Lendenschurz und Gürtel aus Jadeperlen bekleidet. Malerei und Inschriften stellen den Mythos dar, in dem der Maisgott vom Gott der Unterwelt gefangengenommen und von den Göttlichen Zwillingen Hunahpú und Ixbalanqué befreit wird und wieder auf die Erde zurückkehren kann. Dieser Mythos spielte für die Aussaat und Ernte des Mais eine wichtige Rolle, denn dabei wiederholt sich der Tod bzw. die Gefangennahme des Maisgottes in der Unterwelt und seine Wiedergeburt auf der Erde zur Regenzeit.[141] Keramikmalereien zeigen Szenen, in denen die beiden alten sogenannten Ruderer-Gottheiten als Helfer des Maisgottes diesen in die Unterwelt rudern, der eine mit Knochen als Nasenschmuck, der andere mit Jaguarmaske und Jaguarflecken am Körper. Eine weitere ikonografische Version zeigt die Wiedergeburt des Maisgottes, indem der Maisgott aus dem aufbrechenden Panzer einer die Erde symbolisierenden

141 Ähnlich verbringt Persephone im altgriechischen Mythos nach ihrer Entführung durch den Unterweltsgott Hades den Winter in der Unterwelt und den Sommer auf der Erde bei ihrer Mutter Demeter, der Göttin der Fruchtbarkeit und des Getreides.

Schildkröte hervorsteigt und die Göttlichen Zwillinge diesem Vorgang beiwohnen.

Wie bereits erwähnt, sind wir in diesem Fall allein auf ikongrafische Darstellungen angewiesen, sodass noch etliches ungeklärt ist. So zum Beispiel ähnelt der Maisgott dem Kakao-Gott und ist ikongrafisch manchmal nicht von diesem zu unterscheiden. Daher stellt sich die Frage, ob es sich vielleicht um zwei Erscheinungen ein und derselben Gottheit handelt.

Der Sonnengott **K'inich Ajaw** (»Herr der Sonne«), der dem Schellhas-Gott G entspricht, garantiert durch das Sonnenlicht die Fruchtbarkeit der Natur und somit Leben, kann aber andererseits auch Dürrekatastrophen herbeiführen. Er wird als alter Mann mit Bart und großen, eckigen Augen dargestellt. Sein Erkennungszeichen ist die einem Blattkreuz ähnelnde Hieroglyphe *k'in* (= »Tag«) in den Augen oder am ganzen Körper. Er stellt ferner die Hieroglyphenkopfvariante der Zahl Vier dar und gilt als der Patron des Monats *Yachin*. K'inich Ajaw ist am Tag auf der Erde als Sonne präsent, nach Sonnenuntergang hält er sich in der Unterwelt als Jaguar auf. Er steht in Verbindung mit dem Schöpfergott Itzamnaaj. So war K'inich Ajaw Itzamnaaj in der postklassischen Zeit eine Erscheinungsform von Itzamnaaj. Eine Reihe von Maya-Herrschern identifizierten sich mit dem Sonnengott und K'inich ist dementsprechend ein Bestandteil ihres Namens.

K'awiil (»reiche Ernte«), Gott K nach Schellhas, ist der Gott des Blitzes und als solcher der Begleiter des Regengottes Chaak, mit dem er gleichgesetzt wird. Auch mit dem Sturmgott Huracán ist er verbunden. Er ist zudem der Gott der Visionen, des Überflusses und der Herrscher. Seine Funktionsbereiche sind Blitz, Fruchtbarkeit (vor allem Mais und Kakao) sowie die Macht der Herrscher. Daher ist K'awiil ein häufiger Bestandteil von Herrschernamen. Herrscher werden oft mit einem Zepter in Form des Gottes K'awiil gezeigt. Zu erkennen ist K'awiil an seiner hochgezogenen Stirn mit brennender Fackel und seinem rechten Bein, das aus einem Schlangenleib besteht. Unter den Namen *Tohil* kommt K'awiil bei den K'iche'-Maya und in ihrem Buch *Popol Vuh* eine bedeutende Rolle zu, ebenso als *Bolon Dz'acab* im Buch *Chilam Balam von Chumayel* der yukatekischen Maya.

Itzamnaaj (»Haus des Kaimans«), der Schellhas-Gott D, galt als der höchste Gott der Maya, als Göttervater sowie Himmels- und Schöpfergott. Seine Bereiche sind der Himmel und die Schöpfung sowie Schrift und Kalender, als deren Erfinder er gilt. Letzteres gibt ihm den Titel *Aj Tz'iib'* (»Herr des Schreibens«). Seine Partnerin ist die Mondgöttin Ix Chel. Er erscheint in verschiedenen Formen: als alter Mann mit blütengeschmücktem Stirnband, als Schreiber, als Priester, als Kaiman oder als Vogel. Die Gestalt des Kaimans weist auf seine Verbindung zur Erde hin, die Vogelgestalt auf seinen himmlischen Bereich. Itzamnaaj ist identisch mit dem Vogelmonster im *Popol Vuh*. Auch Heilkünste wurden ihm zugeschrieben.

Die Mondgöttin **Ix Chel** (»Frau Regenbogen«), Itzamnaajs Partnerin, ist ferner die Göttin der Fruchtbarkeit, des Wassers, der Nacht, der Heilkunst und der Webkunst. Sie ist ein weiteres Beispiel dafür, dass die Maya-Gottheiten nicht nur in verschiedenen Erscheinungen auftreten, sondern dem Menschen sowohl Heil als auch Unheil bringen konnten. Ix Chel tritt dementsprechend in zwei Erscheinungen auf: Als junge Frau bzw. aufgehender Mond mit großen weiblichen Brüsten, herunterhängender Locke und manchmal mit einem Kaninchen ist sie die Mond- und Fruchtbarkeitsgöttin schlechthin: Das jugendliche Aussehen und die Brüste verweisen auf die Fruchtbarkeit, das Kaninchen symbolisiert den Mond. Denn wie wir vom »Mann im Mond« sprechen, war es für die Maya das Kaninchen »im Mond«. Ix Chel ist auch für Krankheiten verantwortlich. In ihrer Erscheinung als alte Frau bzw. als untergehender Mond mit einer Schlange im Haar und manchmal mit einem Wasserkrug ist Ix Chel für Wasser, sowie für Katastrophen wie Überschwemmungen, für Heilkunst und Weberei zuständig. Schellhas unterschied diese beiden Erscheinungen als Göttin I (Ix Chel als junge Frau) und als Göttin O (Ix Chel als alte Frau). Heute weiß man, dass es sich um ein und dieselbe Gottheit handelt. In postklassischer Zeit waren die Yukatan vorgelagerten Inseln Cozumel und Isla Mujeres viel besuchte Pilgerstätten von Ix Chel.

Der **Gott der Unterwelt** bzw. der Schellhas-Gott L, dessen Name bis heute unbekannt ist, wird als alter Mann mit schwarzer

Körperbemalung dargestellt. Er ist mit Mantel oder einem Jaguarfell bekleidet, trägt einen Hut, auf dem eine Eule als Symbol der Unterwelt sitzt, und raucht eine Zigarre. Manchmal hat er einen Wanderstab oder eine Rückentrage. Szenen der Unterwelt zeigen ihn auf einem Jaguarthron sitzend, oft in Gesellschaft junger Frauen. Er ist der Gegenspieler des Maisgottes, den er in der Unterwelt gefangen hält, bis dieser durch die Göttlichen Zwillinge befreit wird.

Neben diesen zentralen Gottheiten gab es noch viele andere. Chan k'uh und Kab k'uh war das Götterpaar des Himmels und der Erde. Pawahtún (Schellhaas Gott N), der Träger des Kosmos, wird gezeigt, wie er als sitzender alter Mann eine Schnecke oder Schildkröte (die Erde) auf seinem Rücken trägt. Der Schellhas-Gott Q ist der Gott des Krieges und der Opfer. Der Name, bestehend aus der Zahl 10 und einer Gesichtsglyphe, ist bis heute nicht ganz entziffert. Gezeigt wird er als junger Mann mit einer Schlangenlinie im Gesicht und am Körper. Yum Kimil (»Herr des Todes«) war der Todesgott, dargestellt als Skelett oder mit Zeichen der Verwesung. Bestimmte Berufsgruppen hatten ihre eigenen Götter, zum Beispiel Jun B'atz und Jun Chuwen, die Schutzpatrone der Schreiber. Sie treten in Mischgestalt mit Affenkopf und menschlichem Körper auf, haben ein Stirnband und sind mit den Gerätschaften der Schreiber ausgestattet: Tinten- bzw. Schneckenschale, Pinsel und Faltbücher. Ek' Chuak (Schellhas-Gott M) war der Gott der Kaufleute und des Handels, aber auch des Feuers. Dargestellt wird er einerseits als alter, andererseits als junger Gott mit schwarzer Körperbemalung auf der Wanderschaft mit Bündel und Speer, aber ebenso beim Bohren des Feuers oder beim Blutopfer. Eine wichtige Rolle in der Mythologie spielen die Göttlichen Zwillinge bzw. Heldenzwillinge. Über ihre Abenteuer und Taten sind wir aus dem *Popol Vuh* informiert.[142] Sie sind erfolgreiche Jäger und Ballspieler, denen es gelingt, die Unterweltsherrscher zu besiegen.

Vor allem die Codices sind eine wichtige Quelle für die Kenntnis der Maya-Götterwelt. Paul Schellhas legte 1904 die Ergebnisse einer Analyse der Darstellungen der Maya-Gottheiten in den uns

142 s. S. 199–202.

erhaltenen Codices vor, die bis heute noch inklusive der Benennungen weitgehend gültig ist. Schellhas bezeichnete die Gottheiten mit Buchstaben, da nicht alle Namenshieroglyphen der Götter bekannt sind. Zu erwähnen ist, dass in den drei Codices nur zwei Göttinnen vorkommen, aber über zwanzig männliche Gottheiten. Ferner sind eine ältere und eine junge Generation von Gottheiten zu unterscheiden: Die ältere Generation ist durch Kopfputz oder eine besondere Frisur gekennzeichnet, eine hakenförmige, große Nase, eingefallene Backen mit sichtbaren Kiefernknochen, eine U-förmige Einrahmung der Augen und meistens einem zahnlosen Mund bzw. mit nur einem Zahn. Die junge Göttergeneration ist durch mandelförmige Augen und eine – dem Maya-Schönheitsideal entsprechende – hohe Stirn bzw. deformierten Kopf charakterisiert.

Am häufigsten in den Handschriften abgebildet ist der alte Gott B, der Regengott. Am zweithäufigsten dargestellt ist der alte Gott D, der Schöpfergott Itzamnaaj und den dritten Platz nimmt der Gott E ein, der junge Maisgott. Von den Gottheiten A′, A″, CH, H, P, R, U, W, X und Y kennen wir bisher keine Namenshieroglyphe, sie sind nicht identifiziert. Wir wissen nur, wie sie in den Codices dargestellt werden und können von daher gewisse Rückschlüsse ziehen, aber eindeutige Beschreibungen sind bislang nicht möglich. So wissen wir zum Beispiel, dass die Gottheit CH die Zahl Neun symbolisiert und mit dem Bereich des Todes in Verbindung zu stehen scheint. Darauf weisen Totenkragen, Totenschellen und die Punkte am Körper als Zeichen der Verwesung in seinen Darstellungen hin. Gottheit P könnte eine andere Erscheinung der Gottheit N sein. Gott Y wird als Hirschgottheit bezeichnet, weil er mit dem Kopf eines Hirsches oder mit einem Hirschgeweih auf dem Kopf und menschlichem Körper dargestellt wird oder aber zusammen mit einem Hirsch. Vielleicht ist Gott Y als »Herr der Tiere« zu deuten.

Auch von den Maya-Gottheiten, die die Liste[143] auf den Seiten 184 bis 187 zusammenfasst, sind uns nicht in jedem Fall die

143 Alphabetisch geordnet.

Namen und die Funktionsbereiche bekannt. Manchmal scheint ein und dieselbe Gottheit verschieden dargestellt worden zu sein.

In den Zeremonialzentren und Tempeln der Maya wurden Abbilder der Gottheiten aufgestellt. Aber auch in den Wohnhäusern, vor allem der Adligen und Priester, gab es »Betkapellen und Götzenbilder [...] für ihre persönlichen Gebete und Opfergaben«[144], wie Diego de Landa ausführt. »Sie hatten so viele Götzenbilder [...], und alle gestalteten sie in der Art ihrer Götter und Göttinnen. Sie hatten wenig Götzenbilder aus Stein und weitere kleine Bildsäulen aus Holz, indes nicht so viele wie die aus Ton. Die Götzenbilder aus Holz wurden so hochgeachtet, dass man sie als den wichtigsten Teil des Familienbesitzes vererbte.«[145]

Wie in vielen Religionen spielten Geister eine wichtige Rolle. Sie waren zwar nicht so mächtig wie die Götter, konnten das Leben aber nach Ansicht der Maya entscheidend prägen – im positiven Sinn als Schutzgeister oder Ahnengeister, im negativen Sinn als Unheil bringende Geister bzw. Dämonen. Der Maya-Begriff für diese Geister war *way* (Grundbedeutung: »schlafen«, »träumen«). *Way* ist zum einen ein Schutzgeist, das tierische Alter Ego bzw. ein geistiger Doppelgänger des Menschen (ähnlich dem Schutzengel im Christentum), der ihm bei der Geburt zugeteilt und im Traum offenbart wird. Informiert sind wir über den *way* des Herrschers. So finden sich auf Keramikgefäßen Darstellungen solcher Schutzgeister mit Angaben des Besitzers, zum Beispiel »die Hirsch-Schlange ist der *way* des Ajaw von Calakmul«[146]. Daneben wurde der Begriff *way* aber ebenso für eine Vielzahl von Dämonen verwendet, vor allem Krankheits-, Todes- und Unterweltsgeister, die zum Beispiel »Tod mitten auf der Straße« oder »roter Galle-Tod«[147] genannt wurden.

144 Diego de Landa 2017, 77 f.

145 Ebd., 78.

146 Vgl. Nikolai Grube: Die Sujets der Vasenmalerei, in: ders. / Maria Gaida 2006, 57.

147 Ebd.

Name der Gottheit	Übersetzung	Charakteristik
Akan		Gott des Rausches und der Krankheiten
Chaak Gott B	»Blitz«, »Donner«	Regengott
Chan k'uh & Kab k'uh		Götterpaar des Himmels und der Erde
Ek' Chuak Gott M	»Schwarzer Skorpion«	Gott der Kaufleute; Gott der Erdmitte, wo er das erste Feuer entzündete
Gott H		weder Name noch Funktionsbereich bekannt
Hunahpú & Ixbalanqué		die Göttlichen Zwillinge aus dem Popul Vuh
Hun-Hunahpú und Vucub-Hunapuh	»Einsjäger« & »Siebenjäger« Hun-Hunahpú (Vater der Göttlichen Zwillinge)	Vätergeneration der Göttlichen Zwillinge aus dem Popol Vuh
Hu'unal		Personifizierung des königlichen Stirnbandes
Itzamnaaj Gott D	»Haus des Kaimans«	Göttervater, Himmelsgott, Schöpfergott, Erfinder der Schrift und des Kalenders, daher früher auch Gott der Schreiber (Aj Tz'iib')
Ix Chel in den Erscheinungsformen der Göttin I und Göttin O	»Regenbogen«	Mondgöttin, Göttin der Fruchtbarkeit, des Wassers, der Nacht, der Medizin und der Krankheiten, der Webkunst; Begleiterin von Itzamnaaj
Jun B'atz & Jun Chuwen		Gottheiten der Schreiber

Funktionsbereich	Darstellung
	Kopfschmuck und Umhang mit Knochen
Regen, Wasser, Fruchtbarkeit, Blitz, Sturm	anthropomorph mit langer Nase, übergroßen Augen; Muschelschale als Ohrschmuck; mit einem Beil (mit dem er den Donner erzeugt)
Himmel, Erde	
Handel, Feuer	junger oder alter Gott, mit schwarzer Körperbemalung, auf der Wanderschaft mit Bündel und Speer, beim Bohren des Feuers oder beim Blutopfer
	anthropomorph, junger Gott mit Vogel als Kopfschmuck
erfolgreiche Ballspieler und Jäger, Überwindung der Unterwelt, Auferstehung, enge Verbindung mit dem Maisgott	
Königswürde	lange Nase und eine Art Narrenkappe (daher auch »Jester-Gott« genannt)
Schöpfung, Himmel	alter Mann, aber auch als Kaiman oder Vogelgottheit Itzamnaaj Muut; immer mit blütengeschmücktem Stirnband
Mond, Fruchtbarkeit, Nacht, Wasser, Medizin, Weberei, aber auch der Katastrophen wie Überschwemmungen	junge Frau (Göttin I = aufgehender Mond) mit großen weiblichen Brüsten, herunterhängender Locke und manchmal mit einem Kaninchen, oder alte Frau (Göttin O = untergehender Mond) mit einer Schlange im Haar, manchmal mit Wasserkrug
Schreibkunst	Affenkopf und menschlicher Körper, mit Stirnband, Tinten- bzw. Schneckenschale sowie Pinsel und Faltbüchern der Schreiber

Name der Gottheit	Übersetzung	Charakteristik
Jun Ye' Nal Gott E	»Korn des Maiskolbens«	Maisgott, Personifizierung der Maispflanze, Gegenspieler von Gott L
K'awiil Gott K	»Reiche Ernte«	Gott des Blitzes, Begleiter des Regengottes Chaak, Gott der Visionen und des Überflusses
K'inich Ajaw Gott G	»Herr der Sonne«	Sonnengott
K'u o Ch'u Gott C	»Heiligkeit«, »Gottheit«	Gott der Heiligkeit (eventuell auch Gott des Polarsterns)
Gott L (Name unbekannt)		Gott der Unterwelt
Pawahtún Gott N		eine Gruppe von Göttern, die sog. Pawajtun-Götter, Träger des Himmels bzw. Kosmos
Gott Q (der Name besteht aus der Zahl 10 (*lahun*) und einer Gesichtsglyphe)		Gott des Krieges und der Opfer
Gott R		Name und Funktionsbereich unbekannt
Ruder-Götter		Helfer des Maisgottes
Wuk Sip Gott Y		Herr der Hirsche, Herr der Tiere
Yum Kimil Gott A	»Herr des Todes«	Gott des Todes

Funktionsbereich	**Darstellung**
Mais, Fruchtbarkeit	junger Gott, dem Schönheitsideal der Maya entsprechend; spärliche Kleidung, Rock aus Jadeperlen und Gürtel
Blitz, Fruchtbarkeit (vor allem Mais, Kakao), Macht der Herrscher	hochgezogene Stirn, in die eine brennende Fackel hineingesetzt ist, rechtes Bein als Schlange
Unheil	anthropomorph, alter, zahnloser Gott mit Bart und Schlangenelementen
Personifikation der Idee des Heiligen (eventuell auch Gott des Sternenhimmels)	affenähnliches Gesicht, manchmal mit Seil vom Himmel herabhängend und mit Strahlenkranz
Unterwelt, Nacht, Gegenspieler des Maisgottes	alter Gott, schwarze Körperbemalung, mit Hut, auf dem eine Eule sitzt; mit Zigarre und bekleidet mit Mantel oder Jaguarfell; manchmal mit Wanderstab oder mit Rückentrage oder auf einem Jaguarthron sitzend
Kosmos, Himmel, Berge	sitzende, alte, zahnlose Götter mit einer Schnecke oder Schildkröte auf dem Rücken
Krieg, Menschenopfer (von Kriegsgefangenen)	junger Gott, mit einer Schlangenlinie im Gesicht und am Körper
	junger Gott mit schwarzer Markierung
bringen den Maisgott mit einem Boot in die Unterwelt	alte Götter, rudernd in einem Boot; der eine mit Knochen als Nasenschmuck, der andere mit Jaguarmaske und Jaguarflecken am Körper
Jagdtiere	alter Gott, schwarzer Körper, mit Hirschgeweih, lange Ohren, mit Schneckentrompete als Halsschmuck
Tod	Skelett oder mit Zeichen der Verwesung

Das *Popul Vuh* berichtet ausführlich über die »Herren der Unterwelt« bzw. Dämonen der Unterwelt:

> »Die sich Einstod und Siebentod nannten, waren die obersten Richter. Alle übrigen Herren gaben Einstod und Siebentod ihr Amt und ihre Aufgabe. Die sich Reißender Habicht und Aasgeier nannten, vergossen das Blut der Menschen. Andere nannten sich Ahalpúh und Ahalganá. Ihr Amt war, die Menschen aufzublähen, Geschwüre an den Beinen zu erwecken und das Gesicht gelb werden zu lassen; das nennt man [...] Gelbfieber. [...] Andere waren der Herr Knochenbrecher und der Herr Schädelzertrümmerer, Wächter der Unterwelt, deren Stäbe aus Knochen waren. Ihre Aufgabe war, die Menschen auszuzehren bis aufs Bein, bis auf den nackten Schädel, bis sie starben. Dann zerrten sie ihnen Leib und Knochen auseinander und trugen sie von dannen.«[148]

»Sie wurden auf Schultern getragen«: Priester, Schamanen und Heiler

Die größten Götzenanbeter waren die Priester, die Chilanes, und die Zauberer und Ärzte, die Chaces und Nacones. Das Amt des Priesters war es, ihre Wissenschaften zu pflegen und zu lehren [...], *die Feste zu verkündigen und anzugeben, Opfer zu bringen und ihre Sakramente auszuteilen. Das Amt der Chilanes war es, dem Volk die Antworten der Teufel zu überbringen, und sie wurden so hochgeachtet, dass sie, wie es oft geschah, auf Schultern getragen wurden.* [...] *Die Chaces waren vier alte Männer, die stets neu gewählt wurden, um dem Priester zu helfen* [...]. *Nacones hießen zwei Ämter: Das eine war auf Lebenszeit und wenig ehrenhaft, weil derjenige es ausübte, der den Geopferten die Brust aufschnitt; das andere war das eines gewählten Hauptmannes für den Krieg und weitere Feste, und es hatte eine Dauer von drei Jahren.*[149]

148 Popol Vuh 1978, 55.
149 Diego de Landa 2017, 78 f.

Diese Beschreibung von Diego de Landa aus dem Yukatan der postklassischen Zeit ist eine der wenigen Informationen über die Priester der Maya – im Unterschied zu den Azteken. Als höchsten Priester nennt Landa den *Ajaw Can* (»Schlangenherrn«, auch »oberster Lehrer«). Zudem wissen wir, dass in der klassischen Zeit die Herrscher priesterliche Aufgaben übernahmen. Der Chilam (oder *chilan*, wie Landa ihn nennt) ist der Wahrsager, das Sprachrohr der Gottheiten, der vor allem in der Volksfrömmigkeit eine große Rolle spielte. Denn der Chilam verkündete die Prophezeiungen der Gottheiten, er informierte über zukünftige Ereignisse, wie günstig oder ungünstig die Sterne z. B. für Unternehmungen standen. Bekannt sind die Prophezeiungen der Chilam-Balam-Bücher. Der Chilam kann als Opferpriester fungieren. Deshalb wird der Chilam Balam auch als Nacom Balam bezeichnet.

Eine besondere Rolle spielen bis heute die Schamanen, von Landa »Zauberer« und »Ärzte« genannt. Inwieweit der Chilam schamanistische Tätigkeiten ausübte, ist unklar. Denn was genau ein Schamane ist, darüber wird nach wie vor seit Beginn der wissenschaftlichen Erforschung des Schamanismus im 19. Jh. bei den Völkern Sibiriens und des nördlichen Zentralasiens in Ethnologie und Religionswissenschaft diskutiert. Dabei geht es um die Frage: Ist Schamanismus ein Phänomen, das nur auf Sibirien und Zentralasien beschränkt ist oder ist es ein weltweites Phänomen? Schamanismus wird als religiöses Phänomen den sogenannten Naturvölkern, vor allem den Kulturen der Jäger und Sammlerinnen zugeordnet und nicht den Hochkulturen. Eine allgemeingültige Definition des Schamanismus fehlt bis heute. Aber es gibt eine Reihe von Kennzeichen wie Berufung, Initiation, Hilfs- und Schutzgeister, Jenseitsreise und Schamanenausrüstung. Wichtigstes Merkmal ist die Ekstase.[150] Mircea Eliade betont dabei, dass der »echte« Schamane sich ohne Drogen in Ekstase versetzen kann. Denn durch Drogen hervorgerufene Ekstase ist in der Religionsgeschichte ein häufiger Bestandteil kultischer Handlungen und ist somit nicht in jedem Fall als ein Beleg für Schamanismus zu

150 So Mircea Eliade in seinem Standardwerk *Schamanismus und archaische Ekstasetechnik*, Paris 1951.

werten. Der Schamane ist ein Vermittler zwischen der diesseitigen und der jenseitigen Welt und ein Begleiter der Seele (»Psychopomp«). Er übt alle die Tätigkeiten aus, die nach der Vorstellung der Naturvölker mit der Seele zusammenhängen: Krankenheilung, Begleitung der Seelen von Toten ins Jenseits, Überbringung von Opfern an die Gottheiten und Geister, Zukunftsvorhersagen, Auffinden von Jagdwild und anderes mehr. Im Unterschied zum Schamanen ist der Priester in den Hochkulturen ein religiöser Funktionär, der sein Amt hauptberuflich ausübt. Und im Unterschied zum Medizinmann und Heiler deckt der Schamane einen größeren Tätigkeitsbereich ab: Jeder Schamane ist zwar auch ein Medizinmann, aber nicht jeder Medizinmann ist ein Schamane. Zusammenfassend lässt sich sagen, dass die Quellenlage zu den Maya der klassischen und postklassischen Zeit zu dürftig ist, um bestimmte Phänomene mit Sicherheit als schamanistisch bezeichnen zu können.

Noch heute ist die Volksfrömmigkeit der Maya durch die Tätigkeit von Heilern und Medizinmännern (*Curanderos*) geprägt, die man gerne generell als »Schamanen« bezeichnet. Inwieweit es sich wirklich um Schamanen handelt, wäre im konkreten Fall jeweils genauer zu klären. Jedenfalls besteht hier die Gefahr des inflationären Gebrauchs des Begriff »Schamane«, der ihn letztlich nicht mehr aussagekräftig machen würde.

In der klassischen Zeit kamen auch dem Herrscher eines Stadtstaates priesterliche Aufgaben zu, da er von göttlicher Abstammung und als solcher für den Erhalt der Weltordnung im Bereich des Kultes verantwortlich war. Er war, wie der Priester, ein Mittler zwischen Diesseits und Jenseits und kommunizierte wie dieser im Ritual und beim Opfer mit Ahnen, Schutzgeistern und Gottheiten. Dieser Kontakt mit dem Jenseits wurde in der Ikonografie durch die sog. Visionsschlange über dem Kopf des Herrschers oder durch einen Schlangenstab angedeutet. Vor allem das Blutopfer durch Blutentnahme an der Zunge, am Ohr oder am Penis war ein Vorrecht des Herrschers, aber gleichzeitig seine Pflicht gegenüber dem Volk. Die Thronbesteigung, die Einweihung eines Tempels oder bestimmte Jubiläen waren immer mit einem Blutopfer verbunden. Der Herrscher vollzog das Blutritual in der Regel öffentlich auf der Pyramidenplattform vor dem Tempeleingang. Dabei durchstach er seine Zunge, sein Ohr oder seinen Penis mit einer Obsidianklinge oder einem Rochenstachel. Dann zog er eine Kordel mit Dornen durch Zunge, Ohr oder Penis. Das Blut fing er dabei mit Papierstreifen auf. Die vollgesogenen Papierstreifen wurden in Räuchergefäßen als Opfer verbrannt. Der Schmerz führte zu einer Trance, in der der Herrscher Visionen hatte und so mit den genannten Wesenheiten kommunizierte oder sich selbst in ein übernatürliches Wesen verwandelte und dessen Macht übernahm. Auch Alkohol und andere Rauschmittel sowie Tänze dienten den Herrschern und Priestern dazu, sich in einen Trance- bzw. Ekstasezustand zu versetzen. Bei diesem sowie anderen Riten wurden Musikinstrumente wie Trommeln, Flöten, Rasseln und Muschelhörner verwendet, zudem bei den meisten Räucherharz bzw. Copal verbrannt.

Feste und Rituale

Wie in allen Kulturen waren Geburt, Eintritt ins Erwachsenenalter, Heirat und Tod Anlass zu besonderen Festen, die man in der Ethnologie als Übergangsriten bezeichnet. Und wie ebenfalls weltweit waren auch die Jahreszeiten und der Lauf der Gestirne mit bestimmten Festen bzw. Ritualen verbunden, zum Beispiel Aussaat oder Ernte. Schließlich sind die Festtage bestimmter Gottheiten sowie bestimmter Gesellschaftsgruppen wie Jäger oder Fischer zu erwähnen.

In der klassischen Zeit wurde jeder K'atun (20 Jahre) besonders gefeiert, indem der Herrscher eine Stele mit entsprechender Inschrift bzw. Information aufstellen ließ. Während wir darüber hinaus für die klassische Zeit über wenig detaillierte Informationen bezüglich Ablauf oder Daten der Riten verfügen, liefert uns Diego de Landa[151] für die postklassische Zeit eine ausführliche Darstellung, in der folgenden Liste zusammengefasst:

151 Diego de Landa 2017, 117–157.

Fest	**(unser) Monat**	**Monat des Maya-Kalenders**
»Erneuerung des Tempels« (*ocná*) zu Ehren der »Götter der Maisfelder«	Januar	Ch'en
Fest der Jäger zur Besänftigung der Götter	Februar	Sak
großes dreitägiges Fest	Februar	Sak
Fest für die »Götter der Kornfrüchte«	März	Mac
Fest für Itzamnaaj	März	Mac
Fest für die Gottheiten der Kakaopflanzungen	April	Muwan
Fest für einen siegreichen Krieg (*pacumchac*)	Mai	Pax
Zabcilthan	Mai	Pax
Neujahrsfest	Juli/August	Pop
Fest der Jäger und Fischer (*pocam*)	August	Uo
Fest der Göttin Ix Chel (*ibcil*)	September	Slip
Fest der Jäger und der Gottheiten der Jagd	September	Slip
Fest der Fischer	September	Slip
Fest der Bienenzüchter	Oktober	Tzek
Fest des K'uk'ulkan	Oktober	Xul
Fest für alle Götter	Dezember	Mol
(weiteres) Fest der Bienenzüchter	Dezember	Mol

In den Jahren, in denen die Monate mit den Tageszeichen K'an, Muluc, Ix und Kawak begannen, wurden außerdem besondere Feste gefeiert.

Die **Verstorbenen** bzw. Ahnen erfuhren außergewöhnliche Verehrung. Man begrub sie oft unter dem Fußboden des Hauses, während für die Herrscher meist ein Pyramidenbau errichtet wurde. Für die Reise ins Jenseits wurden die Toten mit allen benötigten Beigaben ausgestattet: Lebensmittel, Kleidung, Schmuck, Keramik etc.

Über die Bestattungsriten berichtet Landa, dass große Trauer sowie Fasten für den Toten üblich war, vor allem wenn der Ehepartner gestorben war. Die Toten wurden in ein Leinentuch eingehüllt und in den Mund wurde ihnen gemahlener Mais als Nahrung für das Jenseits gelegt. Als Grabbeigaben waren »Götzenbilder« üblich, bei Priestern Bücher und bei »Zauberen« die entsprechenden Utensilien wie zum Beispiel »Zaubersteine«. Der Tote wurde im oder hinter dem Haus beerdigt, das man dann nicht mehr nutzte bzw. unbewohnt ließ – »außer wenn viele Leute in ihm lebten, deren Gesellschaft ihnen etwas die Furcht nahm, die ihnen der Tod weiter einflößte«.[152]

Landa erwähnt, dass früher die Leichname der Häuptlinge und Adligen verbrannt und die Asche in großen Gefäßen aufbewahrt wurde, über die man Tempel errichtete. Zu seiner Zeit aber sei es Brauch bei den Vornehmen geworden, Ton- oder Holzfiguren für die Asche der Verstorbenen anzufertigen, die »in den Betkapellen der Häuser bei den Götzenbildern aufgestellt wurden«.[153]

Auch eine Art **Beichte** in nachklassischer Zeit erwähnt Landa, die die Indios ablegten, wenn sie von Krankheit, Tod oder anderen Nöten betroffen waren und die Ursache dafür in ihren Verfehlungen sahen. Die »Beichte« erfolgte öffentlich vor einem Priester oder auch vor den Eltern oder Ehepartnern. »Die Sünden, deren sie sich gewöhnlich anklagten, waren Diebstahl, Totschlag, Fleischessünden und falsches Zeugnis [...].«[154]

152 Ebd., 97.
153 Ebd.
154 Ebd., 76.

»Wenn sie ihm das Herz herausschneiden«: Blutige Opfer

Um die Feste würdig zu begehen, wurden Menschen geopfert, und darüber hinaus geboten ihnen die Priester oder die Chilanes auch bei irgendwelcher Bedrängnis oder Notlage, Menschen zu opfern; [...] *Und wenn der Tag gekommen war, versammelten sie sich im Hof des Tempels; sollte (der Sklave) mit Pfeilschüssen getötet werden, so zogen sie ihn nackt aus, bestrichen ihm den Körper mit blauer Farbe und (setzten ihm) eine Büßermütze auf den Kopf;* [...] *Der schmutzige Priester, der seine Tracht angelegt hatte, stieg hinauf und verwundete ihn mit einem Pfeil in der Schamgegend, gleichgültig, ob es eine Frau oder ein Mann war; er zapfte Blut ab, stieg herunter und bestrich damit die Gesichter des Teufels; dann gab er den Tänzern ein bestimmtes Zeichen, und sie liefen wie im Tanz schnell vorbei und beschossen alle der Reihe nach mit Pfeilen sein Herz, das mit einem weißen Flecken angegeben war; und solcherart richteten sie ihn sogleich dermaßen zu, dass er wie ein Igel aus Pfeilen aussah.*[155]

Wie Diego de Landa hier berichtet, waren Menschenopfer bei den Maya durchaus üblich. Schon Darstellungen der klassischen Zeit zeigen, wie die Maya Kriegsgefangene opfern.

In allen Religionen hat das Opfer als Mittel, mit der Gottheit in Verbindung zu treten, mit ihr zu kommunizieren, eine ganz besondere Bedeutung – als Dank an die Gottheit oder um etwas von ihr zu erbitten. Menschenopfer sind in der Religionsgeschichte und in Hochkulturen weltweit durchaus kein seltenes Phänomen und insofern keine Besonderheit der Maya. Die Gründe und Anlässe für Menschenopfer sind verschieden: zum Beispiel als Bitt- oder Dankopfer, zur Sicherung der Ernte bis hin zum Erhalt von Gesellschaft und Kosmos, oder als Grabbeigaben. In Indien wird heute noch vereinzelt die Witwenverbrennung (*Sati*) praktiziert – ebenfalls ein Menschenopfer, obwohl seit 1830 offiziell verboten. Selbst im Alten Testament findet sich die Erinnerung daran, dass im Alten Israel Menschenopfer praktiziert und dann durch Tieropfer ersetzt

155 Ebd., 81 f.

wurden. Beispiel dafür ist die Geschichte von Abraham, der bereit ist, auf Anweisung Gottes seinen Sohn Isaak zu opfern. Dies wird im letzten Moment verhindert, und Abraham opfert stattdessen eine Ziege (vgl. Gen 22).

Ähnlich wie bei den Azteken opferten die Maya nach Landas Bericht auch menschliche Herzen:

> »Wenn sie ihm das Herz herausschneiden sollten, brachten sie ihn mit großem Pomp und zahlreichem Gefolge in den Hof, und nachdem sie ihn mit blauer Farbe beschmiert und ihm die Büßermütze aufgesetzt hatten, brachten sie ihn zu der runden Plattform, die der Opferplatz war; nachdem der Priester und seine Amtsgehilfen jenen Stein mit blauer Farbe bestrichen und den Teufel ausgetrieben hatten, indem sie den Tempel reinigten, ergriffen die *Chaces* das arme Opfer, sehr geschwind legten sie es rücklings auf jenen Stein, und alle vier packten es an Armen und Beinen, wobei sie jedem eines von seinen Gliedern zuteilten. In diesem Augenblick kam der *Nacón*, der Henker mit einem steinernen Dolchmesser und versetzte dem Opfer mit großer Gewandtheit und Grausamkeit einen Messerstich zwischen die Rippen, an der linken Seite unterhalb der Brustwarze, und sogleich fuhr er dort schnell mit der Hand hinein und packte das Herz wie ein wütender Tiger, riss es ihm bei lebendigen Leib heraus, legte es in eine Schale und gab es dem Priester, der eilends zu den Götzenbildern lief und ihnen die Gesichter mit jenem frischen Blut bestrich.
>
> Bisweilen nahmen sie dieses Opfer an dem Stein und auf der obersten Plattform des Tempels vor, dann warfen sie den schon toten Körper die Stufen hinunter, unten packten ihn die Amtsgehilfen und zogen ihm die ganze Haut ab, nur die der Hände und Füße nicht; nachdem der Priester sich entkleidet hatte, streifte er sich jene Haut über, und zusammen mit ihm tanzten nun die übrigen, was für sie etwas sehr Weihevolles war. Diese Geopferten begrub man gewöhnlich im Hof des Tempels, oder sonst wurden sie von ihnen gegessen, wobei man sie unter die Häuptlinge und jene verteilte, für die sie ausreichten; die Hände, die Füße und der Kopf fielen dem Priester und dem Amtsgehilfen zu; und diese Geopferten hielt man für Heilige. Wenn sie Sklaven waren, die man im Krieg gefangen hatte,

nahm ihr Herr die Knochen an sich, um sie bei den Tänzen als sein Wahrzeichen und seine Trophäe vorzuführen.«[156]

Landa beschreibt hier zum Schluß ein Menschenopfer, bei dem einem getöteten Opfer die Haut abgezogen wird. Diese Praxis hatte man aus Zentralmexiko übernommen – ein Opfer, das bei den Azteken dem Fruchtbarkeitsgott Xipe Totec dargebracht wurde. Dabei wurden gewisse Teile des Körpers gegessen, um so die Kraft und göttliche Energie des Opfers in sich aufzunehmen.

Steinernes Zeugnis der Menschenopfer ist die Nachbildung eines Schädelgerüstes in Chichén Itzá. Solche Schädelgerüste dienten in natura zur Aufbewahrung der Totenschädel der Menschenopfer. Schließlich hat Chichén Itzá seinen Namen von dem Brunnen, in den man lebende Menschen als Opfer hineinwarf »und glaubte, sie würden am dritten Tage heraufkommen, obwohl sie nie wieder erschienen«.[157]

Nicht nur einzelne Personen, sondern ganze Gruppen auf einmal wurden geopfert. So fand man vor einigen Jahren in Cancuén (Dept. Petén, Guatemala) in einer Zisterne die Überreste von ca. 50 Frauen, Männern und Kindern. Sie stammen aus der Zeit um 800 n. Chr., der Zeit des Niedergangs der Städte der klassischen Zeit im Tiefland. Vielleicht war Cancuén erobert worden und die Herrscherdynastie der Stadt ausgelöscht bzw. geopfert worden. Ein ähnlicher Fall liegt wohl auch in Uxul im mexikanischen Bundesstaat Campeche vor. Hier fand man 2013 ein Massengrab von ca. 20 Frauen, Männern und Kindern, die in diesem Fall vermutlich als Kriegsgefangene des siegreichen Herrschers von Uxul rituell geopfert worden waren. Die Leichname wurden zerstückelt, enthauptet, erhitzt, von den Schädeln wurden die Unterkiefer abgetrennt. Letztere wurden in einem Halbkreis um die in der Mitte deponierten Knochen bzw. Gliedmaßen gelegt. Dass sie nicht achtlos weggeworfen wurden, lässt auf eine rituelle Tötung schließen.[158]

Nicht tödlich, aber dafür aber sehr schmerzlich war das Opfer des eigenen Blutes, die Selbstkasteiung, die ebenso in ganz

---

156 Ebd., 82 f.
157 Ebd., 83.
158 s. S. 263.

Mesoamerika verbreitet war. Von der Opferung des eigenen Blutes bei den Maya von Yukatan beschreibt Landa die verschiedensten Formen. So durchbohrten sie sich die Wangen, die Unterlippen oder die Zunge. Zudem schnitten sie sich Teile der Ohren oder des »Schamgliedes« heraus. Üblich war auch, dass sich mehrere Männer im Tempel versammelten. Dabei

> »bohrte sich jeder ein schräges seitliches Loch in das männliche Glied; sobald sie dies getan hatten, zogen sie die größtmöglichste Menge Schnur durch die Löcher, so dass sie nun alle miteinander verbunden und aneinandergereiht waren; sie bestrichen auch den Teufel mit dem Blut von all diesen Schamgliedern [...]
>
> Bei den Frauen war derartiges Blutvergießen nicht üblich [...]. Und sie opferten andere Dinge, die sie besaßen. Einigen Tieren schnitten sie das Herz heraus und opferten es; andere opferten sie ganz, die einen lebend und die anderen tot, die einen roh und die anderen gekocht, sie opferten auch viel Brot und Wein sowie alle bei ihnen üblichen Speisen und Getränke.«[159]

Und schließlich galt auch die Verbrennung von Copalharz als Opfer.

Ballspiel als Gottesdienst

Das Ballspiel war in ganz Mesoamerika verbreitet. Jede bedeutende Stadt bzw. Kultanlage hatte einen oder mehrere Ballspielplätze. Der bisher größte bekannte Ballspielplatz ist der von Chichén Itzá mit einer Länge von 166 m und 68 m Breite. Ballspielplätze gab es schon seit der frühen Präklassik. Zu den frühesten Ballspielplätzen im Maya-Gebiet zählen der von Paso de la Amada im mexikanischen Bundesstaat Chiapas oder der von Sakajut (Alta Verapaz). Das Ballspiel war im vorspanischen Amerika kein Sport in unserem Sinne, sondern ein Teil des Kultes, ein religiöser Akt bzw. »Gottesdienst« – hatte aber gleichzeitig vermutlich auch wirtschaftliche und politische Bedeutung.

---

159 Diego de Landa 2017, 79 f.

Beim Spiel standen sich zwei Mannschaften gegenüber, deren Spielerzahl von einem bis zu sieben variieren konnte. Die Spieler trugen einen Ledergürtel, Lenden-, Arm- und Knieschutz, Handschuhe sowie hut- oder tierkopfähnlichen Kopfschmuck. Wie Abbildungen zeigen, mussten sie vor dem Spiel mit fremder Hilfe »eingekleidet« werden, ähnlich wie die Ritter des Mittelalters ihre Rüstungen nicht alleine anlegen konnten. Gespielt wurde mit einem Vollgummiball aus Kautschuk, den man mit Hüfte, Brust, Rücken, Gesäß oder Ellenbogen spielte und nicht mit Hand, Knie oder Kopf berühren durfte. Ziel war es wohl, den Ball so lange wie möglich »in Bewegung« zu halten und nicht auf den Boden kommen zu lassen. Ansonsten wissen wir wenig über die Regeln oder wer wann und wie siegte. Vermutlich gab es diesbezüglich regionale und zeitliche Unterschiede.

Die Ballspielplätze hatten einen rechteckigen Grundriss, meistens in Form eines I oder T. Die Plätze waren an den Längsseiten von Steinwänden eingegrenzt, an den Schmalseiten waren sie offen. Während im südlichen Tiefland wie in Copán (Honduras) die Seitenwände schräg sind und sich auf dem Spielfeld Markiersteine befinden, sind in Yukatan wie zum Beispiel in Chichén Itzá die Seitenwände des Ballspielplatzes senkrecht und mit steinernen Ringen versehen, durch die vermutlich der Gummiball gespielt werden musste.

Aus Bilddarstellungen und aus Texten geht hervor, dass Spieler durch Enthauptung geopfert wurden. Vermutlich waren es die Spieler der Mannschaft, die verloren hatte. Denn wenn man die Sieger geopfert hätte, wäre das ein Verlust der besseren bzw. besten Spieler gewesen. Vielleicht waren es auch Kriegsgefangene, denen man die Möglichkeit zum Ballspiel gab, bevor sie geopfert wurden. Reliefdarstellungen aus Chichén Itzá zeigen enthauptete Ballspieler, aus deren Rumpf sieben Schlangen entspringen – als Symbol für Blut und die Erneuerung des Lebens.

Für das Ballspiel gibt es verschiedene Deutungen, zum Beispiel als Fruchtbarkeitsritus, Jagd- oder Kriegszeremonie. Diente das Ballspiel als Kriegszeremonie dazu, Konflikte »spielerisch« auszutragen? Wollte man den in einer Schlacht gefangenen Gegnern ein ehrenvolles Ende im Ballspiel ermöglichen? Oder war es ein

Fruchtbarkeitsritus, der den Kreislauf der Jahreszeiten, des Lebens und der Natur, Leben und Tod, Tod und Wiedergeburt und den Verlauf der Himmelsgestirne (Sonne, Mond, Venus) darstellte? Stellte das Ballspiel den Sieg der Sonne über die Mächte der Dunkelheit, über die Götter der Unterwelt dar? Oder war es ein Ritus, der das Wachsen der Maispflanze und ihre Fruchtbarkeit und somit die Nahrungsgrundlage für den Menschen sicherte? Symbolisierte der Ballspielplatz die Öffnung zur Unterwelt, im Unterschied zu den Pyramiden als Öffnung zum Himmel? Mussten die Spieler diese Unterweltsöffnungen passieren, um Tod und Wiedergeburt zu erfahren? Das alles sind mögliche Thesen und Erklärungen – Fragen, die bislang nur mit Vermutungen beantwortet werden können.

Für die Deutung des Ballspieles als Fruchtbarkeitsritus, der die Dualität von Tod und Leben bzw. Tod und Wiedergeburt repräsentiert, würde auch der Mythos von den Göttlichen Zwillingen im *Popol Vuh* der K'iche'-Maya sprechen. Dementsprechend wird vermutet, dass der im *Popol Vuh* erzählte Mythos von den Göttlichen Zwillingen im kultischen Ballspiel der Maya »nachgespielt« wurde, das heißt bei jedem Ballspiel wieder lebendig wurde und sich noch einmal ereignete.

Der Mythos von den Göttlichen Zwillingen

Im ersten Teil des *Popol Vuh* wird erzählt, wie die Göttlichen Zwillinge Hunahpú und Ixbalanqué die Götter bzw. »Herren« von Xilbalbá, der Unterwelt, im Ballspiel besiegen. Dies ist der bekannteste Mythos der Maya und bis heute aktuell.

Die Erzählung von den Göttlichen Zwillingen beginnt damit, dass Hun-Hunahpú (»Einsjäger«), der Vater der Zwillinge, und sein Bruder Vucub-Hunahpú (»Siebenjäger«), ebenfalls Zwillingsbrüder, die Götter der Unterwelt durch den Lärm des Ballspiels stören und diese ihnen daher befehlen, zu ihnen zu kommen. Die Herrscher der Unterwelt stellen den Brüdern die Aufgabe, dass jeder einen Kienspan und eine Zigarre die Nacht über brennen lassen und diese morgens zurückgeben soll, ohne dass sie aufgebraucht sind. Kienspan und Zigarre aber brennen ab, die Aufgabe ist nicht erfüllt. So werden sie von den Herren der Unterwelt getötet.

Der eine Bruder wird unter dem Ballspielplatz begraben, der Schädel von Hun-Hunahpú wird an einem Baum aufgehangen. »Aber kaum hatte man den Kopf in den Baum gesetzt, da bedeckte sich dieser mit Früchten. Niemals hatte der Frucht getragen, bevor man den Kopf Hun Hunahpús in seine Äste gesetzt hatte. Darum nennen wir heute die Jicara-Frucht ›den Kopf Hun Hunahpús‹.«[160] Der Kopf Hunahpús unterschied sich nicht mehr von den anderen Jicara-Früchten. Die Herren der Unterwelt verboten deshalb, Früchte von diesem Baum zu pflücken. Aber Ixquic, die Tochter eines der Unterweltsherren, war neugierig und suchte diesen Baum auf. Der Schädel sprach zu ihr:

»›Was wünschest du? Diese runden Dinge an allen Ästen sind nichts als Schädel.‹ So sprach der Kopf von Einsjäger zur Jungfrau. ›Gelüstet es dich danach?‹ ›Ja, mich gelüstet es‹, sagte die Jungfrau. ›Es ist gut‹, sagte der Schädel. ›Strecke mir nur deine rechte Hand entgegen. Zeige her.‹ ›Wohl!‹ sagte die Jungfrau, erhob ihre rechte Hand und streckt sie dem Schädel entgegen. Da spritzte der Schädel einen Strahl Speichel mitten auf die Handfläche der Jungfrau. Die schaute nachdenklich in ihre Hand, aber der Speichel des Schädels war verschwunden. ›Mit diesem Wasser, diesem Speichel habe ich dir mein Liebespfand gegeben. Nun hat mein Haupt keinen Wert mehr, nichts als Knochen ohne Fleisch bleibt es. So sind die Schädel der Großen Herren: nur das schöne Fleisch gibt ihnen Ansehen. [...] Aber ihr Wesen verliert sich nicht, wenn sie hingehen: es vererbt sich. [...] Es bleibt vielmehr in den Töchtern und Söhnen, die sie erzeugen. Eben diese habe ich mit dir getan. Steige nun empor zur Erde [...].‹ Und es kehrte nach dieser Rede die Jungfrau sogleich heim. Und schon war sie schwanger an Söhnen, allein durch den Speichel. So geschah die Zeugung von Hunahpú und Ixbalanqué.«[161]

160 Popol Vuh 1978, 61.
161 Ebd., 62 f.

Als der Vater von Ixquic erfährt, dass sie schwanger ist, will er sie töten lassen. Ihr aber gelingt die Flucht auf die Erde, wo sie bei ihrer Schwiegermutter unterkommt und die Zwillinge gebiert. Diese sind als Erwachsene ebenso wie ihr Vater talentierte Jäger und Ballspieler. Von ihren beiden älteren Brüdern missachtet, verwandeln die Zwillinge diese in Affen und seitdem sind diese nun die Schutzpatrone der Musiker, Maler und Bildhauer.

Wie ihr Vater und dessen Bruder stören die Zwillinge mit ihrem Ballspiel die Herren der Unterwelt, die die Zwillinge in die Unterwelt beordern und versuchen, sie zu hintergehen. Tagsüber müssen die Zwillinge gegen die Unterweltsherrscher Ball spielen und lassen diese dabei immer gewinnen. Nachts werden ihnen Prüfungen auferlegt, durch die sie getötet werden sollen, die sie aber alle meistern. So sollen sie in der ersten Nacht im Haus der Finsternis zwei Zigarren und einen Kienspan die ganze Nacht am Brennen halten und am Morgen aber unversehrt wieder zurückgeben. Ihnen gelingt dies, indem sie Glühwürmchen an die Zigarrenspitzen und den Schwanz eines Aras an den Kienspan anbringen und somit das Brennen vortäuschen. Die zweite Nacht verbringen die Zwillinge im Dolchmesserhaus, wo sich ständig Messer bewegen und Fleisch schneiden. Gleichzeitig sollen sie Blumensträuße herbeischaffen. Die Zwillinge bringen die Messer mit dem Versprechen zur Ruhe, ihnen Tierfleisch zu besorgen und lassen sich durch Ameisen die Blumensträuße besorgen. Danach folgt eine Nacht im Haus Xuxulim, wo extreme Kälte herrscht, dann im Jaguarhaus, das voller hungriger Jaguare ist, im Haus des Feuers zwischen Feuerflammen und schließlich im Haus der Fledermäuse. Dabei wird einem Zwilling von einer Fledermaus der Kopf abgerissen. Beim Ballspiel mit den Unterweltsherrschern am nächsten Tag benutzen diese den Kopf als Ball. Dem anderen Zwilling gelingt es aber, den Kopf seines Bruders gegen einen Kürbis auszutauschen und ihm seinen richtigen Kopf wieder aufzusetzen. Nun beschließen die Herrscher der Unterwelt, die Zwillinge in einer Siedebütte zu töten. Diese erfahren davon, springen aber trotzdem hinein. Danach werden ihre Leiber »zermahlen und in fließendes Wasser gestreut. Aber sie trieben nicht davon, sondern sanken auf den Boden des Wassers und verwandelten sich in schöne Jünglinge. In dieser Gestalt erschienen sie aufs neue«[162]. Sie wechseln danach ihre Gestalt und erscheinen als Menschenfischer, dann als Bettler, die Tänze und Zaubertricks in der Unterwelt vorführen. Vor den beiden obersten Herren der Unterwelt, Einstod und Siebentod, führen sie schließlich den Opfertanz auf, wobei der eine den anderen enthauptet, zerstückelt und dann wieder zum Leben erweckt. Fasziniert davon bitten die Unterweltsherrscher die Zwillinge, dies an ihnen selbst durchzuführen. Dieser Bitte kommen die Zwillinge nur zum Teil nach: Sie töten zwar die Herrscher der Unterwelt, machen sie aber nicht wieder lebendig. Damit waren die Herren der Unterwelt besiegt. »So brach Macht und Glanz von Xilbalbá zusammen, nie gewann es neue Größe. Das war die Tat von Hunahpú und Ixbalanqué.«[163] Ihren Vater und dessen Bruder können sie allerdings nicht mehr wieder zum Leben erwecken. »So nahmen sie Abschied, nachdem sie ganz Xibalbá besiegt hatten. Hierauf mitten ins Licht stiegen sie, zum Himmel erhoben sie sich sogleich. Zur Sonne wurde der eine, zum Mond der andere. Und so füllte Licht die Kuppel des Himmels und das Angesicht der Erde. Am Himmel verweilen sie.«[164] Damit endet der Mythos, der letztlich aufzeigt, dass der Tod überwindbar ist. Damit wird die Hoffnung vermittelt, dem Tod genau wie die Zwillingsbrüder zu entgehen. Bis heute ist der Mythos der Göttlichen Zwillinge auch im Weltbild der modernen Maya lebendig.

---

162 Ebd., 94.
163 Ebd., 100.
164 Ebd., 101.

»Unerhörte Grausamkeiten«: Die spanische Eroberung und Kolonialzeit

Sie verübten an den Indios unerhörte Grausamkeiten, sie schnitten Nasen, Arme und Beine und den Frauen die Brüste ab, banden ihnen Kalebassen an die Füße und warfen sie in tiefe Lagunen; den Kindern versetzte man Degenstöße, weil sie nicht so schnell wie die Mütter liefen, und wenn man sie in Halseisen mitführte und sie krank wurden oder nicht so schnell wie die anderen liefen, schlug man ihnen die Köpfe ab, damit man nicht halten musste, um sie loszumachen. Und mit einer derartigen Behandlung holten sie viele gefangene Frauen und Männer zu ihrem Dienst zusammen.[165]

Diego de Landa beschreibt hier die Misshandlung und Ausbeutung der Maya durch die spanischen Eroberer, obwohl er selbst nicht zimperlich war, wenn es darum ging, die »heidnischen« bzw. indianischen Kulte zu bekämpfen.[166] Schon 1502 findet der erste Kontakt zwischen Europäern und Maya statt: Kolumbus trifft auf seiner vierten Entdeckungsfahrt vor der Küste von Honduras auf ein Handelsboot mit Maya-Indianern.[167] Aber erst 195 Jahre später, im Jahr 1697, wird Tayasal, die letzte bis dahin von den Spaniern unabhängige Maya-Stadt erobert. Dies sind die Eckdaten der spanischen Entdeckung und Eroberung des Maya-Gebietes. Dessen Eroberung dauerte länger als bei den Azteken und ihrer Hauptstadt Tenochtitlán, da es sich im Fall der Maya um eine Reihe autonomer Stadtstaaten handelte. Den Spaniern zugute kam vor allem die Unterstützung durch indianische Gruppen. Wie auch bei der Eroberung der Azteken, deren Feinde die Spanier unterstützten, gab es auch solche Maya, die auf die Seite der Spanier wechselten, um gegen ihre Konkurrenten vorzugehen. So wurde die relativ schnelle Eroberung Guatemalas durch Pedro de Alvarado

165 Diego de Landa 2017, 46.
166 Dazu s. S. 221.
167 s. S. 136.

aufgrund der Unterstützung der Kaqchikel ermöglicht, die mit den K'iche' verfeindet waren. Die Eroberung von Yukatan durch Montejo wurde durch die Unterstützung der Dynastie der Tutul Xiu von Maní erleichtert, die darin eine Möglichkeit sahen, gegen ihre Feinde, die Dynastie der Cocom von Sotuta vorzugehen. Ferner trugen die von den Spaniern eingeschleppten Krankheiten zur erfolgreichen spanischen Eroberung bei. So wurde ungefähr ein Drittel der Maya-Bevölkerung Opfer einer Reihe von Epidemien wie den Pocken – nicht selten bereits bevor die Eroberer eintrafen. So forderte die erste Pockenepidemie ihren Tribut schon kurz nach der Landung von spanischen Schiffbrüchigen 1511.

Die ersten Entdeckungs- und Erkundungsfahrten – wie die von Kolumbus (1502), Juan de Valdivia (1511), Francisco Hernández de Cordoba (1517), Juan de Grijalva (1518) und Hernán Cortés (1519) – hatten noch keine Eroberungen zur Folge. Denn Gerüchte, weiter westlich gebe es Länder mit viel mehr Gold, veranlassten die Spanier, weiterzuziehen und zunächst 1521 die Aztekenhauptstadt Tenochtitlan zu erobern. Pedro de Alvarado konnte danach 1523/24 die Kaqchikel, K'iche', Mam und Tzutujil in Chiapas bzw. Guatemala und 1530 die Chortí erobern. 1524 unternahm Cristóbal de Olid eine Schiffsfahrt nach Honduras und Hernán Cortés folgte ihm zu Lande quer durchs Maya-Land bis Tayasal, allerdings ohne langfristige Eroberungserfolge. Die Kekchí und Pokomam in der Verapaz-Region wurden 1542–47 durch die Dominikanermönche »befriedet«, nachdem die spanischen Eroberungsversuche in den Jahren 1529 bis 1537 erfolglos geblieben waren. Für die Eroberung Yukatans durch Francisco de Montejo und seinen Sohn waren drei Eroberungszüge von 1527 bis 1547 notwendig. Die erste Expedition von der Insel Cozumel aus scheiterte am erfolgreichen Widerstand der Maya. Die zweite Expedition im Westen Yukatans war zwar in den Jahren 1531 bis 1533 anfänglich zunächst erfolgreich, musste aber 1535 ebenfalls abgebrochen werden. Viele Soldaten desertierten, weil sie von Francisco Pizarro und der Eroberung des Inka-Reiches gehört hatten. Erst im dritten Eroberungszug ab 1540 gelang es den Spaniern, nach und nach in Yukatan Fuß zu fassen. Vor allem aufgrund diverser Widerstandbewegungen der Maya wurde Yukatan erst 1547 endgültig unterworfen. Und erst mit dem Sieg der Spanier 1697 über die letzte noch unabhängige Mayastadt Tayasal war die Eroberung des Maya-Gebietes abgeschlossen. Allerdings kam es auch in der Kolonialzeit immer wieder zu Aufständen der Maya. Im Folgenden wird ein detaillierter Überblick der Eroberungsgeschichte gegeben.

Erste Erkundungs- und Entdeckungsfahrten

1511 erlitt eine Expedition unter Leitung von Juan de Valdivia vor der Küste Jamaikas Schiffbruch. Zwei Wochen lang trieben zwölf Überlebende in einem Rettungsboot umher, bis sie an der Küste Yukatans landeten. Sie fielen in die Hände eines Maya-Herrschers, der Valdivia, wie Diego de Landa berichtet,

> »und weitere vier seinen Götzen opferte, und hierauf bewirtete er die Seinen (mit) deren (Fleisch); Aguilar, Guerrero und fünf oder sechs andere ließ er am Leben, um sie zu mästen; diese entkamen aus der Gefangenschaft und flohen in ein Waldgebiet. Und sie gerieten zu einem anderen Häuptling, der mit dem ersten verfeindet und barmherziger war und sich ihrer als Sklaven bediente; der Nachfolger dieses Häuptlings behandelte sie mit großer Freundlichkeit, doch aus Herzeleid starben sie alle, nur Géronimo de Aguilar und Gonzalo Guerrero blieben übrig [...].«[168]

Nachdem der Geistliche Aguilar die Leitung des Harems seines neuen Herrn abgelehnt hatte, übernahm er die Verwaltung am Hof des Herrschers. Cortés traf 1519 auf Aguilar, der sich ihm anschloss und als Dolmetscher wertvolle Dienste leistete. Guerrero machte Karriere bei einem Maya-Häuptling namens Nachancán in Chetumal. Dieser

> »übertrug ihm die Kriegsangelegenheiten, was Guerrero sehr gut erledigte, denn mehrmals besiegte er die Feinde seines Herrn und lehrte die Indios den Kampf, indem er ihnen zeigte, (wie) man Schanzen

168 Diego de Landa 2017, 12 f.

> und Bollwerke anlegt; dadurch und weil er sich wie ein Indio benahm, erwarb er großes Ansehen, und sie verheirateten ihn mit einer sehr vornehmen Frau, mit der er Kinder hatte; deshalb versuchte er niemals, sich zu retten, wie Aguilar es getan hatte, vielmehr schnitt er sich Zeichnungen in die Haut, ließ sich das Haar wachsen und durchbohrte sich die Ohren, damit er Ohrringe wie die Indios tragen konnte, und man darf glauben, dass er wie sie zum Götzendiener wurde.«[169]

Guerrero ist der einzige Spanier, der buchstäblich zum Maya-Indianer wurde und als solcher sogar im Kampf gegen die spanischen Eroberer starb. 1517 umschiffte **Francisco Hernández de Córdoba** die Küste von Yukatan bis Champotón. Er gilt als der Entdecker der Halbinsel. Er landete auf der Insel Cabo Catoche an der äußersten Spitze Yukatans, ca. 50 km von Cancún entfernt. Die ersten Begegnungen mit den Maya waren erheblich erschwert durch die Sprachschwierigkeiten und daraus folgende Missverständnisse. So soll auch der Name »Yukatan« auf einem Missverständnis beruhen: Als die Spanier einen Maya nach dem Namen des Landes fragten, antwortete dieser »Ich verstehe deine Sprache nicht« (*yuk ak katán*). Die Spanier wurden in einem Gefecht mit den Maya von Campoton besiegt. Zwei Drittel der Mannschaft Córdobas starben, er selbst musste schwer verwundet den Rückzug antreten. Obwohl bei dieser Expedition kein Land erobert und so gut wie kein Gold erbeutet wurde, verbreitete sich schnell das Gerücht von einem neuen, an Gold reichen Land.

Diego de Velázquez, Gouverneur von Kuba, veranlasste daher ein Jahr später eine erneute Erkundungsfahrt, die sein Neffe **Juan de Grijalva** (1490–1527) durchführte. Dieser landete am 5. Mai 1518 zunächst auf der Insel Cozumel und fuhr dann die Golfküste von Tabasco bis zum Río Pánuco entlang. Die Indianer von Cozumel empfingen die Spanier freundlich. Nicht zuletzt deswegen wurde die Insel zum Ausgangspunkt bzw. zur Zwischenstation der späteren spanischen Eroberungszüge in Yukatan. Während seiner Expedition erhielt Grijalva von einem Gesandten des

169 Ebd., 13.

Aztekenherrschers Moctezuma II. Geschenke. Moctezuma hoffte, dass er die Spanier auf diese Weise befriedigen und zur Rückkehr bewegen könne. Er bewirkte aber genau das Gegenteil und förderte mit seiner Sendung nur noch stärker die Erwartungen der Spanier auf Reichtum. So startete als nächstes Hernán Cortés zu seiner Fahrt in Richtung Yukatan.

Hernán Cortés (1485–1547), im spanischen Medellín (Extremadura) als Sohn des Offiziers Martín Cortés de Monroy geboren, kam 1504 aus Spanien auf die westindische Insel Hispaniola, wo er als Großgrundbesitzer einen gewissen Reichtum erlangte. Als Diego Velázquez 1511 Kuba eroberte und Statthalter wurde, war Cortés dabei. Zwischen ihnen entwickelte sich eine – nicht immer ungetrübte – Freundschaft. Als die Nachrichten von Grijalvas Entdeckungen in Yukatan nach Kuba gelangten, plante Velázquez die Fortsetzung dieser Expedition und ernannte Cortés zum »Generalkapitän« dieses Projektes. Auf eigene Kosten begann Cortés mit der Ausrüstung einer Flotte. Diese war noch nicht ganz abgeschlossen, als Velázquez gegenüber Cortés misstrauisch wurde und sich entschloss, den Oberbefehl des Unternehmens jemanden anderen zu übertragen. Bei Nacht und Nebel verschwand Cortés heimlich mit seiner Flotte und segelte am 18. Februar 1519 Richtung Mexiko. Er führte mit sich 11 Schiffe, 116 Seeleute, 553 Soldaten und 32 Indianer, 10 schwere Geschütze und 16 Pferde. Zu den Teilnehmern gehörten die späteren Eroberer des Maya-Gebietes Pedro de Alvarado, Gonzalo de Sandoval, Cristóbal de Olid und Alonso de Ávila sowie Bernal Díaz del Castillo, der spätere Chronist dieser Eroberungszüge.

Cortés erreichte zunächst die Insel Cozumel nahe Yukatan, wo er den bereits erwähnten, unter den Maya-Indianern lebenden Gerónimo de Aguilar aufnahm, der ihm vor allem als Dolmetscher diente. Am 4. März 1519 ging die Fahrt weiter zur Mündung des Rio de Tabasco (Río Grijalva), wo Cortés und seine Mannschaft ein Gefecht mit einer Überzahl von Chontal-Maya siegreich überstanden – wohl nicht zuletzt aufgrund des Überraschungsmomentes durch die für die Indianer unbekannte Erscheinung von Pferd und Reiter. Tabscoob, der oberste Anführer der besiegten Maya, schenkte Cortés 20 Sklavinnen, darunter Marina (in Nahuatl bzw.

aztektisch: »Malintzin« bzw. »Malinche«), die als Dolmetscherin und Geliebte des Cortés in die Geschichte einging.

Marina wurde in Coatzacoalcos geboren. Ihr Vater starb früh, die Mutter heiratete wieder und gebar einen Sohn, den sie zum alleinigen Erben machen wollte. Um Marina loszuwerden, verkaufte sie diese an Maya-Kaufleute aus Xicalanco, diese wiederum verkauften sie an Tabscoob, den *Halach Huinik* bzw. Herrscher im Gebiet von Tabasco, der sie dann später an Cortés übergab. Marina, die sowohl Maya als auch Nahuatl sprach, wurde für Cortés zur Dolmetscherin und Vermittlerin zwischen Spaniern und Indianern sowie seine Geliebte, die ihm 1522 einen Sohn, Martín Cortés, gebar. Bei den folgenden Zusammentreffen zwischen Spaniern und Azteken während der Eroberung übersetzte der oben erwähnte Gerónimo de Aguilar die Reden des Cortés ins Maya und Malinche übersetzte sie wiederum vom Maya ins Aztekische.

Am 21. April 1519 landete Cortés an der Golfküste, wo er wenig später Veracruz (Villa Rica de Vera Cruz) als erste spanische Stadt im neuendeckten Land gründete. Von hier aus unternahm er seinen Eroberungszug ins Land der Azteken. Am 8. November zogen die Spanier in Tenochtitlán, der Hauptstadt der Azteken, ein. Nach schweren und erbitterten Kämpfen gelang den Spaniern schließlich am 13. August 1521 mit der Gefangennahme von Cuauthémoc, dem letzten Aztekenherrscher, die endgültige Eroberung von Tenochtitlán. Da sich aber der Wunsch nach Reichtum durch Gold nicht erfüllt hatte, unternahmen Cortés und seine Gefährten weitere Erkundungs- und Eroberungszüge, unter anderem Richtung Süden ins Maya-Gebiet. Diese werden im Folgenden kurz dargestellt, jeweils mit einigen biografischen Angaben zu den Hauptakteuren.

Pedro de Alvarado und die Eroberung Guatemalas

Pedro de Alvarado (um 1479–1541) war nicht nur der Eroberer Guatemalas, sondern auch an der Eroberung Kubas und der Hauptstadt der Azteken beteiligt. Ferner spielte er eine Rolle bei der Eroberung des Inkareiches sowie im Mixton-Krieg in Nordmexiko. Geboren im spanischen Badajoz kam er 1510 mit seinen

Brüdern auf die Insel Hispaniola, nahm 1511 an der Eroberung Kubas und 1518 als Kommandant eines der vier Schiffe an der erwähnten Expedition von Juan de Grijalva teil. 1519 brach Alvarado – ebenfalls wieder als Kommandant eines von insgesamt elf Schiffen – mit Hernán Cortés zur Eroberung Mexikos bzw. des Aztekenreiches auf. Alvarado war es gewesen, der 600 unbewaffnete Azteken auf einem Fest niedermetzeln ließ – während Cortés von Tenochtitlán nach Veracruz unterwegs war –, was die Belagerung der Spanier in der Aztekenhauptstadt zur Folge hatte. Nachdem Alvarado 1524 Guatemala erobert hatte und er dort zum Gouverneur erhoben wurde, brach er 1533 in Richtung Peru auf, um den noch nicht eroberten nördlichen Teil des Inkareiches zu erobern. Unter schweren Mühsalen und Verlusten erreichte er 1534 Quito, wo ihm Sebastián de Belalcázar zuvorgekommen war und die Stadt bereits erobert hatte. Im Zuge des Mixton-Krieges wurde er 1540 nach Guadalajara im heutigen mexikanischen Bundesstaat Jalisco geschickt, um den Aufstand zu beenden. Dabei stürzte er im Kampf vom Pferd und starb wenig später an den Folgen. Das Leben Alvarados kann als Paradebeispiel für die Biografie eines Konquistadors gelten. Seine Witwe, Beatriz de Cueva, kann – neben Malinche – als Ausnahme für die aktive, wenn auch kurze Rolle einer Frau in der Eroberungsgeschichte gelten. Sie gab ihrer Trauer über den Tod ihres Mannes dadurch Ausdruck, dass sie nicht nur schwarze Kleidung trug, sondern auch gleich den ganzen Gouverneurspalast der Hauptstadt schwarz streichen ließ und alle Dokumente mit »die Unglückliche« (»la sin fortuna«) unterschrieb. Sie konnte sich am 9. September 1541 gegen die Konkurrenz der Freunde und Gefährten ihres verstorbenen Mannes als Gouverneurin von Guatemala durchsetzen. Aber schneller als durch ihre Widersacher wurde ihre Amtsführung zwei Tage später durch die Überschwemmung der Stadt am 11. September des Jahres beendet, bei der sie den Tod fand.

Aber zurück ins Jahr 1523, in dem Alvarado und sein Vetter Gonzalo de Sandoval (1497–1527) auf Befehl des Cortés mit einem Heer von 120 Reitern, 300 Fußsoldaten und 300 Indianern von Tlaxcala und Cholula einen Eroberungszug nach Chiapas starten. Unterstützt wurden die Spanier außerdem von den dort ansässigen Kaqchikel, die mit ihrem Nachbarvolk, den K'iche', verfeindet waren. Nachdem die Spanier das Fürstentum Xuchiltepec an der Küste Guatemalas erobert und dann im Hochland die K'iche'-Stadt Xelajú (heute Quetzaltenango) eingenommen hatten, schickten die K'iche'-Herrscher von ihrer Hauptstadt Q'umarkaj aus ein Heer von 10 000 Indianern unter dem Befehl des Heerführers Tecun Uman den Spanier entgegen. Auf der Ebene vor der Stadt Xelajú kam es im Februar 1524 zur Schlacht, aus der die Spanier siegreich hervorhingen. Nicht nur Tecun Uman, sondern die meisten K'iche'-Krieger wurde getötet. Einer Legende nach soll sich, als Tecun Uman durch die Lanze Alvarados den Tod fand, ein Quetzal-Vogel, sein *way* bzw. Schutzgeist, auf seiner Leiche niedergelassen und so durch das vergossene Blut seine typische rote Brust erhalten haben. Obwohl über Tecun Uman nicht viel bekannt ist, gilt er seit 1960 offiziell als Nationalheld Guatemalas und sein Todestag am 20. Februar als Gedenktag. Sogar eine Stadt, Ciudad Tecun Uman, ist nach ihm benannt. Iximché, die Hauptstadt der Kaqchikel, konnten die Spanier 1524 ohne Widerstand einnehmen, zumal sich die Kaqchikel weiterhin Hilfe von den Spaniern gegen ein weiteres Nachbarvolk, die Tzutuhiles am Atitlán-See, erhofften. Nach erbittertem Kampf gelang es den Spaniern schließlich, Tziquinhá, die Hauptstadt der Tzutuhiles, einzunehmen. Danach eroberte Alvarado die Stadt Izcuintlán (heute Excuintla), in der aus Zentralmexiko eingewanderte Pipiles lebten. Alvarado drang bis El Salvador vor und hatte somit den gesamten Südwesten des Maya-Gebietes erobert. Er kehrte nach Iximché zurück und gründete dort 1524 die erste Hauptstadt des neu eroberten Gebietes: Santiago de los Caballeros de Guatemala. Kämpften die Kaqchikel zunächst aufseiten der Spanier, änderte sich dies, sobald ihre spanischen Verbündeten von ihnen zu hohe Tribute verlangten. Es kam zu Aufständen, und erst 1530 ergaben sich die Kaqchikel schließlich den Spaniern. Ähnlich weigerten sich die Tzotziles, den Spaniern Tribut zu zahlen. Die Spanier konnten mit einer Strafexpedition die Orte Zinacantán und Chamula in Chiapas zunächst besetzen, mussten dann allerdings nach einem Aufstand der Indios den Rückzug antreten. Erst nach einer weiteren Expedition unter Diego de Mazariegos in den Jahren 1527/28 konnte das Gebiet endgültig erobert werden.

Alvarado gilt als einer der grausamsten Eroberer. Bestätigt wird dies dadurch, dass er sich zweimal – 1527 und 1536 – aus diesem Grund vor Gericht verantworten musste. Das bedeutet, dass sein Vorgehen gegen die Indios sogar das damals übliche Maß an Grausamkeit erheblich überschritten hatte. Über ihn berichtet Bartolomé de las Casas: »Er und seine Brüder haben zusammen mit den übrigen in fünfzehn oder sechzehn Jahren, nämlich vom Jahre 1524 bis zum Jahre 1540, mehr als vier oder fünf Millionen Menschen umgebracht. Und heute töten und vernichten sie jene, die noch am Leben bleiben. Und so werden sie auch die übrigen ermorden.«[170] Las Casas schildert ferner einen entsprechenden Vorfall, der sich während des Eroberungszuges Alvarados ereignete: Die K'iche'-Maya empfingen die Spanier freundlich und bedienten sie »mit allem was man hatte, insbesondere gab man ihnen reichlich zu essen und alles, was man sonst noch anbieten konnte.«[171] Doch am nächsten Tag nahm Alvarado »sie alle gefangen und gebot ihnen, sie sollten ihm soundso viele Traglasten Gold abliefern. Sie antworteten, sie hätten kein Gold, weil es in diesem Land keins gebe. Sogleich befahl er, sie bei lebendigem Leib zu verbrennen, ohne dass sie etwas anderes verschuldet hätten oder er ihnen einen anderen Prozess gemacht und sie abgeurteilt hätte«[172].

Mit der Eroberung von Chiapas und Guatemala war aber längst nicht das ganze Maya-Gebiet unter spanische Herrschaft gebracht. Die Eroberung ging weiter mit den Expeditionen von Hernán Cortés nach Honduras und der beiden Montejos in Yukatan.

Hernán Cortés und der Marsch nach Honduras

Cristóbal de Olid (1487–1524) hatte als treuer Gefolgsmann von Cortés an der Eroberung Tenochtitláns teilgenommen. So vertraute ihm Cortés auch die Leitung einer Expedition nach Higueras (Honduras) an, kurz nachdem Alvarado nach Chiapas aufgebrochen war. Dort sollte er die Grenzen des Herrschaftsgebietes von Cortés gegen

170 Bartolomé de las Casas 2006, 76.
171 Ebd., 70.
172 Ebd.

die aus Panama vordringenden Spanier absichern. Anfang 1924 segelte Olid zuerst nach Kuba zur Ergänzung der Expeditionsausrüstung. Dabei gelang es Velázquez, dem Gouverneur von Kuba und Gegenspieler von Cortés, Olid für sich zu gewinnen. Olid segelte nach Honduras, gründete am Río Ulúa die Siedlung Triunfo de la Cruz und entschied sich, Alleinherrscher von Honduras zu werden. Allerdings erfuhr er dabei Gegenwind von zwei Seiten: Zum einen hatte der Spanier Gil González de Dávila zur gleichen Zeit von Santo Domingo kommend das Gebiet um die Bucht Amatique und den Río Dulce erobert, und die Stadt San Gil de Buenavista gegründet. Zum anderen hatte Cortés inzwischen von der Untreue Olids erfahren und ihm Francisco de las Casas hinterhergeschickt, um seine Ansprüche zu sichern. Olid gelang es, sowohl Dávila als auch Las Casas samt ihren Leuten gefangenzunehmen. Dabei machte er allerdings den Fehler, seine Gegenspieler nicht sofort zu töten. Diesen gelang es nach einer erfolgreichen Verschwörung, Olid ihrerseits festnehmen. Las Casas ließ ihn daraufhin enthaupten. Las Casas wurde nun wiederum von seinen Gegnern (bzw. denen des Cortés) festgenommen und wegen Mordes an Olid angeklagt. Nur mit einem Gnadengesuch an Kaiser Karl V. gelang es ihm letztendlich, als freier Mann aus der Sache herauszukommen.

Inzwischen, im Oktober 1524, war Cortés höchstpersönlich mit ca. 100 Reitern und 40 Fußsoldaten, 3000 indianischen Kriegern, einem Geistlichen und zwei Franziskanermönchen sowie Pferden und Schweinen als Proviant nach Honduras aufgebrochen. Sein Ziel war nicht nur, seine Ansprüche auf Honduras zu sichern, sondern auch das Gold, das er sich dort erhoffte, sowie die Entdeckung einer Verbindung zwischen Atlantik und Pazifik. Cortés und seine Mannschaft waren die ersten Europäer, die das gesamte Maya-Gebiet vom Norden nach Süden durchquerten.

Cortés nahm den letzten Azteken-Herrscher Cuauhtémoc auf diesen Marsch als Gefangenen mit, um jedes Risikos eines Aufstandes in Tenochtitlán während seiner Abwesenheit auszuschließen. In Itzamkanac, der Hauptstadt der Putunes-Maya, wurde Cuauhtémoc und mit ihm der Häuptling Tlacopans von Cortés wegen einer angeblichen Verschwörung kurzerhand zum Tode verurteilt und erhängt, wie Díaz del Castillo berichtet.

> »In diesen Tagen meldeten der frühere Oberbefehlshaber von Cuauhtémoc und anderen Kaziken, dass Cuauhtémoc und seine Vertrauten, die bei unserem Korps standen, beschlossen hätten, uns zu überfallen, umzubringen und dann nach Mexiko zurückzukehren, und das ganze Land gegen die Spanier aufzurufen. [...] Die Geständnisse mehrerer Kaziken bestätigten die Meldung. [...] Daraufhin ließ Cortes den Cuauhtémoc und seinen Vetter, den Fürsten von Tlacopan, ohne weitere Untersuchung aufhängen. [...] Sie starben unschuldig.«[173]

Zu den Kaziken, die Cuauhtémoc verrieten, gehörte auch der Maya-Herrscher Paxbolonacha. Ein weiteres Beispiel dafür, wie Zwistigkeiten und Intrigen unter den diversen indianischen Gruppen und Parteien mit einem wesentlichen Anteil zum Erfolg der spanischen Eroberung beitrugen.

Der Marsch wurde immer mühseliger und qualvoller. Die Spanier mussten sich ihren Weg durch unwegsamen Dschungel bahnen und litten unter dem feuchtheißen Klima, den verschiedensten Insekten wie Moskitos sowie diversen Krankheiten wie Malaria – und nicht zuletzt immer mehr unter Hunger. Obwohl Cortés und seine Leute eine ganze Herde von Schweinen als Proviant mitgeführt hatten und in den Ortschaften, durch die sie kamen, ihre Vorräte aufstockten, reichten diese letztlich nicht mehr aus. Von Itzamkanac gelangten die Spanier nach Tayasal (heute Flores), einer Inselstadt der Itzá im Petén-Itzá-See, wo Cortés mit dem dortigen Herrscher Kan Ek' zusammentraf. Die Einwohner von Tayasal ließen sich schnell zum Christentum bekehren. Allerdings zeigte sich schon in diesem Fall, wie schnell sich Christentum und indianische Religion vermischten: Cortés ließ ein am Fuß verletztes Pferd in Tayasal zurück, von dem die Itzá stark beeindruckt waren. Sie brachten ihm Blumen und Speisen dar, aber das Pferd starb bald darauf. 1618, fast hundert Jahre später, kamen zwei Franziskaner nach Tayasal und fanden ein in Stein gemeißeltes Pferd vor, das die Indios als Gottheit verehrten.

Im Mai 1525 erreichten Cortés und seine Truppe die bereits von Spaniern eroberte und besiedelte Stadt Nito an der Mündung

173 Bernal Dìaz del Castillo 2017, 524 f.

des Río Dulce. Die spanischen Siedler dort litten Hunger. Rettung brachte erst ein Schiff aus Kuba. Danach segelte Cortés nach der außerhalb des Maya-Gebietes liegenden, nicht lange zuvor gegründeten spanischen Stadt Trujillo[174] (Honduras), wo er ein Jahr blieb und eine Expedition nach Nicaragua plante. Dazu kam es aber nicht mehr. Cortés kehrte stattdessen nach Tenochtitlán zurück, wo er inzwischen für tot erklärt worden war, um dort seine Besitzansprüche geltend zu machen.

Francisco de Montejo und die Eroberung Yukatans

Die Halbinsel Yukatan war der Teil des Maya-Gebietes, in dem die Spanier zwar 1511 zuerst landeten, der aber erst 1646 vollständig durch Francisco de Montejo und seinen Sohn erobert wurde. Francisco de Montejo (um 1479 – 1553) stammte aus dem spanischen Salamanca. Ana de León gebar ihm 1508 in Sevilla einen Sohn, der den gleichen Namen wie sein Vater erhielt. Um sie zu unterscheiden, nannte man den Vater Montejo den Älteren oder »el Adelantado«[175] und den Sohn »el Mozo« bzw. »den Jüngeren«. Nicht nur der Sohn, sondern auch ein Neffe von Montejo dem Älteren, ebenfalls Francisco de Montejo mit Namen, war an der Eroberung von Yukatan beteiligt.

Montejo der Ältere kam 1514 nach Santo Domingo (Hispaniola), wo er als Kapitän und Geschäftspartner an der Expedition des Juan de Grijalva 1518 teilnahm. 1519 schloss er sich der Expedition des Cortés an, nahm dann aber selbst nicht an der Eroberung von Tenochtitlán teil. Denn als enger Vertrauter des Cortés reiste er im selben Jahr nach Spanien, um gegenüber Karl V. dessen Interessen zu vertreten. Dabei war er so erfolgreich, dass Karl V. Montejo später, am 8. Dezember 1526, zum Adelantado und Generalkapitän ernannte mit dem Auftrag, Yukatan zu erobern. 1535 erhielt er zudem den Rang des Gouverneurs von Honduras.

174 An diesem Ort hatte Kolumbus auf seiner vierten Reise am 14. August 1502 erstmals amerikanisches Festland betreten.

175 Ein Adelantado war ein Beamter der spanischen Krone mit Richter- und Regierungskompetenzen.

1527 verließ Montejo mit einer Mannschaft von 400 Soldaten und 350 Pferden Spanien, landete auf der Insel Cozumel und setzte ein paar Tage später zu der Maya-Siedlung Xelha am gegenüberliegenden Ufer über. Hier gründete er die erste spanische Stadt in Yukatan, die er nach seiner Geburtsstadt Salamanca de Xelha nannte. Diese Stadtgründung sowie die weiteren Eroberungen des Gebietes um Xelha erfolgten ohne großen indianischen Widerstand, denn die Spanier hatten einen Freund und Helfer in Ah Naum Pat gefunden, dem Herrscher von Cozumel. So konnte Montejo weiter nach Norden vordringen und einige weitere indianische Herrscher als ergebene Untertanen gewinnen. Erst bei Chauaca und Ake stießen die Spanier auf Widerstand der Maya. Es kam zu einer ersten Schlacht, in denen die Spanier eine große Anzahl von Maya töteten. Nachdem Montejo so den Nordosten Yukatans erobert hatte, kehrte er auf dem Seeweg über Chetumal zum Ausgangspunkt seiner Expedition zurück. Allerdings hatten die zurückgebliebenen Spanier die Stadt Salamanca de Xelha wegen der ungünstigen Lage inzwischen aufgegeben und stattdessen Salamanca de Xamanha gegründet. Montejo brach nach Neuspanien auf und ließ Alonso de Ávila als Statthalter zurück. Damit endet die erste Phase der Eroberung Yukatans. Für Montejo war der ganze Feldzug, von dem er sich Gold und Reichtum erhofft hatte, kein Erfolg gewesen. Aber auch die Rückkehr nach Neuspanien war für ihn frustrierend, denn er erhielt nur das Amt des Verwalters von Tabasco. Und das war schon einem anderen zugesagt worden. In Tabasco gründete Montejo zwei weitere Städte namens Salamanca: Salamanca de Xicalanco und Salamanca Itzamkanac. Dann kehrte der ursprünglich ernannte Verwalter nach Tabasco zurück und sperrte Montejo ins Gefängnis. Nach seiner Haftentlassung brach Montejo zusammen mit seinem Sohn und 500 Söldnern zu einer erneuten Expedition nach Yukatan auf.

Das war der Beginn der zweiten Phase der Eroberung von Yukatan, die von 1531 bis 1534 erfolgte. Von Süden her zog Montejo in das Gebiet des heutigen mexikanischen Bundesstaates Campeche und gründete dort die heutige Hauptstadt Salamanca de Campeche, die fünfte Stadt mit diesem Namen. Von hier brachen dann Montejo der Jüngere und sein inzwischen hinzugekommener gleichnamiger

Vetter zur Eroberung des Nordens von Yukatan auf. Unterwegs trafen sie auf Angehörige der damals mächtigsten Maya-Dynastie der Tutul Xiu, und konnten unter ihrem Schutz die Expedition fortführen. 1532 gelang es Montejo dem Jüngeren, Chichén Itzá zunächst ohne Widerstand einzunehmen. Er musste die Stadt aber nach einer Belagerung durch die Maya 1533 wieder verlassen. Montejo der Ältere konnte zwar 1534 etliche Provinzen wie Campeche oder Champotón erobern, musste sich dann aber 1534 aus Yukatan zurückziehen. Denn viele seiner Soldaten hatten sich inzwischen Francisco Pizarro auf seinem Eroberungszug ins Inka-Reich angeschlossen, weil sie sich dort mehr Reichtum erhofften. Die übriggebliebenen 300 Mann aus Montejos Truppe waren nicht stark genug, um den Widerstand der Maya vollkommen zu brechen. Erschwerend kam für die Spanier hinzu, dass sie nicht gegen ein einheitliches Reich bzw. eine zentrale Macht kämpften, sondern gegen viele einzelne, autonome Fürstentümer und weit zerstreute Ortschaften der Maya. Da die bisherigen Expeditionen in Yukatan nicht den erwünschten Erfolg gebracht hatten, übertrug Montejo der Ältere seine Eroberungsvollmachten an seinen Sohn und versuchte nun sein Glück in Honduras, wo er 1535 zum Gouverneur ernannt wurde. Allerdings musste er diesen Posten schon zwei Jahre später wieder aufgeben, da er im Konkurrenzkampf mit Pedro de Alvarado den Kürzeren zog.

Die dritte und letzte Phase der Eroberung Yukatans, 1535 bis 1547, erfolgte unter Montejo d. J. 1535 hatte der Franziskanermönch Jacobo de Testera mit Gefolge zuerst versucht, die Maya-Champotón friedlich zu missionieren, indem er ihnen versprach, spanische Soldaten von ihrem Gebiet fernzuhalten. Aber dieses Versprechen konnte er letztlich nicht halten, und so musste der Franziskaner seine Unternehmung 1537 aufgeben. Im Auftrag von Montejo d. J. war der Hauptmann Lorenzo de Godoy mit Soldaten erschienen, um Champotón zu erobern und Tribut von den Maya zu erheben. Diese wehrten sich dagegen allerdings zunächst erfolgreich. Erst 1540 gaben die Maya ihren Widerstand auf, als Montejo d. J. ihnen versprach, auf Tributleistungen zu verzichten. Von Campeche aus drang Montejo d. J. nach Norden vor und gründete an der Stelle der dortigen Maya-Stadt Tiho am 6. Januar 1542 Mérida, heute die Hauptstadt des mexikanischen Bundesstaates Yukatan. Die Eroberung Nordyukatans gelang den Spaniern nicht zuletzt mit tatkräftiger Hilfe der Xiu-Dynastie, die dies gerne zum Anlass nahm, gegen ihre Feinde, die Cocom-Dynastie und deren damalige Hauptstadt Sotuta vorzugehen. Die Cocom lehnten, letztlich erfolglos, eine Unterwerfung durch die Spanier ab. Vom Norden aus konnten die Spanier in blutigen Schlachten von 1542 bis 1545 den Osten Yukatans erobern. Doch die dortigen Maya gaben sich noch nicht geschlagen: Von Ende 1546 bis März 1547 führten sie einen Aufstand durch, in dem sie nach dem Prinzip der verbrannten Erde ihre eigenen Felder zerstörten, um so den Spaniern die Lebensgrundlage zu nehmen. Aber letztlich verhinderte das nicht den Sieg der Spanier, die die Eroberung Yukatans abschließen konnten.

Die spanische Eroberung des Maya-Gebietes wurde aber erst im 17. Jh. endgültig abgeschlossen, als zunächst die Lakandonen unterworfen und 1697 Tayasal als letzte Maya-Stadt der Itzá von den Spaniern besiegt wird. Diese bis dahin noch nicht vollständig unterworfenen Maya-Stämme im Petén, im Grenzgebiet zwischen Guatemala und Mexiko, sollten im Zuge eines Straßenbauprojektes endgültig unterworfen werden. Das Projekt begann der Gouverneur von Yukatan Martín de Ursua y Arizmendi 1695 in die Tat umzusetzen. Im Fall der Lakandonen trafen die Spanier auf wenig Widerstand und siedelten sie 1712 ins Hochland von Guatemala um. Die Mehrzahl verstarb dabei an von den Spaniern eingeschleppten Krankheiten.

Mehr Widerstand erfuhren diese durch die Itzá von Tayasal (heute Flores), einer auf einer Insel im Peten-Itzá-See gelegenen Stadt im Norden von Guatemala. Dort herrschte Kan Ek', ein Nachfahre des gleichnamigen Herrschers, den Cortés während seines Zuges nach Honduras getroffen hatte.[176] Zu dieser Zeit hielten sich auch Franziskanermönche zwecks Mission dort auf. Diese beriefen sich auf Prophezeiungen des *Chilam Balam*[177] von einem Herrschaftswechsel und propagierten diese, um so die Christianisierung der Itzá auf friedliche Weise durchzusetzen. Aufgrund dieser Prophezeiungen

176 s. S. 213.
177 s. S. 167 ff.

hatte sich Kan Ek' entschlossen, Christ zu werden, und wandte sich diesbezüglich an den Gouverneur Martín de Ursua y Arizmendi. Der Gouverneur verstand dies jedoch als Unterwerfung und befahl dem Leiter des Straßenbauprojektes, Tayasal einzunehmen. Aber die Mehrheit von Kan Ek's Untertanen war nicht zur Unterwerfung unter spanische Herrschaft bereit. Es kam zu einem Aufstand gegen Kan Ek', der gezwungen wurde, die Spanier kriegerisch zu empfangen, als diese am 18. Januar 1696 am Seeufer eintrafen. Die Spanier mussten sich unverrichteter Dinge zurückziehen. Am 27. Januar 1697 brach Martín de Ursua höchstpersönlich mit 235 Soldaten und 120 Indianern von Campeche zu einem Eroberungszug auf. Er traf am 1. März am Seeufer ein und errichtete dort ein Lager. Ursua war bestrebt, Tayasal möglichst friedlich und ohne Blutvergießen einzunehmen. Am 10. März erschien eine Gruppe ranghoher Itzá, um mit den Spaniern zu verhandeln. Ursua bestand auf einem Treffen mit Kan Ek' persönlich, das zwei Tage später stattfinden sollte. Aber Kan Ek' erschien nicht. Ursua brach daraufhin per Schiff mit seinem Trupp nach Tayasal auf, mit der ausdrücklichen Anweisung, sich den Itzá gegenüber friedlich zu nähern.

Doch die Itzá empfingen die Spanier mit einem Pfeilhagel und schlossen sie mit ihren Kanus ein. Trotzdem hatten die Spanier den Kampf schnell gewonnen, töteten die meisten der Itzá und besetzten am 13. März 1697 die letzte bis dahin noch nicht eroberte Stadt der Maya. Kan Ek' wurde gefangengenommen und die Itzá ins Hochland von Guatemala umgesiedelt, wo viele von ihnen dem ungewohnten Klima und Krankheiten zum Opfer fielen.

Die Missionierung der Maya

Das Ziel der Konquistadoren und Kolonisten war persönlicher Gewinn und Bereicherung. Dies versuchten sie auf Kosten der Indianer zu erreichen. Die spanische Krone war ebenso darauf bedacht, ihren Anteil aus den Kolonialgebieten zu erhalten und versuchte aus diesem Grund, eine zu starke Ausbeutung der Länder und der Indianer durch die Kolonisten zu verhindern.

Nur eine einzige Gruppe von Spaniern setzte sich für eine humane Behandlung der Indios ein: die Ordensgeistlichen bzw. die Orden der Franziskaner und Dominikaner. Aus diesen zwei Orden gingen zwei bedeutende Missionare der Maya hervor: Der Franziskanermönch Diego de Landa, der einen gewaltsamen Missionskurs verfolgte, und der Dominikanermönch Bartolomé de las Casas, der einen friedlichen Missionskurs vertrat und zum berühmtesten Verteidiger der Indios wurde. Im Unterschied zu den Ordensgeistlichen standen die weltlichen Geistlichen – mit denen die wichtigsten Kirchenämter besetzt waren – auf der Seite der spanischen Kolonisten und waren ebenso wie diese der persönlichen Bereicherung auf Kosten der Indios nicht abgeneigt. Im Laufe der Kolonialzeit verfügte die Kirche dann schließlich über einen großen Anteil am Grundbesitz des Landes.

Das Missionsgebiet der Franziskaner war Yukatan, das der Dominikaner Guatemala und Chiapas. Wie bereits erwähnt, begann der französische Franziskaner Jacobo de Testera 1535 in Yukatan erstmalig bei den Maya von Champotón zu missionieren. Seine Arbeit wurde aber bereits nach zwei Jahren beendet, als Lorenzo de Godoy mit einer Truppe Soldaten erschien und sich die Franziskaner nach einer Auseinandersetzung mit diesem zurückzogen. Erst 1545 erfolgte wieder eine längerfristige franziskanische Mission in Yukatan. Dem Dominikanermönch **Bartolomé de las Casas** (1484–1566), in Sevilla geboren und Sohn eines Marinesoldaten, der 1492 zur Mannschaft des Kolumbus gehört hatte, wurde sein Einsatz für die Indianer nicht in die Wiege gelegt. Ganz im Gegenteil: Las Casas hatte zunächst selbst von 1502 bis 1512 auf der Insel Hispaniola eine *Encomienda*[178], vollzog dann aber nach einer Adventspredigt des Dominkanerpaters Antón Montesinos 1514 eine völlige Kehrtwende: 1522 trat er in den Dominikanerorden ein und kämpfte 50 Jahre lang gegen Missbrauch, Gewalt, Ausbeutung und Versklavung der Indios, kurz gegen jede Ungerechtigkeit ihnen gegenüber. Für Las Casas war den Spaniern die Herrschaft über Westindien einzig und allein zum Zwecke der Bekehrung der Indios zum Christentum durch

178 s. S. 223.

die Päpstliche Bulle von 1493 übertragen worden. In unzähligen Petitionen und Streitschriften setzte er sich mit allen ihm zur Verfügung stehenden Mitteln für die Menschenrechte und Menschenwürde der Indianer ein.[179]

1537 baute Las Casas ein einzigartiges Missionswerk im Norden von Guatemala auf: In dem aufgrund der indianischen Widerstände *Tezulutlán* (»Kriegsland«) genannten Gebiet errichtete er ein Missionsreservat, in dem die K'iche' und Q'eqchi friedlich zum Christentum bekehrt und vor Übergriffen der Spanier geschützt werden sollten. Dieses »Kriegsland« taufte Las Casas in »Verapaz« (»wahrer Frieden«) um und so heißt dieses Gebiet heute noch. 1540 reiste er nach Spanien, um Karl V. von seinem Missionswerk zu berichten und zu überzeugen. Dieser veranlasste, dass Las Casas 1543 zum ersten Bischof von Chiapas ernannt wurde. Zu seiner Diözese gehörten der heutige mexikanische Bundesstaat Chiapas, die Halbinsel Yukatan sowie der Norden Guatemalas mit dem Missionswerk Verapaz. Der bischöfliche Amtssitz war die Ciudad Real de los Llanos de Chiapas, die heute nach ihm benannte Stadt San Cristóbal de las Casas.

Ein Ergebnis des unermüdlichen Kampfes Las Casas' waren die »Neuen Gesetze« (*Nuevas Leyes*) von Burgos, die Karl V. am 20. November 1542 erließ. Diese Gesetze hatten den Schutz der Indios zum Ziel, sie schränkten zum Beispiel Encomienda sowie Zwangsarbeit ein, und verboten Sklaverei und Ausschreitungen gegen die Indios. Die Umsetzung dieser Gesetze in die Tat war die andere Seite der Medaille, die sich nämlich als äußerst schwierig herausstellte. In Juan Ginés de Sepúlveda, dem persönlichen Berater Karls V., hatte Las Casas einen scharfen Gegner. Sepúlveda verfasste eine Schrift (*Democrates Alter*), die sich gegen Las Casas richtete und in der er versuchte, die Eroberung und Versklavung der Indianer, die er mit Affen verglich, zu rechtfertigen. Auch bei den spanischen Siedlern stießen die Neuen Gesetze auf heftigsten Widerstand, sodass Karl V. sie teilweise rückgängig machte. Verleumdet und sogar mit dem Tod bedroht, kehrte Las Casas 1547 frustriert nach Spanien zurück und gab sein Bischofsamt auf.

179 s. S. 44 f.

Trotzdem setzte er bis zu seinem Tod 1566 in Madrid unermüdlich seinen Einsatz für die Indianer fort.

Das Missionswerk in Verapaz war inzwischen im Norden ins Gebiet der Chol-Maya hinein erweitert worden, fand aber 1555 durch eine Revolte ebendieser Chol ein dramatisches Ende, bei dem zwei Dominikaner-Mönche – die vermitteln wollten – getötet wurden. Die Folgen waren einerseits eine spanische Strafexpedition, bei der die Anführer des Aufstandes hingerichtet wurden, und andererseits ein Beschluss des Dominikanerordens, dass die Chol-Maya nur mit Gewalt zum Christentum bekehrt werden könnten. Der Franziskanermönch **Diego de Landa**[180] (1524–1579) war als übereifriger Missionar bestrebt, mit aller Strenge gegen die insgeheim noch ausgeübten indianischen Kulte vorzugehen. Dabei schreckte er nicht davor zurück, Indianer zu foltern, nur um mehr Informationen darüber zu erhalten, wo und von wem die heidnischen Kulte noch praktiziert wurden. Allein 1562 starben 157 Indianer an den Folgen der von Landa durchgeführten oder veranlassten Foltern, nicht zu reden von denen, die die Folter als Krüppel überlebten. Höhepunkt des missionarischen Eifers von Landa war ein Autodafé[181] in Maní am 12. Juli 1562. Die beschuldigten Indios wurden ausgepeitscht, 27 Maya-Codices verbrannt und an die 5000 Götterbilder zerstört. Landa selbst berichtet darüber:

> »Als die Leute in der Religion unterrichtet und die jungen Männer mit Nutzen belehrt waren, wie wir gesagt haben, wurden sie von den Priestern verführt, die sie in ihrem Götzendienst hatten, und auch von den Häuptlingen, so dass sie abermals Götzen anbeteten und

180 Vgl. S. 42 f.

181 Ein Autodafé ist die Verkündigung und Vollstreckung des Urteils eines Inquisitionsprozesses, bei dem die Verurteilten zur Strafe ausgepeitscht wurden oder oft den Tod durch Verbrennung fanden. Bücher und Schriften mit häretischem Inhalt wurden ebenfalls verbrannt. Ein Inquisitionsprozess wurde gegen Häretiker (nicht gegen Nicht-Christen bzw. »Heiden«) geführt, d. h. Personen, die vom christlichen Glauben abgefallen waren. Die von Landa verurteilten Indios waren also zuvor offiziell zum Christentum bekehrt bzw. getauft worden. Ihnen wurde vorgeworfen, insgeheim aber doch noch ihre »heidnischen« Kulte auszuüben und somit vom Christentum abgefallen zu sein.

> Opfer brachten, die nicht nur aus Räucherwerk, sondern aus Menschenblut bestanden; hierüber stellten die Mönche eine kirchliche Untersuchung an und baten den Oberrichter um Hilfe, sie setzten viele gefangen und führten Prozesse gegen sie durch; und es wurde ein Autodafé abgehalten, bei dem sie viele auf Schaugerüste stellten, ihnen die Büßermütze aufsetzten, sie auspeitschten, sie kahlschoren und einigen für eine gewisse Zeit das Büßerhemd anzogen; andere, die vom Teufel getäuscht wurden, erhängten sich aus Trübsinn, und gemeinsam zeigten alle große Reue und den Willen, gute Christen zu werden.«[182]

Die Widersacher Landas machten Meldung von diesem Autodafé. Der zuständige Bischof Francisco de Toral warf Landa vor, dass er nicht die inquisitorische Vollmacht zur Veranstaltung eines Autodafés gehabt hätte, diese käme nur ihm als Bischof zu. 1563 musste sich Landa dementsprechend in einem Prozess in Spanien für sein Vergehen verantworten. Um sich besser verteidigen zu können, beschrieb er in seinem *Bericht aus Yukatan* 1566 ausführlich die Kultur und Religion bzw. den »Götzendienst« der Maya von Yukatan. 1569 wurde Landa mit der Begründung freigesprochen, dass dem Franziskanerorden 1522 von Papst Hadrian VI. die bischöfliche Vollmacht eines Autodafés verliehen worden war und Landa somit nicht unrechtmäßig gehandelt habe. Dieser wurde 1572 zum Bischof von Yukatan ernannt und übte dieses Amt bis zu seinem Tod 1579 aus.

Landa zerstörte auf der einen Seite viele Codices und Kunstwerke der Maya, auf der anderen Seite verdanken wir seinem *Bericht aus Yukatan* wesentliche Informationen über die postklassische Maya-Kultur und nicht zuletzt die Grundlage für die Entzifferung der Maya-Schrift. Einerseits ging er rigoros und gewaltsam gegen Indios vor, die – obwohl christlich missioniert – ihrem alten Glauben treublieben, andererseits verurteilte er die Ausbeutung und Misshandlung der zum Christentum übergetretenen Indios durch die spanischen Eroberer und Kolonisten.[183]

---

182 Diego de Landa 2017, 53.
183 s. S. 42 f.

Unter spanischer Herrschaft: Die Kolonialzeit

Letztlich erreichten die Konquistadoren mit der Eroberung des Maya-Gebietes – im Vergleich zu Mexiko oder Peru – nicht ihr erhofftes Ziel, nämlich Reichtum an Gold. Allerdings glichen die Eroberer und die späteren Kolonisten dieses Manko durch die Arbeitskraft der Maya aus. Für die Spanier erwies sich dabei vor allem die Institution der **Encomienda** als ideales Mittel zur Ausbeutung der Indianer. Ziel und Zweck der Encomienda (vom spanischen Wort *encomendar* = »treuhänderisch verwalten«) war ursprünglich der, einem Spanier die Verantwortung für die christliche Unterweisung der Indianer eines bestimmten Gebietes zu übertragen, wofür er als Gegenleistung Tribut und – wenn dies nicht möglich war – Dienstleistungen erhalten sollte. Diesem Ziel wurde die Institution aber nie gerecht, sie wurde vielmehr von Anfang an zur Bereicherung an Land und Arbeitskraft der Indianer missbraucht.

Das System der Encomienda blieb – wenn auch in eingeschränkter Form – bis ins 18. Jh. bestehen. Der Eroberer Pedro de Alvarado zum Beispiel besaß die größte Encomienda in Guatemala, und Bernal Díaz del Castillo erhielt die Stadt Chamula in Chiapas als Encomienda. Als er diese 1532 verlor und nach Guatemala umsiedelte, standen ihm dort immer noch 600 Indianer als Arbeitskräfte und Tributpflichtige zur Verfügung, sodass er ohne wirtschaftliche Sorgen seine *Eroberung von Mexiko* niederschreiben konnte. 1548 gab es insgesamt 84 *Encomenderos* (= Besitzer einer Encomienda) in Guatemala, die sich die gesamten indianischen Arbeitskräfte teilten, 1626 allerdings nur noch 43. Grund für diesen Rückgang war einerseits, dass die Bevölkerungszahl der Indianer aufgrund der Ausbeutung und vor allem durch Krankheiten deutlich zurückging. Andererseits bestätigte die spanische Krone nicht immer die notwendige Bewilligung zur Vererbung der Encomienda an seine Nachkommen nach dem Tod des *Encomendero*, da die Krone selbst indianische Arbeitskräfte für den Ausbau der Infrastruktur benötigte. Die von den städtischen Zentren weit abgelegenen Dörfer blieben weitgehend von den Repressalien des Encomienda-Systems verschont. Neben der durch die Encomienda legitimierten Zwangsarbeit existierte von Anfang an auch Sklaverei.

Schließlich wurde 1720, in Yukatan allerdings erst 1785, die Institution der Encomienda von der des **Repartimiento** abgelöst. Dabei wurden einem Spanier direkt indianische Arbeiter zugeteilt, die er bar bezahlen musste – in der Praxis aber ebenfalls eine Form der Zwangsarbeit. 1601 wurde die Zwangsarbeit verboten, mit Ausnahme der Arbeit in den Bergwerken. Die Spanier mussten sich jetzt sozusagen auf dem freien Arbeitsmarkt nach Arbeitern umsehen, was aber für sie zu teuer geworden wäre. Sie lösten dieses Problem mit der **Peonaje**, der Schuldknechtschaft, die das Repartimiento ersetzte und bis ins 20. Jh. praktiziert wurde. Hatte man einmal indianische Arbeiter mit Vorschusszahlungen angeworben, die sie abzuarbeiten hatten, genügten ein paar Tricks wie die Verpflichtung zum Kauf der lebensnotwendigen Sachen beim Großgrundbesitzer zum mehrfach überhöhten Preis, sodass die Indianer lebenslang verschuldet blieben und somit nie mehr aus dem Arbeitsverhältnis herauskamen. Der Großgrundbesitzer, der *Hacendado* oder *Patrón*, trat nun an die Stelle des Encomendero und übte die Herrschaft über die für ihn arbeitenden Indianer aus. So hatte man einen Weg gefunden, die offiziell abgeschaffte Sklaverei fortzuführen. Der deutsche Schriftsteller B. Traven beschreibt in seinen Romanen, vor allem dem *Caoba-Zyklus*[184] durchaus nicht fiktive Situationen, sondern leider harte Realitä – nämlich die Brutalität, mit der Maya-Indianer im Dschungel zum Arbeitsdienst in den Mahagoni-Holzfäller-Camps gezwungen wurden. Travens Romane beschreiben die Zustände in den 1930er-Jahren, die er selbst als Arbeiter in diesen Arbeitslagern erlebt hatte. Die Tribute, die die Indianer an die Encomenderos zu entrichten hatten, waren zum Beispiel Mais, Hühner, Honig oder Wolldecken. Schon früh wurde Brasilholz als Exportprodukt entdeckt, sodass der Handel damit schon 1566 zum Monopol der spanischen Krone erklärt wurde. Im Laufe der Zeit wurde Kaffee zum Exportschlager, daneben Zucker, Baumwolle, Tabak, Kautschuk und Bananen. Der Anbau dieser von den Spaniern eingeführten Produkte sowie die Viehwirtschaft schränkten die Möglichkeit der Maya für einen ertragreichen

184 *Der Karren* (1931), *Regierung* (1931), *Der Marsch ins Reich der Caoba* (1933), *Die Troza* (1936), *Die Rebellion der Gehenkten* (1936), *Ein General kommt aus dem Dschungel* (1940).

Anbau der heimischen Produkte wie Mais und Bohnen als eigene Nahrungsgrundlage immer weiter ein.

Nicht nur Eroberung, Arbeitsdienst, Sklaverei, Tributverpflichtung und Hungersnöte führten zum drastischen Rückgang der indianischen Bevölkerung; sondern auch Krankheiten, vor allem Epidemien, hatten als unsichtbare Helfer der Spanier einen wesentlichen Anteil. Pocken, Typhus, Gelbfieber oder Masern – gegen diese von den Spaniern aus Europa eingeschleppten Krankheiten waren die Indios nicht immun, und so waren selbst Masern für sie tödlich. Von den Indianern wiederum »erbten« die Europäer die Syphilis, gegen die zwar die Indianer, aber nicht die Spanier immun waren. Zudem verfielen viele Indianer angesichts der desolaten Lebensverhältnisse dem Alkoholismus.

Die Verwaltung Neuspaniens

Die von den Spaniern eroberten Gebiete der Neuen Welt wurden zu Kolonien Spaniens, die aus zwei großen Gebieten bestanden: Neuspanien und Neukastilien. Neuspanien umfasste die Gebiete der heutigen Staaten Mexiko, Guatemala, Belize, El Salvador, Honduras, Nicaragua, Costa Rica und Panama, sowie im Norden große Teile der heutigen USA, nämlich den ganzen Südwesten, Kalifornien und Florida. Neukastilien bestand aus dem ehemaligen Gebiet des Inka-Reiches in Südamerika und grenzte im Norden (Panama) an Neuspanien.

Ein solch großes Kolonialgebiet musste verwaltet werden. Zu diesem Zweck wurde 1503 in Spanien die *Casa de Contratación* (»Haus des Handels«) gegründet, eine Institution zur Verwaltung aller Handelsangelegenheiten der Kolonialgebiete Spaniens. 1524 wurde der *Consejo de las Indias* (»Indienrat«) gegründet, der alle Angelegenheiten in Übersee (also auch die *Casa de Contratación*) kontrollierte. Der Indienrat richtete in den spanischen Kolonialgebieten lokale Behörden ein, die *Audiencias*, die die Gerichts- und Verwaltungsaufgaben sowie den im Namen bzw. in Vertretung des spanischen Königs regierenden Vizekönig kontrollierten. 1528 wurde die Audiencia von Mexiko gegründet, zu der im Maya-Gebiet

Tabasco, Yukatan und Chiapas gehörten. 1544 erfolgte die Gründung der *Audiencia de los Confines*, später Audiencia von Guatemala genannt, die das Gebiet der heutigen Staaten Guatemala, El Salvador, Honduras, Nicaragua und Costa Rica umfasste. Aus der Audiencia von Guatemala wurde 1568 das bis zur Unabhängigkeit 1821 bestehende Generalkapitanat Guatemala (*Capitanía General de Guatemala*). Zu diesem gehörten die heutigen Staaten Guatemala, Belize, Honduras, El Salvador, Nicaragua, Costa Rica und der mexikanische Bundesstaat Chiapas.

Buchstäblich wechselhaft war die Geschichte der Hauptstadt von Guatemala: Die erste Hauptstadt wurde 1524 von Alvarado in der Nähe von Iximché gegründet. Aber schon 1527 verlegte man sie ins zentrale Hochland von Guatemala und gab ihr den Namen *Santiago de Goathemala*. Nachdem diese 1541 durch eine Schlammlawine zerstört worden war, wurde 1543 die dritte Hauptstadt mit dem Namen *Muy Noble y Muy Leal Ciudad de Santiago de los Caballeros de Goathemala*, das heutige Antigua Guatemala, gegründet, das 1570 zum Sitz der Audiencia von Guatemala wurde. Nach mehreren Erdbeben, Vulkanausbrüchen und Überschwemmungen wurde die Stadt 1773 durch ein erneutes schweres Erdbeben so stark zerstört, dass die Hauptstadt schließlich an den heutigen Ort von Guatemala-Stadt verlegt wurde.

Die Maya in der kolonialzeitlichen Gesellschaft

Seit der spanischen Eroberung nahmen die Indios die unterste Stufe der gesellschaftlichen Hierarchie ein. Allerdings beließen die Spanier einen Teil der indianischen Adelselite in der Selbstverwaltung der indianischen Gemeinden. Diese waren von Tribut und Encomienda-Diensten befreit und nicht selten an der Ausbeutung ihrer eigenen Ethnie beteiligt. Der Gouverneur einer solchen Gemeinde oder Provinz war der »Kazike« (in der Maya-Sprache *batab*), der auch als »Bürgermeister« einer Provinzhauptstadt oder *Cabecera* (wie diese spanische Verwaltungseinheit genannt wurde) fungierte. Die *Cabeceras* waren die Zentren der indianischen Lokalregierungen. Diesen untergeordnet waren die *Estancias*, die kleineren Orte.

Die den spanischen Behörden unterstellten Kaziken waren für die lokale Verwaltung ihrer *Cabecera* zuständig, vor allem für die Steuerabgaben an die Encomenderos, aber auch für Wasserversorgung, Straßen, Märkte u. a. mehr.

Die Spanier praktizierten eine Trennung von Weißen und Indianern aus machtpolitischen Gründen, nämlich um ihre Vormachtstellung als Minderheit zu halten und zu festigen. Schon die Konquistadoren hatten während oder sehr bald nach ihren Eroberungszügen indianische Konkubinen, ohne aber mit diesen eine feste Verbindung einzugehen. Im Laufe der Kolonialzeit ging aus den Verbindungen der Spanier mit Indianerinnen die Mestizenbevölkerung hervor, die heute die Mehrheit der Bevölkerung bildet. Bis heute fehlt dem Mestizen eine eigene Identität, er ist weder Spanier noch Indianer bzw. beides zugleich. Man unterschied in der Kolonialzeit gesellschaftlich Weiße bzw. Spanier, Indianer und Mestizen. Die Weißen bildeten die Elite, waren aber eine Minderheit. Bei den Weißen handelte es sich entweder um Kreolen, die in Neuspanien geborenen Spanier, oder die »Peninsularen«, die in Spanien geborenen Weißen. Bei den Mestizen unterschied man diverse »Kasten«. Mit »Kaste« bezeichnete man die Herkunft des Mestizen und den Grad seiner *Mestizaje* (»Vermischung«). In Guatemala ist der Ausdruck *Ladino* für die Weißen geläufig, der die dem spanischen *way of life* angepassten Indianer einschließt.

Maya heute: Vom Kastenkrieg zum Movimiento Maya

Die Unabhängigkeitsbewegung und die Maya-Aufstände

Anfang des 19. Jh.s wurden die Bestrebungen der spanischen Kolonien Amerikas nach Unabhängigkeit von Spanien immer größer. In Mexiko wurde der Unabhängigkeitskampf durch den Geistlichen Miguel Hidalgo y Costilla mit seinem »Ruf von Dolores« am 16. September 1810 ausgelöst und beeinflusste die Unabhängigkeitsbestrebungen in Guatemala. Bei den teils hart und unerbittlich geführten Kämpfen um die Unabhängigkeit von Spanien standen sich die auf der Seite Spaniens stehenden Konservativen bzw. Royalisten und die für die Unabhängigkeit kämpfenden Liberalen gegenüber. Guatemala erlangte am 15. September 1821 die Unabhängigkeit von Spanien, Mexiko erklärte am 28. September seine Unabhängigkeit. Guatemala schloss sich zunächst Mexiko an, trennte sich aber schon wieder 1823 und wurde Teil der Zentralamerikanischen Konföderation, ein Staatenbund, zu dem ferner die heutigen Staaten Honduras, El Salvador, Nicaragua und Costa Rica gehörten. Das bedeutete zugleich eine bis heute bestehende Grenzziehung durch das Maya-Gebiet: ein Teil gehörte nun zu Mexiko, der andere zur Zentralamerikanischen Konföderation. Dieser Staatenbund zerbrach aber während des Bürgerkrieges 1838–1840. 1847 wurde die unabhängige Republik Guatemala ausgerufen. 1859 erkannte Guatemala die Hoheit Großbritanniens über Britisch Honduras (heute Belize) an.

An diesen Ereignissen waren die Maya, die ca. 75 % der Bevölkerung ausmachten, so gut wie nicht beteiligt. Für die Politik der Konservativen spielten die Indios kaum eine Rolle und die Indianergesetze der Kolonialzeit blieben in Kraft. Für die Indianer bedeutete dies einen gewissen Schutz. Die Liberalen dagegen hatten den Ehrgeiz, die indianischen Gemeinden in ihrer Weiterentwicklung zu fördern. Ziel dabei war allerdings die Anpassung der Indios an den spanischen *way of life* bzw. die Auslöschung der indianischen Tradition. So wurde schon 1824 in Guatemala ein Gesetz erlassen mit der Anweisung, dass die Gemeindepfarrer gegen die indianischen Sprachen vorgehen sollten. Letztlich waren diese Bestrebungen nicht erfolgreich. In den Dorfgemeinschaften, vor allem in den abgelegenen Dörfern, konnte sich die indianische Tradition mehr oder weniger - natürlich nicht ohne gewisse zeitbedingte Anpassungen - bis heute erhalten. Gerade solche Dörfer waren oft die Keimzellen für Aufstandsbewegungen.

Denn häufiger als anderswo in Lateinamerika probten die Maya den Widerstand gegen die spanische Herrschaft. Von der Eroberung über die Kolonialzeit bis zur Gegenwart wurde und wird das Leben der Maya von Ausbeutung und Unterdrückung durch die Weißen bestimmt. Denn ohne die indianischen Arbeitskräfte war der Anbau und die Herstellung verschiedener landwirtschaftlicher Produkte nicht möglich. Als Beispiele dafür sind zu nennen: seit dem 18. Jh. der Kaffeeanbau, seit dem 19. Jh. auch der Anbau von Agave (*Henequén*) in Yukatan sowie die Mahagoni-Industrie und seit dem 20. Jh. der Bananenanbau in Guatemala. Den Maya gehen bis heute beträchtliche Anbauflächen für die eigenen Nahrungsmittel Mais und Bohnen durch diese Wirtschaftszweige verloren. In Chiapas zum Beispiel gehört der größte Teil des Landes nicht den Maya, sondern Großgrundbesitzern. Die kleinen Felder der Maya reichen zur Ernährung nicht aus. Die Indianer sind daher gezwungen, schlecht bezahlte Arbeit anzunehmen, vor allem auf den Kaffeeplantagen an der Pazifikküste. Als zusätzliches Problem sind häufig auftretende Epidemien und Hungersnöte zu erwähnen. Zudem sind gerade die Maya sehr ihrer Tradition verbunden und stehen daher Neuerungen durch die Weißen kritisch gegenüber. Dies alles zusammen veranlasste die Maya bis heute immer wieder zur Gegenwehr und zu Aufständen. So ist jedes Jahrhundert seit der Eroberung durch mehrere Maya-Aufstände gekennzeichnet.

Diese Aufstände waren meist religiös geprägt - ein universales Phänomen, das in der Ethnologie als Nativismus bezeichnet wird. Darunter versteht man generell eine kollektive Bewegung des

Widerstandes der autochthonen bzw. einheimischen Bevölkerung (*natives*) in einer Krisensituation, die durch eine fremde Gruppe verursacht wird – wie es bei der spanischen Eroberung und Kolonisation im Maya-Gebiet der Fall war. Ziel dabei ist der Erhalt bzw. die Wiederherstellung der autochthonen bzw. traditionellen Kultur und Religion. Der Führer ist meist eine charismatische Person mit den Kennzeichen eines Propheten und Heilsbringers. Die gegenwärtige fremde, unterdrückende Kultur und deren Regierung werden abgelehnt. Ziel ist daher das Ende der fremden Macht, mit dem dann eine neue Heilszeit beginnt.

Der erste große Aufstand erfolgte 1712 in Chiapas, wo es aufgrund einer Wirtschaftskrise zu einem besonders starken Bevölkerungsrückgang gekommen war. Vorausgegangen waren in den Jahren zuvor eine Reihe von Marien-Erscheinungen in diversen Dörfern der Tzeltal und Tzotzil, sodass ein Marienkult eigener bzw. indianischer Art entstand, dessen Ausbreitung die Kirche verhindern wollte. So ließ der Bischof von Chiapas 1710 in dem Tzotzil-Ort Santa Marta ein Marienbildnis entfernen, nachdem dort ein Mädchen die Erscheinung der Jungfrau Maria erlebt hatte. 1712 widerfuhr in dem Tzeltal-Dorf Cancuc einem Mädchen eine weitere Erscheinung der Jungfrau Maria. Initiiert wurde diese durch einen Tzotzil-Indianer namens Sebastian Gómez, der als Prophet auftrat und verkündete, er sei zum Stellvertreter von Petrus ernannt worden. In diesem Sinne seinem Auftrag nachkommend, begann er in den Nachbarorten einige Indios zu Priestern und Bischöfen zu weihen. Nach katholischem Kirchenrecht war dies nicht möglich, zudem Indios prinzipiell nicht zur Priesterweihe zugelassen waren. So kam es zu dem erwähnten großen Aufstand: Um einen kirchlichen Eingriff zu verhindern, vereinigten sich 20 Dörfer der Tzeltales und Tzotziles, stellten eine Truppe von 2000 Indios zusammen und überfielen brutal und zunächst erfolgreich eine Reihe spanischer Siedlungen. Im November 1712 aber konnten die Spanier die Indios in dem Tzotzil-Dorf Huistán besiegen, und im März 1713 war der Aufstand vollständig beendet.

Von Ende des 18. Jh.s bis zum Beginn des 19. Jh.s gab es in Guatemala immer wieder indianische Aufstände gegen die spanische Kolonialmacht, von 1811 bis 1820 sogar jedes Jahr. Der bedeutendste davon war der von Atanasio Tzul (geb. 1760) in Totonicapán 1820. Grund des Aufstandes war die Wiedereinführung von Tributen und kirchlichen Steuern nach deren vorübergehender Abschaffung. Tzul war der Nachkomme eines früheren K'iche'-Herrschers. Seine Anhänger krönten ihn am 12. Juli 1820 in Totonicapán zum König eines eigenständigen K'iche'-Königreiches, sein Mitstreiter Lucas Aguilar wurde zum Präsidenten ernannt. Der Erfolg der Revolte währte allerdings nur wenige Wochen und wurde von einer großen spanischen Streitmacht aus Quetzaltenango beendet. Tzul wurde ins Gefängnis von Quetzaltenango gebracht, im März 1821 dann aber begnadigt. Heute gilt Tzul als eine Symbolfigur des indianischen Widerstandes, nach dem eine Straße und eine Plaza in Guatemala-Stadt benannt wurden.

Auch der Chamula-Aufstand in Chiapas war mit einem Kult verbunden. Im Tzotzil-Dorf Tzajalhemel in Chiapas fand die junge Indianerin Augustina Gómez Checheb am 22. Dezember 1867 drei Obsidiansteine, von denen man bald glaubte, dass sie heilig seien und sprechen könnten. Pedro Díaz Cuzcat, der offiziell für die religiösen Angelegenheiten in Chamula zuständig war, hörte davon, übernahm die Steine, baute für sie einen Schrein und verlieh den sprechenden Steinen seine Stimme. Als der zuständige Pfarrer in Chamula die Steine konfiszierte, konnte das die Ausbreitung des Kultes nicht verhindern. Denn Cuzcat erschuf daraufhin ein Heiligenbild. Dieses Mal wurde der Kommandant von San Cristobal de las Casas aktiv und nahm nicht nur das Heiligenbild mit, sondern ließ auch Augustina festnehmen. Der Gouverneur aber befahl aufgrund der Glaubensfreiheit die Freilassung von Augustina. Nun erhielt der Kult erst recht verstärkten Zulauf, und für die inzwischen drei Heiligenbilder wurde jetzt sogar ein Tempel erbaut. Cuzcat weihte eine Reihe von Personen als Gemeindeoberhäupter der Nachbarorte und führte einen Markt in Tzajalhemel ein. Angesichts dieser Entwicklung schritt der Kommandant von San Cristobal de las Casas nun ein zweites Mal ein, entfernte die Heiligenbilder und ließ Augustina sowie Cuzcat festnehmen. Aber auch dies beendete den Kult nicht. An Karfreitag 1869 wurde in Tzajalhemel der Bruder von Augustina ans Kreuz geschlagen. Mitte Mai erschien ein Mestize namens Ignacio Fernández Galindo auf der Bühne des Geschehens. Er sei von Gott gesandt, um die Maya in den Kampf zur Befreiung von Cuzcat und Augustina zu führen, so seine Botschaft. An die 1000 Tzotzil- und Tzeltal-Maya folgten ihm, es kam zum Aufstand und zur Belagerung von San Cristóbal de las Casas. Man verhandelte und Galindo bot sich zum Tausch gegen Cuzcat und Augustina an. Es kam zum Austausch, die Indios zogen sich zurück und Galindo wurde hingerichtet. Ob es religiöse oder politische Motive waren, die Galindo zu diesem Opfer bewegten, weiß man bis heute nicht. Cuzcat führte den Aufstand weiter. Zwei Schlachten in Tzajalchén am 30. Juni und in Yolonchén am 7. Juli 1869 besiegelten aber das Ende des Aufstandes. Es folgten zwar noch einige vereinzelte Kämpfe, die letzten Rebellen wurden aber 1870 schließlich unterworfen.

Ein eigener Maya-Staat: Der Kastenkrieg

Wie in Chiapas, kam es auch in Yukatan immer wieder zu Aufständen. 1585 scheiterte die Revolte von Andrés Cocom, einem Angehörigen der Cocom-Dynastie, ebenso 1587 der Aufstand des Andrés Chi. Von größerer Bedeutung vor allem in Hinblick auf den späteren Kastenkrieg war der Aufstand des Itzá-Maya Canek (eigentlich Jacinto Uc). Dieser prophezeite den Sieg der Maya nach einem Fest am 19. November 1761 in dem Dorf Cisteil in der Nähe von Meridá. Die versammelten Maya krönten ihn zum König. Ein kleiner Trupp spanischer Soldaten, der am nächsten Tag vor Ort erschien, um den Aufstand sofort zu beenden, wurde bis auf einen Mann getötet. Canek organisierte ein Heer von 1500 Indianern, das aber von einer erneut entsandten spanischen Streitmacht in der Schlacht von Cisteil am 26. November besiegt wurde. Während dabei 600 Indios starben, hatten die Spanier nur 30 Tote zu beklagen. Canek konnte zunächst fliehen, wurde aber wenig später gefangengenommen und am 14. Dezember 1761 in Mérida hingerichtet, indem man ihn vierteilte. Trotz der Niederlage von Canek sollten sein Aufstand und sein Name im Kastenkrieg noch eine bedeutende Rolle spielen.

Der Kastenkrieg (*Guerra de las castas*) von Yukatan (1847–1855) war einer der bedeutendsten Maya-Aufstände. Im Zusammenhang mit diesem entstand 1850 ein unabhängiger indianischer Staat namens Chan Santa Cruz (»kleines heiliges Kreuz«) im heutigen mexikanischen Bundesstaat Quintana Roo, der sich bis 1901 halten konnte. Alles begann damit, dass es im Zuge der Unabhängigkeitsbestrebungen Yukatans von Mexiko zum Bürgerkrieg zwischen Campeche und Mérida und zu einer Erhebung der Maya kam. Der Anfang des Kastenkrieges, der sowohl von Indianern wie von Weißen brutal geführt wurde, ist durch die Hinrichtung eines am Indianeraufruhr beteiligten Kaziken namens Manuel Antonio Ay am 26. Juli 1847 gekennzeichnet. Insgesamt forderte der Krieg bis 1849, dem vorläufigen Ende der Kämpfe, ungefähr 50 000 Menschenleben auf beiden Seiten. 1848 standen die Aufständischen kurz vor Campeche und Mérida, den Hochburgen ihrer Gegner, die sie leicht hätten einnehmen können. Aber genau das taten sie nicht, sondern gaben vorher auf. Warum genau ist unklar. Man vermutet, dass viele Indianer den Wunsch hatten, die Zeit der Aussaat auf ihren Feldern zu nutzen. Möglich ist auch, dass die Aufständischen untereinander uneins waren. 1848 wurde Chí, einer der Anführer, ermordet, und ein Jahr später Pat, der andere Anführer. Die Indianer zogen sich in das Gebiet des heutigen Quintana Roo zurück, wo sie einen Indianerstaat gründeten, dessen Zentrum sie den Namen Chan Santa Cruz (heute Felipe Carrillo Puerto) gaben und danach ihren Staat benannten. Zu diesem Ort, an dem sich ein *Cenote* und ein in einen Baum eingeschnittenes Kreuz befanden, hatte der Mestize José María Barrera die Aufständischen geführt, ließ das Kreuz mithilfe eines Bauchredners sprechen und den endgültigen Sieg der Maya verkünden. Schon 1850 erschien ein Trupp Soldaten in Chan Santa Cruz. Bei der Verteidigung des Kreuzes gab es einige Todesopfer, darunter den Bauchredner. Daraufhin ließ Barrera ein Gebäude errichten, in dem er einen Altar mit drei Kreuzen aufstellte. Hinter dem Altar befand sich eine Grube und in dieser ein Fass als Resonanzboden, von dem ein Nachfolger des Bauchredners den Kreuzen seine Stimme verlieh. Auch ein zweiter Vorstoß einer Patrouille 1852 konnte die Ausbreitung des Kultes um das sprechende Kreuz nicht verhindern. Chan Santa Cruz entwickelte sich zu einer Stadt mit Kirche (*B'alam Na* = »Haus Gottes«), Regierungssitz, Schulen, Versammlungshaus und einer organisierten Verwaltung. Aus dem kleinen Wallfahrtsort war ein unabhängiger, theokratisch regierter Indianerstaat geworden: Der *Tatic* (»Schutzherr des Kreuzes«; später *Nohoch Tata* = »großer Vater«), war zugleich politisches und religiöses Oberhaupt, das aber nur im Hintergrund agierte. Die eigentliche Regierung bestand aus drei Würdenträgern, die das »Orakel des göttlichen Wortes«, d. h. die Stimme des *Tatich* verkündeten, interpretierten und aufschrieben. Durch Priester wurde das »göttliche Wort« dann weiter im ganzen Lande verbreitet. Der *Tata Chikiuc* (»Vater der Plaza«) war der militärische Führer der Gruppen und Vorsitzender des Staatsrates. Die Grundbotschaft des Kreuzes bestand darin, dass die Maya im Kampf gegen die Spanier durchhalten sollten, um letztlich den Sieg davonzutragen. Chan Santa Cruz ist ein Paradebeispiel für einen synkretistischen Kult. Das zeigt sich vor allem an der Bedeutung des Kreuzes, das bekanntlich zum einen das zentrale Symbol des Christentums ist, zum anderen aber ebenso als zentrales Symbol in der Maya-Religion die Weltachse als Verbindung von Diesseits und Jenseits verkörpert.

In Tulum entstand ein zweites Zentrum des Kultes des »Sprechenden Kreuzes«, geführt von einer Frau namens María Uicab. Allerdings wurde dieses Zentrum schon 1872 von der mexikanischen Armee zerstört. Im September 1900 begann der Feldzug gegen Chan Santa Cruz unter General Ignacio Bravo. Mit der Besetzung und Zerstörung von Chan Santa Cruz am 5. Mai 1901 war die Geschichte dieses Indianerstaates beendet. 1902 wurde das Gebiet zum mexikanischen Bundesstaat Quintana Roo. Aber der Kult des sprechenden Kreuzes lebt bis heute weiter. Obwohl der Kastenkrieg 1915 offiziell für beendet erklärt wurde, gab es immer wieder Unruhen. 1935 wurde schließlich die staatliche Oberherrschaft Mexikos von den Anhängern des Kults, den *Cruzoob*, in einem Friedensvertrag anerkannt. Im Gegenzug duldete die mexikanische Regierung den Kult, der heute noch in den Orten X-Cacal Guardia, Chancah Veracruz, Chumpón und Tulum im Verborgenen »unter Ausschluss der Öffentlichkeit« praktiziert wird.

Menschenrechte – ein Fremdwort: Caudillos, Diktatoren und der Bürgerkrieg in Guatemala

Sowohl in Mexiko als auch in Guatemala standen bis ins 20 Jh. hinein an der Regierungsspitze meist Diktatoren, sogenannte *Caudillos*, nicht selten vom Militär gestützt. Diese Zustände beschreibt der guatemaltekische Schriftsteller Miguel Angél Asturias (1899–1974) in seinen Romanen der sogenannten *Bananen-Trilogie*[185]. In Mexiko sowie vor allem in Guatemala nahmen die USA mehr oder weniger großen Einfluss auf das politische Geschehen. So besaß die 1899 gegründete *United Fruit Company* (heute *Chiquita*) in Guatemala ihre größten Bananenplantagen. 1954 wurde der amtierende Präsident Jacobo Árbenz Guzmán – von der *United Fruit Company* initiiert und vom Außenministerium der USA mithilfe der CIA und der militärischen Opposition in Guatemala organisiert – durch einen Putsch abgesetzt und mit dem Diktator Carlos Castillo Armas ersetzt. Ziel der USA war dabei die politische Kontrolle über Guatemala, um zu verhindern – so die Begründung –, dass sich das Land zu einem kommunistischen Satellitenstaat der UdSSR entwickelt. Nach Guzmán wurde die Politik in Guatemala durch eine Reihe von Militärregimes bestimmt, die die Reformpolitik von Guzmán und seinem Vorgänger rückgängig machten und die Opposition rücksichtslos verfolgten. Fast vier Jahrzehnte, von 1960 bis 1996, herrschte Bürgerkrieg, der einen Genozid an den Maya zur Folge hatte.

Aufgrund dieser Unterdrückung der Mehrheitsbevölkerung durch eine kleine politisch-wirtschaftliche Gruppe bildeten sich revolutionäre Bewegungen. Aus dem Zusammenschluss diverser genossenschaftlicher Gruppen von Bauern, die meisten von ihnen Indios, wurde 1978 das bis heute bestehende *Comité de Unidad Campesina* (»Komitee für die Einheit der Bauern«, abgekürzt CUC) gegründet, um für ihre Rechte auf eigenes Land zu kämpfen. Unterstützt und gefördert durch ausländische Hilfsorganisationen sowie katholische Geistliche schlossen sich ihr große Teile der indianischen Bevölkerung des Hochlandes an. Unter dem Regime des Generals Efraín Ríos Montt, der 1982/83 mit Unterstützung der

---

185 *Sturm*«(1950), *Der grüne Papst* (1954) und *Die Augen der Begrabenen* (1960).

US-Regierung regierte, kam es zu einem Höhepunkt des Bürgerkrieges (1960–1996) und des Genozids an den Indios. Ganze Dörfer wurden durch das Militär vernichtet und deren Bevölkerung massakriert. Insgesamt verloren an die 200 000 Oppositionelle, meist Bauern bzw. Indios, in dem Bürgerkrieg ihr Leben. Hinzu kamen eine Million Flüchtlinge innerhalb Guatemalas und 400 000 Flüchtlinge im Ausland.

Auch im 20. Jh. gab es eine Reihe von Maya-Aufständen und Guerilla-Bewegungen – in Mexiko ebenso wie in Guatemala, Honduras und El Salvador. In Mexiko sind die Aufstände der Tzolzil- und Tzeltal-Maya in Chiapas 1994 als Aufstände der »Zapatistas« weltweit bekannt geworden. Namensgebend war der indianische Revolutionär Emiliano Zapata (1879–1919), nach dessen Vorbild und Programm die Zapatistas soziale und politische Verbesserungen, vor allem eine Landreform und das Selbstbestimmungsrecht für die Indianer und Anerkennung der indianischen Sprachen forderten bzw. versuchten, dies gewaltsam durchzusetzen. Hatten die Zapatistas, die auch unter dem Kürzel EZLN (*Ejército Zapatista de Liberación Nacional* = »Nationale Zapatistische Befreiungsarmee«) bekannt sind, anfangs Erfolg, wurden sie bald von Truppen der Regierung zurückgedrängt. Allerdings ging die mexikanische Regierung Ende 1994 auch auf Verhandlungen mit den Zapatistas ein und machte gewisse Zugeständnisse, so im Hinblick auf das Selbstbestimmungsrecht der Indianer und die Anerkennung der indianischen Sprachen. Die Umsetzung in die Praxis verzögerte sich allerdings immer wieder. Ebenso wenig wurden die Vereinbarungen von San Andrés Larráinzar 1996 umgesetzt. Daher kam es 1997/98 wieder zu bewaffneten Kämpfen.

Der Amtsantritt des mexikanischen Präsidenten Vicente Fox Quesada am 1. Dezember 2000, mit dem die Revolutionspartei PRI nach 71 Jahren durch die PAN (*Partido Acción Nacional*) abgelöst wurde, weckte für die Indianerpolitik neue Hoffnungen. Direkt am 01.12. – als erste Amtshandlung – befahl Fox den Rückzug der 18 000 in Chiapas stationierten Soldaten und die Schließung der Militärstützpunkte. Ferner wurden die Reiseeinschränkungen für die internationalen Menschenrechtsbeobachter und Entwicklungshelfer aufgehoben und 17 inhaftierte Zapatistas freigelassen.

Die Zapatistas nahmen an einer inoffiziellen Parlamentssitzung teil und veranstalteten einen zweiwöchigen Friedensmarsch durch Mexiko. Am 28. April 2001 wurde das Gesetz über die Selbstbestimmung der Indianer erlassen. Aber Zapatistas und der *Nationale Indigene Kongress* (CNI = »Congreso Nacional Indígena«) kritisierten, dass dieses Gesetz nicht das ursprünglich geplante Autonomierecht und die juristische Anerkennung der Indianer und das eigene Recht auf Nutzung der Ressourcen ihres Lebensraumes enthält. Nach wie vor kämpfen die Zapatistas für ihre Ziele. Geführt wird die Bewegung von der aus Vertretern der diversen Dorfgemeinschaften bestehenden »Kommandatur«. Den harten Kern bilden 3000 »Aufständische« (*insurgentes*). Daneben gibt es die Kleinbauern, die ihrer Feldarbeit nachgehen, aber im Bedarfsfall die »Aufständischen« unterstützen. Mehr im Hintergrund steht die zivile »Unterstützungsbasis« (*base de apoyo*) mit mehreren zehntausend Anhängern. Einer ihrer Slogans lautet: »Eine Welt, in der viele Welten Platz haben.«

Die Pan-Maya-Bewegung: *Movimiento Maya*

Nach dem Bürgerkrieg in Guatemala entstand in den 1990er-Jahren die Maya-Bewegung (*Movimiento Maya*), die auch die Maya in den Nachbarländern Mexiko, Belize und Honduras beeinflusste. Dabei handelt es sich nicht um eine einheitliche Bewegung, sondern um eine Vielzahl unterschiedlicher Gruppen und Organisationen mit verschiedenen Tendenzen, Interessen und Strategien. Einig ist man sich allerdings über das Ziel: die gesellschaftliche, politische und kulturelle Anerkennung und Autonomie der Maya. Während der eine Teil der Maya-Bewegung mehr kulturell ausgerichtet war, war der andere politisch-links bis revolutionär eingestellt und schloss sich während der im Bürgerkrieg vom Militär verübten Massaker teilweise der Guerrilla-Bewegung an.

Einen nicht unerheblichen Einfluss auf die kulturell ausgerichtete Maya-Bewegung hatte die sogenannte *Acción Católica.* Dies war eine katholische Bewegung, die die Befreiung des katholischen

Christentums von indianischen Elementen zum Ziel hatte. Denn seit der Kolonialzeit hatten die Maya zwar das Christentum angenommen, aber dabei mehr oder weniger indianische Glaubensvorstellungen und Riten beibehalten. Durch die von der *Acción Católica* geförderte schulische Ausbildung der Maya entstand eine kleine intellektuelle Mittelschicht der indianischen Bevölkerung, die sich auch mit der eigenen Geschichte und Kultur befasste. Ein Vertreter der kulturellen Maya-Bewegung ist **Adrian Inés Chávez** (1904–1987), der erste Maya, der die Rückbesinnung auf die Maya-Kultur forcierte. Als Linguist verfasste er eine eigene Version des *Popol Vuh*, erfand ein Alphabet für die Maya-Sprachen, rekonstruierte den Kalender der K'iche' und gründete die *Academia de la Lengua Maya K'iche'* in Quetzaltenango.

Ein Beispiel für die politisch ausgerichtete Maya-Bewegung ist die aus einer einfachen Bauernfamilie stammende **Rigoberta Menchú Tum** (geb. 1959), eine K'iche'-Maya, die 1992 als bis dahin jüngste Preisträgerin den Friedensnobelpreis erhielt. Ihre Familie engagierte sich in Widerstandsbewegungen gegen das Militärregime, unterstützte aktiv das bereits erwähnte *Comité de Unidad Campesina* und musste dafür mehrmals Verhaftungen und Folter erleiden. Menchús Mutter und einer ihrer Brüder wurden ermordet. Ihr Vater kam 1980 während der Besetzung der spanischen Botschaft in Guatemala-Stadt ums Leben. Als Mitglied des *Comité de Unidad Campesina* organisierte Menchú unter anderen 1981 eine große Demonstration in Guatemala-Stadt. Als Mitglied der radikalen *Volksfront des 31. Januars* förderte sie den Widerstand der indianischen Bauern gegen das Militärregime. Menchú war ferner Mitbegründerin der *Organisation zur Dokumentation und Anklage von Menschenrechtsverletzungen* und einer gemeinsamen Front der guatemaltekischen Oppositionsparteien. Aufgrund ihrer politischen Aktivitäten musste sie nach Mexiko ins Exil fliehen. Vor dem Nationalen Gerichtshof in Madrid klagte sie 1999 – letztlich erfolglos – drei guatemaltekische Generäle wegen Menschenrechtsverletzungen an. 2007 und 2011 bewarb sie sich als Kandidatin für das Präsidentenamt in Guatemala, das erste Mal für die indianische Partei *Encuentro por Guatemala*, das zweite Mal für die ebenfalls indianische Partei *Winaq* (K'iche': »Volk«), erhielt aber dabei jeweils nur

3 % der Stimmen. Weltweit erhielt Menchú für ihren Einsatz für die Menschenrechte und für Frieden Ehrungen: 1990 den UNESCO-Preis für Friedenserziehung, 1992 den Friedensnobelpreis, 1996 wurde sie zur UNESCO-Sonderbotschafterin ernannt, ferner erhielt sie 17 Ehrendoktorwürden und 1999 wurde ein Asteroid nach ihr benannt. Das Verdienst Menchús ist vor allem, dass die Maya-Bewegung durch sie weltweit enorm an Popularität gewann.

Vor allem die Maya-Sprachen sind ein wichtiges Indiz ethnischer Identität. Gerade sie aber *zählen zu den* »gefährdeten Sprachen«, da die Anzahl ihrer Sprecher stetig zurückgeht.[186] Und das, obwohl es durchaus eine Reihe von Einrichtungen zur Förderung gibt, zum Beispiel die *Academia de la Lenguas Mayas* (»Akademie der Maya-Sprachen«) oder die von Linda Schele eingeführten und von Nikolai Grube fortgeführten Workshops zum Erlernen der Maya-Hieroglyphen. Letztere haben das Ziel, den Maya das Bewusstsein für ihre eigene Geschichte und Kultur nahebringen. Selbst die Entwicklung einer eigenen Literatur in den Maya-Sprachen – meistens im Bereich der Poesie, weniger im Prosa-Bereich – ändert nichts an dem Problem.

Als Beispiele von **Maya-Schriftstellern und -Dichtern** sind zu erwähnen: Jorge Miguel Cocom Pech[187] (geb. 1952), Marceal Méndez[188] (geb. 1979) und Marisol Ceh Moo[189] (geb. 1968) als erste Frau in der Maya-Literaturszene. International bekannt wurde der K'ich'e-Dichter Humberto Ak'abal[190] (1952–2019), geboren in Momostenago (Dep. Totonicapán, Guatemala). Er war einer der bedeutendsten indianischen Dichter Amerikas überhaupt und zunächst als Schafhirte, Teppichweber, Hilfsarbeiter und in anderen Berufen tätig, ehe er als Dichter berühmt wurde. Seine Gedichte verfasste er in der K'iche'-Sprache und übersetzte sie ins Spanische.

---

186 s. S. 39 f.

187 *Muk'ult'an in Nool. Secretos del abuelo* (»Geheimnisse des Großvaters«), 2001.

188 *Slajibal ajawetik. Los ultimos dioses* (»Die letzten Götter«), 2012; *Chiapas Maya awakening. Contemporary poems and short stories* (»Chiapas Maya-Erwachen«), 2017.

189 *X-Teya, u puksi'ik'al koolel. Teya, un corazon de mujer* (»Teja, das Herz einer Frau«), 2008.

190 In deutscher Sprache erschienen von seinen Werken: *Uxaq che' xuquje ik' – Hojas y luna – Blätter und Mond* (1998), *Trommel aus Stein. Gedichte* (1998), *Das Weinen des Jaguars. 77 Gedichte und ein Bericht* (2005) und *Geistertanz. Gedichte* (2014).

Nicht nur in Lateinamerika, sondern auch in den USA und in Europa erschienen seine Werke. Er wurde mehrfach mit Preisen ausgezeichnet, zum Beispiel 1997 mit dem Blaise-Cendrars-Preis, 1998 mit dem *Premio Continental Canto de América* und 2003 mit dem *Guatemaltekischen Staatspreis für Literatur*, den er aber ablehnte.

Obwohl der Maya-Bewegung ein Bewusstsein ethnischer Identität zu verdanken ist, hat sich das Ziel einer Einheit von Kultur und Sprache der Maya nicht erfüllt. Heute ist eher eine Vielfalt von Gruppen mit teils unterschiedlichen Interessen zu beobachten. Zudem ist nur ein Teil der Maya-Bevölkerung an dieser Entwicklung beteiligt.

Heilige, Cofradías und Schamanen: Religion als Faktor der Maya-Identität

Gerade die Religion ist immer ein wichtiger und oft entscheidender Faktor ethnischer Identität. So auch im Fall der Maya heute. Durch die Missionierung in der spanischen Kolonialzeit kam es zu einer Vermischung bzw. Synthese christlicher und indianischer Religion. Dadurch erhielten sich die Maya eine Reihe von Elementen ihrer ursprünglichen Religion und damit ein Stück ihrer Tradition. Die Bandbreite reicht dabei vom starken Überwiegen der christlichen Elemente über die Vermischung zu gleichen Teilen bis zum Überwiegen der indianischen Tradition. Mit bestimmten christlichen Heiligen, die man verehrt, verehrt man gleichzeitig indianische Gottheiten. Auch der Maya-Kalender der vorspanischen Zeit findet Verwendung. War er seit der Kolonialzeit in unzugänglichen Maya-Gemeinden ununterbrochen in Gebrauch, gibt es heute sogar Bestrebungen von Wissenschaftlern wie Nikolai Grube, die Maya bezüglich Kalendersystem und Hieroglyphen zu schulen. Darüber hinaus erfreut sich der Maya-Kalender im esoterischen Bereich großer Beliebtheit. Die Maya-»Tradition« wiederum nimmt ihrerseits heute durchaus Elemente der modernen Esoterik auf, wie die Weltuntergangsprophezeiungen für das Jahr 2012 nach dem Maya-Kalender.[191]

Der **Synkretismus** bzw. die Symbiose zwischen Christentum und religiöser Maya-Tradition zeigt sich vor allem im Heiligenkult, der Verehrung christlicher Heiliger, die man nicht selten mit den indianischen Gottheiten gleichsetzt. Die Verehrung des Heiligen spielt oft eine wichtigere Rolle als Jesus Christus oder Gottvater. Dabei verwischen sich die Grenzen der katholisch-dogmatischen Unterscheidung zwischen »Anbetung«, welche allein Gott gebührt und »Verehrung«, die den Heiligen und Maria gilt, wie dies allgemein häufig in der katholischen Volksfrömmigkeit der Fall ist. Der Heiligenkult wird für jeden Touristen deutlich, der zum Beispiel eine Kirche in Chiapas besucht: Äußerlich als katholische Kirche erkennbar, fehlen innen weitgehend die üblichen Sitzbänke. Stattdessen fallen die Altäre vor den einzelnen Heiligenbildern und – mit Kleidern versehenen – Heiligenfiguren samt ihren Opfergaben auf: Kerzen, Getränke wie Wasser, Cola oder Alkohol, Blumen, Räucheropfer und anderes mehr. Ein bekanntes Beispiel dafür ist die Johannes dem Täufer geweihte Kirche von San Juan de Chamula. Zwar wird hier Johannes offiziell als christlicher Heiliger verehrt, aber in seiner Kirche gibt es keinen Altar, und es werden Hühner als Opfer geschlachtet. Sein Fest am 24. Juni wird nicht von einem katholischen Priester, sondern von einem *Mayordomo*, dem obersten Verwalter einer *Cofradía* (»Bruderschaft«) organisiert. Denn für die »Betreuung« der Heiligen einschließlich Opfer, Bekleidung und Ausrichtung des Patronatsfestes sind die *Cofradías* zuständig. Die *Cofradía* ist eine von den Europäern zur Festigung des Christentums eingeführte Institution, die sich letztlich auf die christlichen Bruderschaften im europäischen Mittelalter zurückführen lässt. Die in der Regel temporären Ämter wie das des Mayordomos oder das des Fahnenträgers, der für die Standarte mit den Insignien des Heiligen und der Bruderschaft zuständig ist, verleihen dem Amtsinhaber ein hohes soziales Prestige. Die *Cofradías* verbinden nicht nur katholische und indianische Elemente zu einer Symbiose, sondern sind auch ein stabilisierender Faktor der Dorfgemeinschaft, ja der indianischen

191 s. S. 256 f.

Identität schlechthin – nicht nur in Mittel-, sondern auch in Südamerika.[192]

Ein Paradebeispiel für den indianisch-christlichen Synkretismus ist der im Hochland Guatemalas (vor allem Santiago Atitlán) verehrte Heilige Maximón. In dieser Heiligengestalt vermischen sich vorspanische Vorstellungen mit den christlichen Gestalten des Apostels Simon, des Judas Iskariot und des Eroberers Pedro de Alvarado. Seine Gestalt gleicht einem *Haciendero* oder Geschäftsmann mit Hut, Sonnenbrille, dunklem Anzug, mit einer oder vielen Krawatten, Lederstiefeln und im Mund meist eine ihm dargebrachte brennende Zigarette oder Zigarre. Ihm werden Zuckerrohrschnaps, Geldscheine oder Blumen geopfert. Durch das Anzünden von Kerzen erhofft man sich die Hilfe und Unterstützung des Heiligen bei diversen Anliegen wie Krankheit, Eheproblemen oder Arbeitslosigkeit.

Die Gestalt des Maximón findet sich ebenso im *Baile de la Conquista* (»Tanz der Eroberung«) wieder. Dies ist ein vor allem im Hochland von Guatemala zum Patronatsfest aufgeführter Tanz, der die spanische Eroberung unter Pedro de Alvarado darstellt. In bunten Kostümen wird dabei die Konfrontation zwischen Spaniern und Indios gezeigt und vergegenwärtigt. Nicht selten treten dabei die Spanier in schwarzen Anzügen auf, dem Outfit von Maximón oder mit blonden Perücken, der Haarfarbe von Alvarado.

Eine wichtige Rolle, vor allem im Fall von Krankheiten, spielen in den Maya-Dörfern nach wie vor die traditionellen Heiler bzw. *Curanderos*, häufig Schamanen[193] genannt. Die Spannweite reicht dabei von traditionellen Heilern und Schamanen in abgelegenen Orten bis hin zu solchen, die durch die Esoterikszene international bekannt wurden und ihren Ruhm vor allem in Verbindung mit dem Tourismus kommerziell nutzen. Das traditionelle Maya-Weltbild geht zum einen von der Einheit des Menschen mit der Natur und dem Kosmos und zum anderen von der Ganzheit des Menschen und demzufolge von der Wechselbeziehung zwischen

192 S. dazu z. B. Francisco Gil García: Religionen des zentralandinen Südamerika, in: Münzel, Mark: Indigene Religionen Südamerikas (Die Religionen der Menschheit 7,1), Stuttgart 2021, 236–306.

193 Zur Definiton und Problematik des Begriffes s. S. 189 f.

Körper und Seele aus. Krankheit ist dementsprechend die Störung der universellen Harmonie und Heilung ihre Wiederherstellung. Krankheiten werden konkret verursacht durch besondere Mächte und Kräfte, durch Geister und Dämonen, die vom Kranken durch den Verlust der Seele oder durch einen Regelverstoß in der gesellschaftlichen Ordnung Besitz ergreifen. Die Heilung erfolgt dann in diversen Séancen bzw. Sitzungen, in denen der Heiler – nicht selten unter Einfluss von Drogen – die Krankheitsursachen erkundet und durch bestimmte Riten und Heilmittel den Kranken heilt. Der Erfolg solcher Heilungen beruht oft zum einen auf dem Charisma der Heiler und der verbundenen positiven Erwartungshaltung des Kranken, die nach dem Prinzip des Placebo-Effektes wirkt. Zum anderen verfügen die traditionellen Heiler bzw. »Schamanen« über ein sehr fundiertes Wissen über wirksame Heilkräuter.

Ein weiterer Aspekt der Religion als Faktor ethnischer Identität zeigt sich schließlich darin, dass die vorspanischen Maya-Stätten von den heutigen Maya oft als heilig angesehen werden. Entsprechend wurde im Jahr 2002 in Guatemala das »Gesetz über die heiligen Orte« (*Ley de Lugares Sagrados*) erlassen, das den Maya das historische, kulturelle und religiöse Recht der Nutzung der archäologischen Stätten zusagt. Gerade an touristisch stark frequentierten Ruinenstätten wird diese Möglichkeit von den Maya darüber hinaus gerne genutzt, um ihre Kultur zu präsentieren und gleichzeitig für ihre Anerkennung in Gesellschaft und Politik zu werben.

Faszination Maya: Die Maya in Forschung und Esoterik

Die Zeichnung stellt den gegenwärtigen Zustand des Gebäudes dar, umgeben und überwachsen von Bäumen; aber von dem tiefen, erhabenen Eindruck, den es auf uns machte, vermag keine Schilderung und keine Zeichnung eine Vorstellung zu vermitteln. Allein, es war unser Ziel, das Gebäude so wiederzugeben, wie es einst im unversehrtem Zustande ausgesehen haben mochte, um es der gelehrten Betrachtung und dem Vergleich mit der Architektur anderer Länder und Zeiten zur Verfügung zu stellen.[194]

So John Lloyd Stephens bei seinem Forschungsaufenthalt in Palenque. Mit der Wiederentdeckung der Maya-Ruinen im 19. Jh. durch John Lloyd Stephens begann die Maya-Forschung. Waren es zu Anfang »Seiteneinsteiger« wie Stephens, die – von der Maya-Kultur fasziniert – im privaten Rahmen den Bestand dokumentierten, führten in der zweiten Phase Institutionen in den USA wie das *Peabody Museum of Archaeology and Ethnology* (Harvard University, Cambridge, Massachusetts) und die *Carnegie Institution for Science* (Washington, D. C.) archäologische Ausgrabungen durch. Die Maya-Forschung ist weitgehend eine Domäne von Forschern der USA. Aber auch Briten und Deutsche sind nach wie vor maßgeblich daran beteiligt. Von Anfang an war auch das esoterische Interesse an der Maya-Kultur groß und nicht selten mit der wissenschaftlichen Forschung verbunden. Charles Étienne Brasseur de Bourbourg ist hier als Beispiel zu nennen, dem wir einerseits erste wissenschaftliche Entdeckungen verdanken, der aber andererseits ebenso esoterische Theorien vertrat. Im Folgenden werden die wichtigsten Forscher und Ereignisse der Maya-Forschung zusammengefasst – sozusagen als Ausschnitt, eine detaillierte Übersicht würde den Rahmen dieses Buches sprengen.

---

194 John Lloyd Stephens 1980, 141.

John Lloyd Stephens und die Wiederentdeckung der Maya-Kultur

Die vorspanische Maya-Kultur geriet nach der spanischen Eroberung im Laufe der Zeit in Vergessenheit und wurde erst im 19. Jh. buchstäblich wiederentdeckt. Es war wie erwähnt der US-Amerikaner John Lloyd Stephens (1805–1852), der als Pionier der amerikanischen Archäologie im Maya-Gebiet im Regenwald die vergessenen Tempel und Paläste der Maya wiederentdeckte, durch seine Publikationen weltweit bekannt machte und andere wie Charles Étienne Brasseur de Bourbourg zur weiteren Forschung anregte. Und er war es, der erkannte, dass es sich bei den Ruinen um Reste einer eigenständigen Kultur der Neuen Welt handelte und sie in Verbindung zu den zeitgenössischen Indios brachte. Erst nach Stephens setzte sich die Bezeichnung Maya für diese Kultur durch. Stephens war Jurist, Diplomat, Amateurarchäologe und Reisebuchautor, der schon zuvor viele Länder Europas und des Nahen Ostens bereist und darüber berichtet hatte.[195]

1839 wurde Stephens zum US-Botschafter in der Zentralamerikanischen Konföderation in Guatemala-Stadt ernannt. Diese Zeit nutzte er für Entdeckungsreisen im Maya-Gebiet. Auf diesen Reisen begleitete ihn der britische Architekt und Maler Frederick Catherwood (1799–1854). Dieser hatte ebenfalls zuvor Reisen nach Palästina, Ägypten, Griechenland und in die Türkei unternommen, und Stephens 1836 in London kennengelernt. Beide unternahmen zusammen zwei Forschungsreisen ins Maya-Gebiet 1839/40 und 1841/42.

Stephens Reisebericht, in dem er nicht nur die von ihm entdeckten Maya-Ruinen genauestens beschrieb, sondern auch seine eigenen abenteuerlichen Erlebnisse, die Begegnungen mit der Bevölkerung und diverse Ereignisse des Bürgerkrieges dieser Zeit lebendig schildert, wurde ein Weltbestseller. Catherwood lieferte die Abbildungen. Ihm verdanken wir die ersten Bilder der Maya-Ruinen, die er detailgetreu zeichnete und später aquarellierte.

195 Incidentes of Travel in Egypt, Arabia Petraea and the Holy Land (1837) und Incidentes of Travel in Greece, Turkey, Russia and Poland (1838).

Detailgetreu deshalb, weil er die *Camera Lucida* verwendete. Mit einer solchen werden die Umrisse des Motivs durch ein Prisma auf dem Zeichenpapier wiedergegeben und auf diese Weise relativ naturgetreue Abbildungen ermöglicht.

Incidents of Travel in Central America, Chiapas and Yucatan erschien in zwei Bänden 1841 und 1843. Stephens besuchte zusammen mit Catherwood mehr als vierzig Maya-Stätten, darunter Copán, Palenque, Uxmal, Nohpat, Kabah, Sayil, Labna, Kiuik, Chichén Itzá, Cozumel und Tulum. Diese Ruinen waren zu jener Zeit von Bäumen und Pflanzen des Regenwaldes völlig überwachsen, und nicht selten Teil eines Hacienda-Besitzes. So kaufte Stephens für eine »Handvoll Dollar«, genau 50 Dollar, die Ruinen der Maya-Stadt Copán einem *Hacendero* ab, um ungestört seine Studien durchzuführen:

> »Es wird den Leser vielleicht interessieren, wie man in Zentralamerika alte Städte kauft. [...] So vernehme denn der Leser, dass ich für Copan fünfzig Dollar zahlte. Wegen des Preises gab es keine Schwierigkeit: Ich bot jene Summe, und Don José Maria hielt sie für so übermäßig hoch, dass ich in seinen Augen geradezu als Narr erschien; hätte ich mehr geboten, er würde mich wahrscheinlich für etwas noch Schlimmeres angesehen haben.«[196]

Ebenso berichtet er über die Schwierigkeiten bei der Erforschung von Ruinen wie zum Beispiel Copán: »Das Gelände war uneben und so dicht bewaldet, dass auf dem ganzen Wege ein Indianer vor uns hergehen und mit seiner Machete die Zweige und Schösslinge niederhauen musste.«[197] Zudem wurde der Aufenthalt durch starke Unwetter, Moskitos, Zecken und Sandflöhe erschwert.

196 John Lloyd Stephens 1980, 39.
197 Ebd., 59.

Auf den Spuren einer geheimnisvollen Kultur: Die Maya-Forschung im Überblick

Wohl nicht zuletzt inspiriert durch die Berichte von Stephens und Catherwood begann der Franzose **Charles Étienne Brasseur de Bourbourg** (1814–1874) sich mit der Maya-Kultur zu beschäftigen, obwohl er ursprünglich Theologie und Philosophie studiert hatte. Er war längere Zeit in Guatemala als Missionar tätig. Ihm verdanken wir die Entdeckung der Kopien des *Popol Vuh* (1854), des Manuskriptes von Landas *Bericht aus Yukatan* (1862) und des Madrider Maya-Codex (1866). Außerdem erkannte er, dass es sich bei dem Pariser und dem Dresdner Codex um Maya-Schriften handelte. Brasseur de Bourbourg ermöglichte so schließlich die spätere Entzifferung der Maya-Schrift. Darüber hinaus übersetzte er die *Annalen der Kaqchikel* (1855), schrieb eine *Grammatik der K'iche'-Sprache*[198] (1862) und einen – von Jean-Frédéric Waldeck illustrierten – Bericht über die Maya-Ruinen[199] (1866). Brasseur de Bourbourg war allerdings ebenso der Erste, der das Thema Maya im Esoterik-Bereich maßgeblich beeinflusste.[200]

Teobert Maler (1842–1917) war ein deutsch-österreichischer Architekt. Er war im Freikorps von Erzherzog Ferdinand Maximilian, Bruder des österreichischen Kaisers Franz Joseph und 1864–67 Kaiser von Mexiko, nach Amerika gekommen, wo er bis zu seinem Tod blieb. Als er 1877 Palenque besuchte, war er von den Maya-Ruinen so fasziniert, dass sie seitdem zu seinem Lebensziel wurden. Dieses konnte er sich durch sein Privatvermögen und die finanzielle Unterstützung des Peabody Museums ermöglichen. Er war der Erste, der über hundert archäologische Orte mit mehreren tausend Fotografien dokumentierte. In Mérida hatte er sich ein Fotostudio eingerichtet. Seine Fotoarbeiten waren nicht nur technisch auf dem neuesten Stand seiner Zeit, sondern er war ebenso fotografisch hoch begabt. Seine Aufnahmen[201] sind von höchster Qualität und

198 *Grammaire de la langue quichée.*

199 *Monuments anciens du Mexique.*

200 s. S. 254.

201 Diese befinden sich heute als Nachlass mit seinen Tagebüchern und Manuskripten im *Ibero-Amerikanischen Institut* in Berlin und im *Peabody Museum*

bis heute eine wichtige Quelle der Maya-Forschung, weil viele der fotografierten Maya-Ruinen nicht mehr erhalten sind. Eine Ehrung wurde ihm aber zu Lebzeiten nicht mehr zuteil: Er musste zuletzt vom Verkauf seiner Fotografien leben und starb verarmt.

Ernst Wilhelm Förstemann (1822–1906) war Germanist und Direktor der Dresdner Bibliothek, der zunächst dafür sorgte, dass der Dresdner Codex 1880 publiziert wurde. Von 1887 bis 1898 gab er die Schriftenreihe *Zur Entzifferung der Mayahandschriften* heraus. Hierbei gelang ihm, das Zahlen- und Kalendersystem des Dresdner Codex zu entschlüsseln, konkret das 20-Tagesystem der Maya und die Lange Zählung.

Der Berliner **Paul Schellhas** (1859–1945) wandte sich, unterstützt von Förstermann, neben seinen Tätigkeiten als Anwalt und Richter der Maya-Forschung zu. Beschäftigte er sich zunächst mit der altägyptischen Hieroglyphenschrift, galt sein Interesse bald ausschließlich dem Dresdner Codex und der Entzifferung der Maya-Schrift. Seine Einstufung der Maya-Schrift als ideografisch bzw. piktografisch erwies sich zwar als falsch. Aber seine Vermutung, dass die Inschriften auf Steinmonumenten die Eigennamen der abgebildeten Personen enthielten, sowie seine Betonung der Bedeutung der Hieroglyphenschriften auf Keramikgefäßen wurden von späteren Maya-Forschern wie Heinrich Berlin, Tatjana Proskouriakoff und Michael D. Coe weiterentwickelt. Seine bedeutendste Leistung aber war die Identifizierung von 30 im Dresdner Codex dargestellten Maya-Gottheiten.[202] Diese nach ihm benannten Schellhas-Gottheiten versah er mit Buchstaben, die teilweise bis heute ihre Gültigkeit besitzen.

Heinrich Berlin Neubart (1915–1988) emigrierte als jüdischer Verfolgter in der Nazizeit nach Mexiko-Stadt, wo er Völkerkunde studierte. 1938–1945 war er an den Ausgrabungen in Palenque beteiligt. In den 1950er-Jahren war er wissenschaftlicher Mitarbeiter am Nationalmuseum von Guatemala und Professor am Institut für Anthropologie und Geschichte in Guatemala-Stadt. Er entdeckte die Bedeutung der Emblem-Hieroglyphen. Dies sind bestimmte

in Cambridge, MA (USA).

202 Die Göttergestalten der Maya-Handschriften: Ein mythologisches Kulturbild aus dem Alten Amerika, Dresden 1897.

Hieroglyphen, die wie Wappen als Zeichen für eine bestimmte Stadt oder Herrscherfamilie verwendet werden. Seine Vermutung, dass die Maya-Inschriften historischen Inhalts sind, sollte sich als richtig erweisen und wurde später von Tatiana Proskouriakoff eindeutig belegt.

Dem US-amerikanischen Archäologen **Sylvanus Morley** (1883–1948) verdanken wir nicht nur die Ausgrabungen von Chichén Itzá, sondern auch wichtige Erkenntnisse über Schrift und Kalender der Maya. Durch seine populärwissenschaftlichen Bücher machte er die Kultur der Maya einer breiten Öffentlichkeit zugänglich. Nach seinem Tod wurde bekannt, dass er seine archäologische Arbeit in Yukatan mit Spionagetätigkeit für die USA verbunden hatte.[203]

Juri Walentinowitsch Knorosow (1922–1999) hatte zunächst Ägyptologie studiert. Er war als Soldat der Roten Armee 1945 beim Einmarsch in Berlin dabei. In der *Berliner Preußischen Staatsbibliothek* entdeckte er eine Kopie des Dresdner Codex und des *Berichts aus Yukatan*. Er nahm beides mit, schrieb in der UdSSR eine Diplomarbeit über die Maya-Schrift (1952)[204], dann seine Dissertation über Landas *Bericht aus Yukatan* (1955) und war danach an der Akademie der Wissenschaften der UdSSR tätig. Knorosow verglich die Maya-Schrift mit der altägyptischen Hieroglyphenschrift und stellte fest, dass beide Schriftsysteme ungefähr gleich viele Zeichen aufweisen. Er erkannte, dass Diego de Landa die von ihm aufgelisteten Silbenzeichen als Buchstaben missverstanden hatte. So beschrieb dieser zum Beispiel das Zeichen *be* als Buchstaben, obwohl es sich dabei in Wirklichkeit um ein Silbenzeichen handelt. Das Verdienst von Knorosow ist folglich die Erkenntnis, dass die Maya-Hieroglyphen eine Silbenschrift darstellen und dass ein Begriff durch mehrere Schrift- oder auch Bildzeichen wiedergegeben werden kann.

In der westlichen Forschung wurde diese bahnbrechende Erkenntnis lange Zeit abgelehnt. Dafür sorgte der Brite Sir **John Eric Sidney Thompson** (1898–1975), der damals führende Maya-Forscher, dem unter anderem eine Korrelation zwischen dem

---

203 Für das *Office of Naval Intelligence* (»Amt für Marinenachrichtendienstliche Angelegenheiten«, abgekürzt ONI).

204 Engl. Übersetzung: *The Writing of the Maya Indians* (Series of the Peabody Museum of Archaeology and Ethnology IV), 1967.

Maya-Kalender und unserem Gregorianischen Kalender zu verdanken ist. Thompson, der die Maya-Hieroglyphen als Wortschrift ansah, bezeichnete die Arbeit Knosorows als kommunistische Propaganda – in Zeiten des Kalten Krieges sehr wirkungsvoll. Aufgrund einiger Detailfehler lehnte er gleich die ganze Arbeit als falsch ab. Der Archäologe David Humiston Kelley (1924–2011) und der Anthropologe Floyd Glenn Lounsbury (1914–1998), die die Erkenntnisse Knosorows trotzdem anerkannten und weiterentwickelten, wurden ebenfalls kommunistischer Propaganda verdächtigt. Erst nach dem Tod Thompsons wurde das Werk Knorosows gewürdigt, das nun den Grundstein für die weitere Entzifferung der Maya-Hieroglyphen bildete.

Auch die Arbeit von **Tatiana Avenirovna Proskouriakoff** (1909–1985) tat Thompson als marxistische Propaganda ab. Diese war 1915 in die USA gekommen, hatte zunächst Architektur studiert, ehe sie sich der Archäologie zuwandte. Sie war zuerst an der *Carnegie Institution for Science* (Washington D. C.) und später am *Peabody Museum of Archaeology and Ethnology* (Harvard University; Cambridge, Massachusetts) tätig. Als archäologische Illustratorin ist ihr in der Entzifferung der Maya-Schrift[205] ein wesentlicher Fortschritt zu verdanken: Sie erkannte und bewies, dass die Inschriften in Piedras Negras[206] ebenso wie Stelen in Tikal und Chichén Itzá über geschichtliche und biografische Ereignisse in der Regierungszeit der Herrscher berichten. Außerdem konnte sie eine Reihe von Verben entziffern bzw. übersetzen.

Michael Douglas Coe (1929–2019) war vor seiner Karriere als Maya-Forscher, ähnlich wie Morley, für einige Monate im Spionagebereich als Führungsoffizier für die CIA in Südostasien tätig gewesen. Er war Professor für Anthropologie an der *Yale University* (New Haven, CT), Kurator am *Peabody Museum of Natural History* (Yale University; New Haven, CT) sowie Autor einiger populärwissenschaftlicher Bücher über die Maya. Sein Schwerpunkt war die Maya-Schrift.

---

205 *An Album of Maya Architecture*, Washington, D. C. 1946; *A Study of Classic Maya Sculpture*, Washington, D. C. 1950.

206 s. S. 93.

Merle Greene Robertson (1913–2011) nahm nach einem Kunststudium in den 1970er-Jahren an einem Forschungsprojekt in Palenque teil, wobei sie insgesamt 2000 Abklatsche bzw. Kopien der dortigen Reliefs anfertigte. Diese sind heute wichtige Zeugnisse, da die Originale inzwischen durch Regen sowie Plünderung zerstört worden sind. Zudem organisierte sie die *Palenque Round Tables* – internationale Konferenzen, die besonders in der Entzifferung der Maya-Hieroglyphen Fortschritte verbuchten, vor allem hinsichtlich der Grammatik. Wichtigste Erkenntnis dieser Konferenzen war, dass die Syntax der Inschriften dieselbe ist wie die der heutigen Maya-Sprachen, und aus der Reihenfolge Verb, Objekt und Subjekt besteht. Das ermöglichte es, die Hieroglyphen Wortarten zuzuordnen, selbst wenn die genaue Übersetzung noch unklar war.

Robertson war die Lehrerin von **Linda Schele** (1942–1998), die wie diese ebenfalls zunächst Kunst studierte. Als Schele von der Universität den Auftrag bekam, die Ruinenstadt Palenque zu fotografieren, war dies der Beginn ihrer Karriere als Maya-Forscherin. Sie promovierte über die Maya-Hieroglyphen.[207] Zusammen mit Floyd Glenn Lounsbury und Peter Matthews erstellte sie die 200-jährige Dynastie-Geschichte von Palenque. Aus ihrem 1977 gegründeten *Maya Hieroglyphic Workshop* entwickelte sich in den 1990er-Jahren das international führende Forschungsprojekt *Texas Notes* zur Entzifferung der Maya-Schrift. Seit 1988 organisierte sie mit Nikolai Grube und Frederico Fahsen Workshops für die heutigen Maya, um diese über ihre Geschichte, Kultur und Schrift ihrer Vorfahren zu informieren.

Nikolai Grube (geb. 1962), aktuell einer der weltweit führenden Maya-Forscher, arbeitete zunächst mit Linda Schele zusammen. Er war Inhaber des *Linda and David Schele Chair in the Art and Writing of Mesoamerica* (University of Texas) in den Jahren 2000–2004, ehe er in Bonn Professor für Altamerikanistik und Ethnologie wurde. Neben archäologischen Ausgrabungen im Maya-Gebiet und Organisation von Ausstellungen ist er maßgeblich an den Fortschritten in der Entzifferung der Maya-Schrift beteiligt.

207 *Maya Glyphs: The Verbs*, 1982

Mayanism – Die Maya in der Esoterikszene

Nicht nur Wissenschaftler waren und sind von der Maya-Kultur fasziniert, sondern zunehmend auch ein weiter Kreis von Laien. Schon zu Beginn der Maya-Forschung entwickelte sich zeitgleich das Interesse der Esoterik an der Kultur der klassischen Maya. Heute gibt es eine eigene Sparte der modernen Esoterik (*mayanism*[208]), die sich speziell mit den Maya beschäftigt. Dabei werden zum Beispiel diverse Theorien zum Ursprung der Maya-Kultur in pseudowissenschaftlicher Art und Weise vertreten oder vermeintlich authentische »schamanistische« Praktiken der Maya für den eigenen, individuellen Weg der Selbsterkenntnis oder Persönlichkeitserweitung genutzt. Insgesamt lassen sich hierbei vier Themenschwerpunkte zusammenfassen:

- Die Maya als Nachkommen eines untergegangenen Volkes oder der Bevölkerung eines verlorenen Kontinents (Atlantis) bzw. derjenigen, die mit Atlantis irgendwie in Kontakt standen: So nahm der Ire Edward King, besser bekannt als Lord Kingsborough (1795–1837), an, die Maya seien der verlorene Stamm Israels. Charles Étienne Brasseur de Bourbourg (1814–1874) vermutete, dass der Ursprung der Maya-Kultur mit dem verlorenen Kontinent Atlantis in Zusammenhang stehe. Die Atlantis-Theorie wurde vor allem von Helena Petrovna Blavatsky (1831–1891) und der Theosophie aufgenommen.
- Die Maya als Beispiel und Beleg für die Existenz außerirdischer Besucher auf der Erde: »Begründer« dieser Theorie und nach wie vor Hauptvertreter ist Erich von Däniken (geb. 1935), der davon ausgeht, dass die Leistungen der Maya-Kultur wie die anderer Hochkulturen nur mit dem Besuch von Außerirdischen auf der Erde zu erklären sind.
- Der Maya-Kalender als Prophezeiung des Weltunterganges 2012: Maßgebend war hierbei vor allem José Argüelles (1939–2011).[209]

208 Bislang gibt es nur die englische Bezeichnung dafür, da diese esoterische Richtung vor allem in den USA verbreitet ist.

209 *Der Maya-Faktor*, 1987.

- Die Maya als Beispiel für schamanistische Erfahrungen und halluzinogene Visionen: In der Esoterik spielt die spirituelle Praxis eine große Rolle. So boten sich die auch in der Forschung öfters betonten schamanistischen Praktiken und Erfahrungen der klassischen Maya als Vorbild an. Diese Vorstellungen wurden von einigen autochthonen Maya-Priestern übernommen, die so wiederum in der westlichen Esoterikszene aktiv und bekannt wurden.

Diese vier aufgezählten Themenaspekte sollen im Folgenden etwas näher dargestellt werden.

Es war **Charles Étienne Brasseur de Bourbourg** (1814–1874), der sich als einer der Ersten mit der Maya-Kultur beschäftigte. Dabei gab er nicht nur, wie weiter oben beschrieben, entscheidende Impulse in die wissenschaftliche, sondern mit seinen späteren Schriften ebenso in die esoterische Richtung. Sich auf Platons Beschreibung eines verlorenen Kontinentes namens Atlantis berufend, vermutete er, dass sowohl die Alte als auch die Neue Welt ihren Ursprung in Atlantis gehabt hätten, und dass es schon vor der Entdeckung durch Kolumbus Kontakte zwischen der Alten und der Neuen Welt gegeben hätte. So sah er vor allem in der Mythologie und im Pantheon der Maya und des Alten Ägypten Ähnlichkeiten. Diese Vorstellungen inspirierten und beeinflussten wiederum vor allem Auguste Le Plongeon (1825–1908) und Ignatius Donnelly (1831–1901), die diese Ideen weiterentwickelten und damit ihrerseits Helena Petrovna Blavatsky (1831–1891) und die Theosophie bis hin zur modernen Esoterik beeinflussten. Brasseur de Bourbourg legte somit nicht nur den Grundstein zur Maya-Forschung, sondern auch zu dem *Mayanism* genannten Bereich der modernen Esoterik.

In den 1970er-Jahren brachte **Erich von Däniken** (geb. 1935) die These vor, dass die Götter der Alten und der Neuen Welt außerirdische Astronauten gewesen seien, die auf der Erde gelandet seien und den Menschen Kultur und Wissen gebracht hätten. Nach wie vor publiziert Däniken zahlreiche Bücher zu diesem Thema, unter anderem *Was ist falsch im Maya-Land? Versteckte Technologien in Tempeln und Skulpturen* (2011). Darin vertritt er die These, dass die archäologischen Funde der vorspanischen Maya-Kultur sich mit dem Besuch von Außerirdischen erklären lassen. Dänikens Grundthese ist, dass Außerirdische auf der Erde gelandet seien und es dann aufgrund der sexuellen Verbindung mit den Menschenaffen bzw. Menschen der Frühzeit zur Entwicklung der frühen menschlichen Kulturen gekommen sei. Von den Menschen wurden diese außerirdischen Astronauten weltweit als Götter in den Religionen verehrt. Auch die Kunst, Architektur und hochentwickelte Technologie der Maya sind für Däniken ein Zeugnis der Erinnerung an diese außerirdischen Besucher.

Däniken versucht seine Theorie am Beispiel der Maya-Kultur, wie der Untertitel seines Buches schon sagt, durch »versteckte Technologien in Tempeln und Skulpturen« nachzuweisen. So interpretiert er zum Beispiel die im »El-Baúl-Monument 27« (besser bekannt als Stele 5 von El Baúl) dargestellte Person mit Maske als außerirdischen Besucher im Astronautenanzug: Die Maske sei der Astronautenhelm, aus dem sichtbar der Atem des Astronauten als »Atemfahne« herausströmt. Der geschlossene Helm mit Sichtscheibe sei nötig, so Däniken, »wegen der irdischen Luftzusammensetzung und der Bakterien. Aus einem Tank auf dem Rücken floss irgendein chemisches Gemisch, das unsere Luft anreicherte oder desinfizierte. Die verbrauchte Luft wurde wieder ausgestoßen. Der ganze Körper steckte in einem engen, luftundurchlässigen Overall, abgeschlossen durch die hohen Stiefel.«[210] Der Künstler habe aber »persönlich nie einen ›Gott‹ zu Gesicht bekommen. Das lag weit, weit in der Vergangenheit. Die Fleißarbeit des Künstlers entstand aus der Fantasie der Überlieferung, vergleichbar dem heutigen Kunstmaler, der die Himmelfahrt Jesu über einen Seitenalter pinselt, obschon er beim tatsächlichen Ereignis nie dabei war.«[211]

Tatsächlich handelt es sich bei der Stele 5 von El Baúl um die Darstellung eines Ballspielers mit einer Kojoten- oder Jaguarmaske (und nicht mit einem Helm, wie Däniken es interpretiert), mit Fäustlings-Handschuhen, nacktem Oberkörper und Beinkleidung (also kein Overall, wie Däniken meint) und mit einem davor auf

210 Erich von Däniken 2011, 43.
211 Ebd.

dem Boden liegenden zweiten Spieler. Nicht ganz eindeutig ist einzuordnen, was aus dem Mund des Spielers tritt (Atemluft, Blut, Spucke?). Und hier hat Däniken für seine Fans den Vorteil, eine eindeutige Antwort zu geben: verbrauchte Atemluft aus dem Sauerstofftank der Raumfahrerausrüstung. Dänikens Ideen wirken auf einen mehr oder weniger großen Leserkreis bis heute durchaus faszinierend und sind für die Wissenschaft wie »zwickende Hämorrhoiden«[212]. Denn da, wo der Wissenschaft bislang Grenzen gesetzt sind, sie (noch) keine Antworten zu bieten hat und dies ehrlicherweise bekennen muss, kann Däniken alle ungelösten Fragen unbeschwert mit seinen Theorien beantworten.

Der Mythos der Maya-Kultur wurde in der modernen Esoterik zur Grundlage der Prophezeiungen für den **Weltuntergang im Jahre 2012**, der dann doch nicht eintraf. Der Ursprung dieser modernen Prophezeiung lässt sich zeitlich ziemlich genau auf das Jahr 1987 mit dem Erscheinen von José Argüelles' Buch *Der Maya-Faktor* datieren. Diesem Buch folgte eine Unzahl weiterer Bücher zu diesem Thema. José Argüelles (1939–2011), US-amerikanischer Künstler und Autor, war zwar nicht der Erste, der über ein zu erwartendes neues Zeitalter mit Hinweis auf den Maya-Kalender schrieb. Aber er verstand es, den Maya-Kalender in einem esoterischen Kontext und als esoterisches System publikumswirksam darzustellen und dadurch diese Endzeitvorstellungen populär zu machen. Zwar berufen sich diese Prophezeiungen auf Zukunftsdeutungen der vorspanischen Maya, aber diese lassen sich wissenschaftlich nicht belegen: Der Maya-Kalender bzw. Long-Count der Maya endet nicht mit dem Jahr 2012, das Jahr 2012 bedeutete für die Maya nicht das Weltende. So gibt es zum Beispiel eine Datierung für das Jubiläum des Herrschers Pakal von Palenque, das zwei Jahrtausende später, am 15.10.4772, stattfinden soll. Der 23.12.2012 ist für die Maya auch nicht die Wiederkehr des Datums der Weltschöpfung, denn dieses fällt auf den Tag *4 Ajaw 8 Kumk'u* und nicht auf den des *4 Ajaw 3 Kankin* (eben den 23.12.2012). Zudem bedeutete die Wiederkehr des Weltschöpfungsdatums für die Maya nicht den

212 Wie es Harald Lesch in einer Radiosendung zum 80. Geburtstag von Däniken formulierte.

Untergang der Welt. Das Datum ist schlicht und einfach »nur« der Beginn einer neuen Zeitperiode, wie zum Beispiel für uns der Beginn eines neuen Jahrhunderts. Es ist der Beginn eines neuen Baktuns (400 Jahre), konkret des 13. Baktuns. Das Jahr 2012 wird nur dreimal auf Monumenten der vorspanischen Maya-Kultur erwähnt, wobei das Monument 6 in Tortuguero (Costa Rica) die Inthronisation des Gottes Bolon Yokte' K'uh im Jahre 2012 ankündigt. Und gerade dieses Monument dürfte Argüelles und seinen Anhängern mit Sicherheit nicht bekannt gewesen sein! Der prophezeite Weltuntergang 2012 nach dem Maya-Kalender hatte in der modernen Esoterik so großen Erfolg, weil das im New Age angekündigte und erwartete neue »Zeitalter des Wassermanns« nicht eintrat und man nun mit einer neuen Endzeit spekulieren konnte. Mit der Erwartung des Untergangs der »alten« Welt und der Erwartung einer neuen Zeit, eines neuen Paradigmas, übte man Kritik an der jetzigen Zeit. Die Botschaft dabei war, dass man sich von der durch Technologie dominierten gegenwärtigen Welt mit ihren Umweltkatastrophen und anderen Problemen abwendet und durch Transformation wieder zum wahren Selbst findet. Der Mythos der Maya-Kultur bot dafür eine geeignete Projektionsfläche. Und das wahrscheinlich nicht zum letzten Mal.

An diesem Hype der Prophezeiungen zum Weltende 2012 nahmen auch autochthone Maya-Priester teil. So organisierte zum Beispiel eine Vereinigung von Maya-Priestern namens *Oxlajuj Ajpop* in Guatemala die Vorbereitungen für die Feierlichkeiten am 23.12.2012 in den Ruinenstätten. Das zeigt: Man mag solche Vorstellungen der modernen Esoterik wie die Prophezeiungen für 2012 als Unsinn abtun, aber deren Breitenwirkung nicht nur bei uns, sondern wie in diesem Fall ebenso auf die Maya selbst, ist als Tatsache nicht zu unterschätzen. Bei den Maya ist dieser Einfluss von außen zu einem der Faktoren ethnischer Rückbesinnung geworden, die nicht zuletzt nach dem als Trauma erlebten Bürgerkrieg in Guatemala begann. Bei solch einer ethnischen Rückbesinnung versucht man, die eigene, in diesem Fall indianische, Tradition wiederzubeleben. Dabei muss die Vorstellung von der eigenen Tradition nicht unbedingt mit den historischen Fakten übereinstimmen, sondern diese ist oft eine Mischung aus realen und subjektiv-selektiven

Elementen. So übernahmen einige Maya-Priester und -Schamanen nicht nur Elemente der modernen Esoterik in ihre Lehre, sondern sind auch selbst weltweit in der modernen Esoterik-Szene aktiv beteiligt und sehr erfolgreich in der Vermarktung ihrer Lehren und Rituale. Als Beispiele sind hier die Maya Alejandro Ciriolo Pérez Oxlaj oder Hunbatz Men zu nennen. Letzterer wurde durch eine Reihe von Publikationen über die »Geheimnisse des Maya-Wissens« bekannt.[213] Daneben gibt es selbsternannte Maya-Priester, die keine gebürtigen Maya sind, zum Beispiel die Mexikanerin Eugenia Casarín, die sich Nah Kin nennt, oder der Ire Thomas Hart. Wie der Heiligenkult und die Cofradías ist auch das ein Phänomen nicht nur in Mittel-, sondern auch in Südamerika.[214]

213 Vgl. *Die heilige Kultur der Maya. Ihre atlantische Herkunft, das Kalendersystem und seine Ausrichtung auf die Plejaden*, Hanau 2011 als deutsche Publikation.

214 S. dazu z. B. Francisco Gil García: Religionen des zentralandinen Südamerika, in: Mark Münzel: Indigene Religionen Südamerikas (Die Religionen der Menschheit 7,1), Stuttgart 2021, 236–306.

Die Welt der Maya auf neuen Wegen: neue Entdeckungen, neue Entwicklungen

Vergesst nicht, dass wir da sind, dass wir viele sind, und dass wir allen Dürren trotzend immer wieder erblühen werden.[215]

So die Kritik der Maya-Aktivistin Alika Santiago Tejo an dem Projekt »Tren Maya«, von dem in diesem Kapitel die Rede ist, das eine Übersicht und Ausschau nicht nur über den aktuellen Stand der Maya-Forschung, sondern auch über die Situation, Probleme und Zukunft der Maya heute geben soll.

Neue Entdeckungen: Aktuelle Highligths der Maya-Forschung

Nach wie vor ist die Maya-Kultur eine der faszinierendsten der Welt, nicht zuletzt deswegen, weil längst noch nicht alle ihre Geheimnisse gelüftet sind. Im dichten Dschungel liegen noch eine Vielzahl von Maya-Stätten unentdeckt unter der Erde. Und selbst im Fall der bekannten und touristisch erschlossenen Maya-Stätten wie Tikal oder Palenque ist jeweils nur ein Bruchteil der Anlage ausgegraben und restauriert. So werden wir auch in Zukunft noch eine ganze Reihe von Entdeckungen erleben. Die Maya-Forschung wird sich infolgedessen immer wieder mit neuen Erkenntnissen beschäftigen und sicher nicht zum letzten Mal die Maya-Geschichte neu schreiben müssen. An dieser Stelle soll noch einmal ausführlicher auf die aktuellen Entdeckungen, Bereiche und Methoden der Maya-Forschung – die nicht selten mit einer Revidierung der bisherigen Ergebnisse verbunden

215 Alika Santiago Tejo (Mitglied des Frauenkollektivs *K-luumit X'ko olelo'ob* in Bacalar) als Antwort auf die Morddrohungen gegen den Maya-Aktivisten Pedro Uc im Zusammenhang mit den Protesten gegen das Projekt »Tren Maya«.

sind – eingegangen werden. Zur Erinnerung kurz noch einmal eine Auflistung der vergangenen und neuen Entdeckungen:

- 1946 wurden die Wandgemälde von Bonampak entdeckt, die bewiesen, dass die Maya nicht – wie bis dahin angenommen – ein friedliebendes Volk ohne Krieg und Menschenopfer gewesen seien.
- 1952 wurde das Grab des Herrschers Pakal in Palenque entdeckt, das zeigte, dass die Pyramidenbauten der Maya – entgegen der bisherigen Ansicht – Gräber enthielten bzw. Grabbauten waren. Zudem war es das erste Beispiel der prunkvollen Bestattung eines Maya-Herrschers.
- Ein weiterer großer Schritt waren die Fortschritte in der Entzifferung der Maya-Hieroglyphen: Juri Walentinowitsch Knorosow erkannte in den 1960er-Jahren, dass es sich bei der Maya-Schrift nicht (wie bislang angenommen) um eine Buchstabenschrift handelt, sondern um eine aus Wörtern und Silben bestehende Schrift. Erst zu Ende des 20. Jh.s gelang es, die Inschriften der Stelen und Gebäude soweit zu entziffern, dass man eine fast mehr oder weniger vollständige Dynastiegeschichte der einzelnen Städte erstellen konnte.
- 2001 entdeckte man in San Bartolo die ältesten Wandmalereien der Maya aus der Zeit um 100 v. Chr.
- 2013 wurde in Uxul ein Massengrab entdeckt, ein »realer« Beleg für die Menschenopfer der Maya.
- 2016 entdeckte man das bereits bekannte Straßennetz von El Mirador in seinem ganzen Umfang von 240 km.
- 2018 entdeckte man 60 000 Siedlungsreste in der Region von Tikal, die aufzeigen, dass Siedlungsdichte und Landwirtschaft der Maya intensiver waren als gedacht.
- 2020 wurde Aguada Fénix, das bislang älteste und größte Zeremonialzentrum der Maya, in seinem ganzen Umfang entdeckt.

Wie diese Aufzählung zeigt, erfolgen vor allem in letzter Zeit in fast jährlichem Abstand immer wieder neue Entdeckungen. Nach wie vor veranlassen diese immer wieder zu einem Umdenken und führen zu einem neuen Bild der Maya-Kultur – vor allem durch den Einsatz der modernsten Technologie. Mussten sich John Lloyd Stephens und Frederick Catherwood ihren Weg noch mühsam zu Fuß und mit Maultieren durch den unwegsamen Dschungel bahnen, ermöglichen heute moderne technischen Methoden einen bequemeren und vor allem schnelleren Überblick. Besonders der Lidar-Methode und der Strontiumisotopen-Analyse sind wesentliche Fortschritte in der Maya-Forschung zu verdanken. Dies soll im Folgenden an drei Beispielen aufgezeigt werden.

Lidar (*Light Detection and Ranging*) ist eine Technik, bei der man mit den von einer Messsonde ausgesendeten Laserscans vom Flugzeug aus Strukturen der im Regenwald versteckten Gebäude »abtasten« und so entdecken kann. Dabei wird die Zeitdauer zwischen dem Aussenden und der Rückkehr der Laserstrahlen sowie ihre Stärke gemessen. Mit den erhaltenen Daten kann man dann ein Oberflächenprofil der Landschaft erstellen und dabei die Vegetation »entfernen«, sodass man die ansonsten von Bäumen bedeckten Bauwerke besser erkennt. Man erhält so ein dreidimensionales Bild von den Gebäudestrukturen und -resten.

So entdeckte man Anfang 2018 mit der Lidar-Methode 60 000 Siedlungsreste bzw. Ruinen im Norden von Guatemala: Reste von Palästen, einfachen Häusern, Verteidigungswällen, landwirtschaftlichen Feldern und sogar eine siebenstöckige Pyramide. Es waren keine spektakulären Tempel oder Paläste, wie wir sie von anderen Maya-Stätten kennen. Trotzdem waren die Funde für die Forschung von großer Bedeutung: Hatte man sich lange Zeit auf Paläste und Tempelanlagen der High Society konzentriert, so ermöglichten die neuen Funde ein besseres Bild von der einfachen Bevölkerung und der ländlichen Besiedlung. So gelangte man zu der neuen Erkenntnis, dass die Einwohnerzahl dieser Region mit 10 bis 15 Millionen dreimal höher war als bisher geschätzt. Demzufolge war die Landwirtschaft der Maya intensiver als bisher angenommen. Und schließlich ist nun davon auszugehen, dass das gesamte Maya-Gebiet wesentlich dichter besiedelt war als vermutet: »Wir erkennen, dass ganz Guatemala und benachbarte Länder wie Belize eine einzige, große historische Maya-Stätte sind.«[216]

216 So Nikolai Grube, zit. in: https://www.tagesspiegel.de/wissen/spektakulaerer-fund-in-guatemala-maya-hochkultur-unterm-dschungel/20925862.html, abgerufen am 01.02.2021.

Spektakulärer war eine Meldung, die im Juni 2020 in den Medien kursierte: »Forscher entdecken älteste und größte Monumentalanlage der Maya«[217] oder »Die Geburtsstunde der Maya«[218], so die Schlagzeilen der Nachrichten über die »Neuentdeckung« Aguada Fénix[219]. Zwar hatte man schon seit 2017 Kenntnis von der Existenz archäologischer Stätten in diesem Gebiet, aber erst im Juni 2020 entdeckte der Archäologe Takeshi Inomata von der *University of Arizona* mithilfe der Lidar-Methode das ganze Ausmaß der Anlage von Aguada Fénix. Es ist die aktuellste und bekannteste Ruinenstätte, die mit der Lidar-Methode entdeckt wurde. Aguada Fénix ist ein Beispiel dafür, dass wir immer wieder mit solchen bahnbrechenden Entdeckungen rechnen müssen, die eine teilweise Revidierung der bisherigen Forschungsergebnisse notwendig machen. Ging man bisher davon aus, dass der Bau von monumentalen Anlagen eine sesshafte und hierarchisierte Gesellschaft voraussetzt, so scheint Aguada Fénix das Gegenteil zu beweisen: Nämlich dass in diesem Fall eine solche Anlage von einer nicht sesshaften und nicht hierarchisierten Gesellschaft errichtet wurde.[220] Zudem ist der bisherige Beginn der Maya-Kultur vorzudatieren. Aber dies sind vorläufige Annahmen der Archäologen. Es ist durchaus möglich, dass man in der Nähe doch noch Siedlungsreste findet, die dann die Sesshaftigkeit der Erbauer von Aguada Fénix belegen würden. Jedenfalls folgt auf eine solche sensationelle Entdeckung eine gewisse Zeit der wissenschaftlichen Untersuchung und Auswertung des Fundortes und der Funde, bis man ein sicheres faktenbasiertes Ergebnis erhält. Und jederzeit können anderswo weitere neue Funde ein mehr oder weniger anderes Bild der vorspanischen Maya-Kultur liefern.

Ein anderes, neueres Verfahren der Archäometrie, die **Strontiumisotopenanalyse** von Zähnen und Knochen, wird ebenfalls erfolgreich in der Maya-Forschung eingesetzt. Bei der

217 https://www.spiegel.de/wissenschaft/mensch/mexiko-forscher-entdecken-aelteste-und-groesste-monumentalanlage-der-maya-a-f33c5aa7-f559-47ce-a0d8-763aa87adc17, abgerufen am 01.02.2021.

218 https://www.spektrum.de/news/die-geburtsstunde-der-maya/1740164, abgerufen am 01.02.2021.

219 s. S. 57 ff.

220 So die Archäologin Patricia McAnany in: https://www.spektrum.de/news/aguada-fenix-die-geburtsstunde-der-maya/1740164, abgerufen am 01.02.2021.

Strontiumisotopenanalyse werden die Isotope des Strontiums untersucht. Das Isotopenverhältnis von Strontium in Zähnen und Knochen eines Menschen ist abhängig von den jeweils unterschiedlichen Isotopenverhältnissen des Strontiums in der Umwelt, das der Mensch mit Nahrung und Trinkwasser aufnimmt. Während der Strontiumwert der Zähne sich nicht mehr verändert und somit Auskunft über die Herkunft eines Menschen gibt, verändert sich der Strontiumwert der Knochen eines Menschen ständig im Laufe seines Lebens, sodass dieser Wert Auskunft über den letzten Aufenthalt gibt. Die Strontiumanalyse informiert also bei einem Skelettfund zum Beispiel darüber, ob der Tote an den Ort des Fundes eingewandert war oder nicht.

2013 entdeckte der Bonner Altamerikanist Nicolaus Seefeld in Uxul[221] im mexikanischen Bundesstaat Campeche ein Massengrab von ca. 20 Frauen, Männern und Kindern, die rituell geopfert worden waren. Zunächst vermutete man, dass Uxul erobert und die Herrscherdynastie von Uxul durch rituelle Tötung ausgelöscht worden war. In dem Projekt zur ritualisierten Gewalt in der Maya-Gesellschaft der Bonner Universität wurden die Knochen näher untersucht. Erst 2019 war man zu konkreteren Ergebnissen gelangt: Eine Strontiumisotopenanalyse der Zähne (durchgeführt von der Nationalen Autonomen Universität von Mexiko) hatte gezeigt, dass viele der Geopferten nicht aus Uxul, sondern aus einer weiter entfernteren Gegend im südlichen Tiefland stammten. Mindestens ein Opfer war allerdings in Uxul aufgewachsen. So geht man jetzt davon aus, dass Uxul eine Stadt im südlichen Tiefland erobert und danach Vertreter der High Society als Kriegsgefangene in Uxul geopfert hatte. Noch ist das Projekt bzw. die Untersuchung des Massengrabes nicht abgeschlossen.

Meldungen wie »Die Geburtsstunde der Maya«[222], wie die Medien im Fall von Aguada Fénix titelten, suggerieren, dass man mit der Entdeckung sofort neue Erkenntnisse und Ergebnisse

---

221 s. S. 96. In Uxul führt ein internationales Team von Wissenschaftlern unter Leitung von Nikolai Grube, Professor für Altamerikanistik an der Universität Bonn, seit 2009 Ausgrabungen durch.

222 https://www.spektrum.de/news/die-geburtsstunde-der-maya/1740164, abgerufen am 01.02.2021.

vorweisen kann – so wie hier, dass Aguada Fénix den Anfang der Maya-Kultur darstellen würde. Zum einen ist dies nicht die letzte Entdeckung in der Maya-Forschung, spätere Entdeckungen folgen mit Sicherheit und können durchaus wieder die jetzigen Erkenntnisse infrage stellen. Zum anderen ist es ein zeitlich oft langer Weg von der Entdeckung über die Bestandsaufnahme der Funde bis zur wissenschaftlichen Auswertung. Denn nach der Entdeckung einer neuen Fundstelle erfolgt zunächst eine Art Spurensicherung wie beim Tatort in einem Mordfall, d. h. die vollständige Dokumentation durch Vermessung, Aufzeichnung, Fotografie und dem Bericht darüber. Die geborgenen Fundstücke wie Keramik werden ebenfalls dokumentiert und katalogisiert. Menschliche Überreste bzw. Knochenfunde werden mit diversen Verfahren wie der Strontium- oder aDNA-Analyse (der Analyse »alter« DNA) untersucht. Erst nach dieser teilweise sehr zeitaufwendigen, nicht selten mehrere Jahre dauernden Dokumentation und Analyse erfolgt die wissenschaftliche Auswertung in einem Abschlussbericht. Schließlich ist auch mit diversen anderen Umständen, die eine Verzögerung verursachen, zu rechnen, wie im Fall von Sak Tz'i'.

Sak Tz'i' ist eine Maya-Stätte mit abenteuerlicher Entdeckungsgeschichte. Diese beginnt 1994, als Linda Schele und Nikolai Grube auf einer Inschrift erstmals den Namen einer bis dahin unbekannten Maya-Stadt entdeckten: Sak Tz'i' (»Weißer Hund«). 2014 traf der Archäologiestudent Whittaker Schroder nahe Lacanjá Tzeltal im mexikanischen Bundesstaat Chiapas einen Straßenverkäufer, der ihm von einer Stele mit Inschriften, die er auf einer Viehweide gefunden hatte, berichtete. Die Stele, so stellte sich heraus, stammte aus Sak Tz'i', der lange gesuchten Maya-Stadt. Mit der Ausgrabung unter Leitung von Charles Golden von der Brandeis University konnte man aber erst 2018 beginnen. Denn bis dahin musste die Grabungserlaubnis dafür buchstäblich erkämpft werden. Der Aufwand hatte sich jedoch gelohnt: Bisher wurden 120 Gebäude entdeckt, zum Beispiel Wohngebäude, Tempelpyramiden und ein Ballspielplatz. Erstmals um 750 v. Chr. besiedelt, konnte sich Sak Tz'i' in der klassischen Zeit zu einer mittelgroßen Stadt entwickeln. Nach wie vor dauert die Ausgrabung an.

Auch die Entzifferung der Maya-Hieroglyphen geht weiter voran. In Bonn leitet Nikolai Grube, Professor für Altamerikanistik, seit 2014 das Projekt »Textdatenbank und Wörterbuch des Klassischen Maya«.[223] Diese Textdatenbank wurde von der *Nordrhein-Westfälischen Akademie der Wissenschaften und der Künste* mit einer 15-jährigen Laufzeit eingerichtet. Ziel ist die »Erschließung der Hieroglyphenschrift der vorspanischen Mayakultur und Aufbau eines Wörterbuchs des Klassischen Maya sowie einer korpusbasierten Datenbank der bislang rund 10 000 bekannten Schriftträger«[224] Dabei geht es um die computergestützte kulturgeschichtliche und vor allem epigrafische Erfassung aller Hieroglyphentexte.

Nicht nur archäologische Funde, sondern auch andere Bereiche wie die Schriften spanischer Missionare in der Kolonialzeit eröffnen neue Zugänge zur Welt der Maya. So übersetzte und untersuchte im Rahmen des bis 2019 laufenden Projektes »Theologia Indorum« ein internationales Team von Forschern der George Mason University (Washington D. C.), der University of Texas (Austin), der Universidad Ràfael Landívar (Guatemala) und der Universität Bonn unter Leitung von Garry Sparks das 1550–1554 entstandene und in der K'iche'-Sprache geschriebene Werk *Theologia Indorum* (»Theologie für die Indios«) des Dominikanermissionars Domingo de Vico. Die Übersetzung des Werkes ermöglichte wertvolle Einblicke in die Vorstellungswelt der postklassischen Maya im Hochland von Guatemala. Denn De Vico hatte sich intensiv mit den religiösen Vorstellungen der Maya beschäftigt und bezieht sich in seinem Werk immer wieder darauf, um den Maya die christlichen Vorstellungen zu erklären und nahezubringen.

Im Folgenden soll der Blick nicht nur rückwärts in die Welt der vorspanischen Maya, sondern ebenso vorwärts in die Welt der heutigen Maya, ihrer Situation, Probleme und Zukunft gerichtet und an drei Beispielen verdeutlicht werden: Biopiraterie und traditionelle Maya-Heilkunst in der modernen Medizin, das Problem der Migration sowie das aktuelle Projekt »Tren Maya«.

---

223 s. S. 252.

224 http://www.awk.nrw.de/forschung/forschungsvorhaben-im-akademienprogramm/textdatenbank-und-woerterbuch-des-klassischen-maya.html, abgerufen am 01.02.2021. Siehe dort alle näheren Informationen.

Maya-Schamanen, Biopiraterie und moderne Medizin

Schamanen, Medizinmänner und Wahrsager sind nach wie vor bei den Maya gefragt. Die traditionellen Schamanen und Heiler haben ein sehr fundiertes Wissen über wirksame Heilkräuter. Dies haben inzwischen auch Pharmakonzerne erkannt und versuchen, dieses Wissen und die entsprechenden Heilkräuter für die Entwicklung neuer Medikamente nutzbar zu machen und sich diese dann patentieren zu lassen, ohne dass die Indios an den Gewinnen beteiligt werden. Man spricht in so einem Fall von Biopiraterie (analog zu dem Begriff Produktpiraterie). Allerdings stößt dieses Vorgehen zunehmend auf Widerstand der Maya, und im Fall des Projektes *ICBG-Maya* war dieser erfolgreich. Dabei beabsichtigten zwei kooperierende Forschungsinstitute der USA und Mexikos das Wissen traditioneller Heiler in Chiapas zu dokumentieren. Diesen aber gelang es, 3000 Gemeinden zu gemeinsamen Protestkampagnen zu mobilisieren, sodass das Projekt 2001 wegen mangelnder Beteiligung der Heiler aufgegeben werden musste.

Auch in der medizinischen Forschung interessiert man sich mittlerweile für die traditionellen Heilmethoden der Maya. So verglich das Projekt »Maya and contemporary scientific conceptions of cancer« (MACOCC-Projekt) der ETH Zürich und Universität Zürich die Heilungsmethoden der westlichen Schulmedizin mit denen der Maya-Heiler bei Krebserkrankungen und untersucht die »Body-Mind Komplementaritäten auf der Ebene der Zelle, des Patienten und der therapeutischen Allianz«.[225] Als transdisziplinäres Projekt verfolgten die teilnehmenden Partner gewisse Interessen und Ziele, die sie den anderen gegenüber offenlegten. Die Interessen der ETH Zürich wurden folgendermaßen dargestellt:

> »Trotz großer Fortschritte der Psychoneuroimmunologie werden in der Schulmedizin psychologische, soziale oder gar spirituelle

225 Roland Scholz: Transdisziplinäre Krebsforschung. Das MACOCC-Projekt. Body-Mind-Komplementaritäten auf der Ebene der Zelle, des Patienten und der therapeutischen Allianz, EANU Spezial, Zürich 2012.

Faktoren der Ätiologie von Krebs als marginal betrachtet und nur bei Einzelfällen herangezogen, für die gängige Theorien keine Erklärung liefern. Um Missverständnissen vorzubeugen, sei an dieser Stelle angeführt, dass wir annehmen, dass alle Lernprozesse mit differenzierten biophysikalisch-chemischen Prozessen verbunden sind. Es wird aber postuliert, dass – wie schon etymologisch im Begriff ›in-form-ation‹ dargelegt – biotische Systeme ab einer bestimmten Entwicklungsstufe aus den molekularen Strukturen Formen oder Muster extrahieren, die dann zu bedeutungsvollen Signalen werden können, welche das Verhalten dieser Systeme beeinflussen.«[226]

Zu den Zielen und Interessen der Maya an diesem Projekt heißt es:

»Die guatemaltekischen Maya Ältesten waren sich der Gefahr, Maya Wissen zu verlieren, bewusst. Deshalb wurde das Macocc Projekt als einmalige Chance gesehen, das medizinische Wissen der Mayas zu dokumentieren und zu erhalten. Don Cirilo Oxlaj Perez nahm in seiner Begründung, das Projekt zu unterstützen, zudem Bezug auf den Maya Kalender. Am 21. Dezember 2012 endet der 13. Bakun [...] und es beginnt eine neue Zeitepoche der Mayas. Das Ende des Bakuns wurde mit zwei bemerkenswerten Zielen verknüpft, zum einen mit der Mission der Mayas ›der Welt etwas zu geben‹ und zum zweiten, um eine ›Brücke zwischen den Mayas und der westlichen Welt zu bauen.‹«[227]

Diese Aussage ist gleichzeitig ein Paradebeispiel dafür, wie stark westliches esoterisches Gedankengut von den Maya selbst rezipiert und Teil ihrer Kultur wird bzw. bereits geworden ist. Ferner nannten die Maya-Vertreter politische Gründe, so zum Beispiel, dass das medizinische Wissen der Maya von der Regierung weder geschätzt noch unterstützt wird. So begrüßenswert die Beteiligung von Maya-Heilern an solch einem medizinischen Projekt ist, so ist es doch andererseits zu bedauern – und gleichzeitig ein Zeichen westeuropäischer Ignoranz – dass sich die Leitung des Projektes

226 Ebd. 6.
227 Ebd. 11 f.

offenbar wenig mit der vorspanischen Maya-Kultur und -Tradition beschäftigt und somit unkritisch die von den Maya geteilte esoterische Ideologie bezüglich des nach dem Maya-Kalenders prophezeiten Weltunterganges übernommen hat.[228]

Die Migrantenkarawane auf dem Weg nach Norden

»Tausende Migranten erreichen Guatemala«[229]: Diese und ähnliche Meldungen kursierten Anfang Januar 2021 in den Medien. Die Hintergründe: Armut, Bandenkriminalität und -gewalt sowie die Zerstörungen durch zwei Wirbelstürmen im November 2020 veranlassten an die 9000 Migranten aus Honduras (die meisten Mestizen), sich auf den Weg Richtung USA zu begeben, wo sie sich vor allem nach dem dortigen Regierungswechsel eine bessere Lebensexistenz erhofften. Allerdings wurde diese Migrantenkarawane durch den Einsatz von guatemaltekischen Sicherheitskräften schon an der Grenze zu Guatemala mit Gewalt gestoppt.

Schon zu Zeiten des Bürgerkriegs in Guatemala gab es dort Flüchtlingswellen ins Ausland, vor allem in die USA. Nicht nur Gewalt vonseiten der Regierung oder von Jugendbanden, sondern auch Armut sind nach wie vor Hauptgründe für die Migration. Gerade Guatemala und Honduras zählen zu den ärmsten Ländern Amerikas. Seit 2018 – nach einer Vereinbarung zwischen der US-Regierung unter Donald Trump und dessen mexikanischem Amtskollegen López Obrador – stoppte Mexiko die Migranten nicht nur an der Grenze zu den USA, sondern bereits an der Grenze zu Guatemala und bot sich darüber hinaus als »Warteraum« für die auf ihre Asylanträge wartenden Flüchtlinge an. Im Gegenzug verzichteten die USA auf die angedrohten Sanktionen

228 Schon das Titelbild des EANU-Spezial-Heftes zeigt den aztekischen Sonnenstein bzw. Kalender, der nichts mit der Maya-Kultur zu tun hat, ein weiterer Beleg der Ignoranz der Projektleiter hinsichtlich der kulturgeschichtlichen Hintergründe.

229 https://www.tagesschau.de/ausland/amerika/honduras-guatemala-101.html, abgerufen 06.02.2021.

wie Strafzölle. Ebenso konnte Trump die Regierungen von Guatemala und Honduras auf diese Weise zur Schließung ihrer Grenzen für Migranten veranlassen. Nach dem Regierungswechsel in den USA hatten nun gerade in Honduras viele Migranten mit »Reiseerleichterungen« gerechnet, die bislang nicht erfüllt wurden.

Ein Grund für die Migration ist das starke Anwachsen der Gewalt durch Jugendbanden, deren Macht nicht nur auf Drogen- und Waffen-, sondern ebenso auf Menschenhandel, Prostitution, Diebstahl, Autoschieberei und Erpressung beruht – vergleichbar den Mafiamethoden. Die bekannteste dieser Gangs ist die in El Salvador entstandene, aber in ganz Mittel- und Südamerika und neuerdings sogar in Europa agierende »Mara Salvatrucha« (von *mara* = Bande, *salva* = Salvadorianer und *trucha* = wachsam), auch als »Mara« oder »MS-13« bekannt. Für Touristen ist diese Bandenkriminalität ebenfalls ein nicht zu unterschätzendes Risiko. So warnt das deutsche Auswärtige Amt im Fall von Guatemala[230] wie folgt: »Guatemala verzeichnet eine hohe Kriminalitätsrate. Neben der allgemeinen Straßenkriminalität ist Guatemala auch Schauplatz von Auseinandersetzungen im Bereich der Bandenkriminalität. Die Hemmschwelle beim Einsatz von Gewalt ist niedrig.«[231] In Mexiko kommt noch das Problem und die Gefahr durch die vor allem im Norden des Landes bzw. im Grenzbereich zu den USA agierenden Drogenkartelle hinzu. Diese sind gleichzeitig als Schlepperbanden tätig, ohne die ein illegaler Grenzübertritt für Flüchtlinge in die USA letztlich unmöglich ist. Nicht selten werden die Migranten zum Transport von Drogen gezwungen. Die Drogenkartelle liefern sich dabei einen regelrechten Kampf um die Flüchtlinge und sind nicht zuletzt durch die Unterstützung von korrupten mexikanischen Migarationsbeamten erfolgreich. Zu diesem Migrationsdruck durch Bandenkriminalität kommen aktuell noch (wie bereits erwähnt) die durch zwei Wirbelstürme im Herbst 2020 verursachten Schäden hinzu: Die Infrastruktur nicht nur in Honduras, sondern auch in Guatemala und El Salvador ist teilweise völlig zerstört worden, Hunderttausende

230 Gleiches gilt für die Nachbarländer Guatemalas.

231 https://www.auswaertiges-amt.de/de/aussenpolitik/laender/guatemala-node/guatemalasicherheit/221882, abgerufen am 06.02.2021

Menschen sind obdachlos geworden. Schließlich leiden auch diese Länder an den gesundheitlichen und wirtschaftlichen Problemen der Corona-Pandemie.

Nur selten wird bei so einer Flucht der »amerikanische Traum« von Reichtum Wirklichkeit wie im Fall des Maya Marcos Antil, der davon in seiner Biografie erzählt:

> »Ich bin Marcos Antil, Guatemalteke, Q'anjob'al-Maya, Familienvater, Leiter eines technischen Unternehmens, Gründer der Gesellschaft XumK in den USA, Kolumbien und Guatemala. Mit Klienten in mehr als 25 Ländern, darunter *Fortune 500*. Geboren und aufgewachsen in Santa Eulalia, Huehuetenango, Guatemala, emigrierte ich illegal in die USA ohne Familie, vor dem Krieg fliehend – wie es Tausende in dieser Region tun, um der Armut, dem Hunger und der kriminellen Gewalt zu entfliehen. Ich besuchte eine weiterführende Schule und studierte an der Universität in Kalifornien. An den Wochenenden arbeitete ich als Gärtnergehilfe und so kam ich durch eine unerwartete Beziehung auf den Weg zur technologischen Industrie. Ich ging diesen Weg, der über scheinbar unüberwindbare Grenzen verlief, um meine Situation sowie die meiner Familie und Gemeinde zu verändern.«[232]

Der Maya-Zug, ein Zug in die Zukunft?

Die archäologischen Maya-Stätten und der damit verbundene Tourismus sind ein wesentlicher wirtschaftlicher Faktor vor allem für Mexiko und Guatemala. In diesem Zusammenhang sorgt derzeit ein von der Regierung Mexikos geplantes Eisenbahnprojekt in Yukatan für Schlagzeilen: eine Eisenbahnstrecke von insgesamt 1525 km soll von Palenque über die Städte Escárcega, Campeche und Mérida bis Cancun und von dort über Tulum und Bacalar wieder zurück nach Escárcega führen. Dabei sollen bekannte antike Maya-Stätten wie Palenque, Chichén Itzá, Tulum, Coba, Calakmul, Xpuhil, Becán und Chicanná verbunden und für den Tourismus

---

232 Marcos Antil 2019, Klappentext.

erschlossen werden. Geplant ist, 60 % der Strecke der schon bestehenden Eisenbahnstrecke zu übernehmen und 40 % neu zu bauen. Dies ist ein Prestigeobjekt des mexikanischen Präsidenten Andrés Manuel López Obrador, der immer wieder die Vorteile betont, zum Beispiel die Förderung eines Ökotourismus oder das Angebot neuer Jobs.[233] Ab 2024 soll der Zug jährlich an die drei Millionen Touristen zu den Maya-Ruinen, den Karibikstränden und durch Naturschutzgebiete transportieren. Ende 2019 / Anfang 2020 wurde eine Befragung von ca. 100 000 Menschen in 84 Ortschaften durchgeführt: Danach befürworteten 92,3 % den Maya-Zug. Allerdings stieß die Befragung auf Kritik, so vonseiten des UN-Hochkommissariats für Menschenrechte in Mexiko: Die internationalen Standards seien bei der Umfrage nicht eingehalten worden. Es sei nur über die Vorteile des Zugprojektes informiert worden, die Informationen seien nur unzureichend in die Maya-Sprache übersetzt worden und es hätten nur Gemeindevorstände und Bürgermeister abgestimmt. Nach wie vor erfährt das Projekt sowohl Zustimmung als auch Ablehnung. Während sich zum Beispiel im Bundesstaat Campeche 64 Maya-Gemeinden zur Unterstützung des Projektes zusammengeschlossen haben, wird andererseits vor allem der Bau der östlichen Strecke durch das Biosphärenreservat von Calakmul von der einheimischen Maya-Bevölkerung einschließlich der Zapatisten sowie diversen Umweltschutzorganisationen abgelehnt. Befürchtet werden von den Kritikern des Projektes nicht nur eine extreme Belastung und Schäden der Umwelt sowie der archäologischen Stätten, sondern ebenso die Vertreibung indigener Bauern von ihren landwirtschaftlich genutzten Feldern. Auf einer Teilstrecke wurde infolge des Protestes sogar ein vorläufiger Baustopp erreicht.

Das Projekt »Tren Maya« zeigt, dass die Geschichte der heute lebenden Maya, der vorspanischen Maya-Stätten und der Maya-Forschung weitergeht. Hier schließt sich der Kreis von den vorspanischen zu den heutigen Maya, wie es ein Gedicht der *Lieder von Dzitbalché* aus der postklassischen Maya-Zeit »vorausschauend« ausdrückt.

---

233 Auch die Deutsche Bahn ist an diesem Projekt beteiligt.

Die Welt der Maya auf neuen Wegen:

»Those who build houses and temples

Essential
to count the haab years or katun' oob
that have passed since
the great powerful men
raised the walls of the ancient cities
that we see now
here in the province of the plains,
all these cities scattered
on the earth
here and there, on high hills.

Here in the cities, we try to give
meaning to what we see today in the skies
and what we know;
for day to day
at midday
we see in the skies
the signs told to us by
the ancient people of this land,
the ancient people of these villages
here on our earth.

Let us purify our hearts
so at nightfall,
and at midnight,
from horizon to zenith
we may read the face of the sky.«[234]

234 In der Übersetzung von John Curl: http://www.famsi.org/spanish/research/curl/dzitbalche2.html, abgerufen 22.02.2021.

Anhang

Liste der Herrscher in Tikal, Calakmul, Palenque, Copán, Caracol, Yaxchilán und Naranjo[235]

Tikal

Herrschername	Regierungszeit und besondere Ereignisse
Yax Ehb' Xook	ca. 90 n. Chr.
Blatt-Jaguar	?
Tier-Kopfschmuck	?
Siyaj Chan K'awiil I.	ca. 307
Frau Une' B'alam (Baby-Jaguar)	ca. 317
K'inich Muwaan Jol	?–359
Chaak Tok Ich'aak I. (Jaguar-Tatze)	360–378 · Tikal wird größte Stadt im Maya-Gebiet. · 378: Invasion von Teotihucán, Chak Took Ich'aak I. wird von Siyaj K'ak' aus Teotihuacán getötet.
Yax Nuun Ayiin I.	379–404? · vermutlich ein Sohn des Herrschers von Teotihuacán, prägt Teotihuacán-Stil
Siyay Chan K'awiil II. (Stürmischer Himmel)	411–456 · Rückbesinnung auf Maya-Tradition und -Stil
K'an Chitam (Kan Boar)	458–486?
Chaak Took Ich'aak II. (Jaguar-Tatze-Schädel)	ca. 486–508 · stirbt in der Schlacht mit Yaxchilan
»Frau von Tikal«	511 – ca. 527 · Tochter von Chaak Took Ich'aak II., besteigt mit 6 Jahren den Thron, Regierungsgeschäfte führte an ihrer Stelle Kaloomte' B'alam →

235 Daten der Regierungszeit und Schreibweise der Namen der Herrscher nach Simon Martin / Nikolai Grube 2000.

Kaloomte' B'alam	511–527
Vogel-Kralle	?
Wak Chan K'awiil	537–562 = Sohn von Chaak Took Ich'aak II. · Krieg zwischen Tikal und Calakmul, Calakmul erobert Tikal
»Tierschädel«	ca. 593 – ca. 628 = ein von Calakmul eingesetzter Herrscher
unbekannt	ca. 640
unbekannt	ca. 640
Nuun Ujol Chaak (Schild-Schädel)	ca. 657–679 · kämpft für die Unabhängigkeit Tikals, wird von Calakmul besiegt und flieht ins Exil nach Palenque · 672 kann er Tikal zurückerobern. · 679 wird er endgültig von Calakmul besiegt.
Jasaw Chan K'awiil I.	682–734 · besiegt 695 Calakmul und erbaut die Tempel I und II
Yik'in Chan K'awiil	734–746 · Sieg über Calakmul, El Perú und Naranjo
unbekannt	766–768
Yax Nuun Ayiin II.	768–794
Nuun Ujol K'inich	800 ?
»Verdunkelte Sonne«	um 810
Jewel K'awiil	um 849
Jasaw Chan K'awiil II.	um 869
letztes Datum	869

Calakmul

Herrschername	Regierungszeit und besondere Ereignisse
Yuknoom Ch'een I.	?
Tuun K'ab' Hix	520–546
Himmelszeuge	561–572 · 562: Calakmul erobert Tikal.
Axtschwinger	572–579
Volutenschlange	579–611 · 599: Calakmul greift Palenque an. · 611: Calakmul zerstört Palenque.
Yuknoom Chan	um 619
Tajoom Uk'ab' K'ak'	622–630
Yuknoom Haupt	630–636 · Sieg über Naranjo
Yuknoom Ch'een II. (Yuknoom der Große)	636–686 → Höhepunkt der Macht Calakmuls
Yuknoom Yich'aak K'ak' (Jaguar Tatze Rauch)	686–695? · 695: Calakmul wird von Tikal besiegt
Gespaltene Erde	695?
Yuknoom Took' K'awiil	702–731
Wamaw K'awiil	um 736
unbekannt	um 741
unbekannt	um 751
B'olon K'awiil	771–789?
Chan Pet	849
Aj Took'	909?
letztes Datum	909

Palenque

Herrscher	Regierungszeit und besondere Ereignisse
K'uk' B'alam I. (Quetzal-Jaguar)	431–435
Casper	435–487
Butz'aj Sak Chiik	487–501
Ahkal Mo' Naab I.	501–524
K'an Joy Chitam I.	529–565
Ahkal Mo' Nab II.	565–570
K'an B'alam I.	572–583 → ohne männlichen Nachkommen, daher wurde seine Tochter (oder Schwester?) Nachfolgerin →
Frau Yohl Ik'nal	583–604 · 599: Calakmul greift Palenque an.
Aj Ne' Ohl Mat	605–612 · 611: Calakmul zerstört Palenque. → ohne männlichen Nachkommen, daher wurde seine Nichte Nachfolgerin →
Frau Sak K'uk' (Glänzender Quetzal)	612–615(?) (Für diesen Zeitraum wird auch der Name Muwaan Mat – einer Schutzgottheit von Palenque – genannt; vielleicht ein Pseudonym von Sak K'uk'.)
K'inich Janaab' Pakal I. (»Pakal der Große«, *pakal* = Schild)	615–683 · Blütezeit von Palenque, intensive Bautätigkeit · 628: Konflikt mit Piedras Negras · gewährt dem für die Unabhängigkeit Tikals kämpfenden Nun Ujol Chak Exil in Palenque · 659–665: weitere Kriegszüge gegen Pomoná, Santa Elena u. a. Städte
K'inich Kan B'alam II.	684–702 Fortsetzung der Blütezeit und intensiven Bautätigkeit · 687: Sieg über Toniná

K'inich K'an Joy Chitam II.	702–711 · 711: Toniná besiegt Palenque und nimmt Joy Chitam II. gefangen.
K'inich Ahkal Mo' Naab' III.	721–736 · 723, 725 und 729 Kriegszüge gegen unbekannte Städte
K'inich Janaab' Pakal II.	um 742
K'inich K'uk B'alam II.	764–783
Janaab' Pakal III.	799–?
letztes Datum	799

Copán

Herrschername	**Regierungszeit und besondere Ereignisse**
K'inich Yax K'uk' Mo'	426 – ca. 437
K'inich Popol Hol	ca. 437
unbekannt	ca. 455
Ku Ix	ca. 465
unbekannt	ca. 475
unbekannt	ca. 485
Wasserlilie-Jaguar	ca. 504–524
unbekannt	ca. 551
unbekannt	551–553
Mond-Jaguar	553–578 → erbaut den Tempel »Rosalila«
Butz' Chan	578–628
Rauch Imix	628–695
Waxaklajuun Ub'aah K'awiil	695–738 → Blütezeit und Niedergang, rege Bautätigkeit: Stelen mit kunstvollen Porträts, Hieroglyphentreppe · 738: Quirigua greift Copan an.
K'ak Joplaj Chan K'awiil	738–749

K'ak Yipyaj Chan K'awiil	749 – ca. 761 → regiert zusammen mit Adligen, überbaut Tempel 26 und erweitert Hieroglyphentreppe
Yax Pasaj Chan Yoaat	763 – ca. 810 · Einweihung von Altar Q
U Kit Took'	822
letztes Datum	822

Caracol

Herrschername	**Regierungszeit und besondere Ereignisse**
Te' K'ab' Chaak	331–349
K'ak' Ujol K'inich I.	ca. 470
Yajaw Te' K'inich I.	484–514
K'an I.	531–534
Yajaw Te' K'inich II.	553–593 · 556 Caracol bittet Calakmul um Unterstützung gegen Tikal
Knot Ajaw	599–613
K'an II.	618–658 → Blütezeit · 626: Angriff auf Naranjo
K'ak' Ujol K'inich II.	658–680 · 680: Naranjo besiegt Caracol
unbekannt	702
Tum Yohl K'inich	um 793?
K'inich Joy K'awiil	um 798
K'inich Toob'il Yoaat	um 810–830
K'an III.	um 835–849
unbekannt	um 859
letztes Datum	859

Yaxchilán

Herrschername	Regierungszeit und besondere Ereignisse
Yoaat B'alam I. (Stammvater-Jaguar bzw. »Penis-Jaguar«)	359–?
Itzamnaaj B'alam I. (Schild-Jaguar)	?
Vogel-Jaguar I.	378–389
Yax Hirschgeweih-Schädel	389–402?
unbekannt	402? – ?
K'inich Tatb'u Schädel I.	?
Mond-Schädel	454–467
Vogel-Jaguar II.	467
Knoten-Auge-Jaguar I.	508 – ca. 518
K'inich Tatb'u Schädel II.	526–537
Knoten-Auge-Jaguar II.	um 564
Vogel-Jaguar III.	629–669 (oder länger)
Itzamnaaj B'alam II. (Schild Jaguar II.)	681–742 → Blütezeit; eine Reihe von Kriegszügen; verheiratet mit drei Frauen, von denen eine ungewöhnlicherweise beim Blutritual dargestellt wird
Yoaat B'alam II.	um 749
Vogel-Jaguar IV.	752–768 → erster Maya-Herrscher, der zusammen mit Adligen dargestellt wird bzw. mit ihnen regiert; intensive Bautätigkeit
Itzamnaaj B'alam III. (Schild-Jaguar III.)	769–800 (oder länger)

K'inich Tatb'u Schädel III.	um 808
letztes Datum	808

Naranjo

Herrschername	**Regierungszeit und besondere Ereignisse**
Naatz Chan Ahk	?
K'inich Tajal Chaak	?
Aj Wosal (Doppelter Kamm)	546–615
zwei unbekannte Herrscher	· 626: Caracol greift Naranjo an. · 631: Calakmul greift Naranjo an. · 680: Naranjo siegt über Caracol.
Frau Sechs-Himmel	682–741 · 693: Eroberung von B'ital u. Tuub'al · 695: Angriff auf Tikal · 698: Angriff auf Ucanal u. drei weitere Städte
K'ak' Tiliw Chan Chaak (Rauchendes Eichörnchen)	693–728 → Kriegszüge gegen Yootz (706), Yaxha (710) Sakha (714) u. weitere unbekannte Stadt (716)
Yax Mayuy Chan Chaak	?–744 744: Tikal besiegt Naranjo.
K'ak' Yippiiy Chan Chaak	746–?
K'ak' Ukalaw Chan Chaak (Rauchender Batab)	755–780
Bat K'awiil	?
Itzamnaaj K'awiil (Schild Gott K)	784–810 · Sieg über Yaxha
Waxaklajuun Ub'aah K'awiil	814–?
Letztes Datum	

Piedras Negras

Herrschername	Regierungszeit und besondere Ereignisse
unbekannt	ca. 460
unbekannt	ca. 478
Schildkröten-Zahn	510
unbekannt	514–518
K'inich Yo'nal Ahk I.	603–639
unbekannt	639–686
K'inich Yo'nal Ahk II.	687–729
unbekannt	729–757
Yo'nal Ahk III.	758–767
Ha' K'in Xook	767–781
Unbekannt (»Herrscher 7«)	781–808? → Lässt den berühmten Thron 1 anfertigen; mehrere Feldzüge, bis er 808 von K'inich Tatb'u Schädel III. von Yaxchilan besiegt und gefangengenommen wird.

Dos Pilas

Herrschername	Regierungszeit und besondere Ereignisse
B'alaj Chan K'awiil	ca. 648–692 · 648 verließ die mit Calakmul kollaborierende Partei in Tikal unter Führung von B'alaj Chan K'awiil die Stadt und wanderte nach Dos Pilas aus. Als Calakmul wieder zur Macht gelangte, konnte B'alaj Chan K'awiil als Vasalle von Calakmul nicht nur das Zentrum von Dos Pilas ausbauen, sondern die Stadt auch zur politisch führenden Macht der Petexbatún-Staaten machen. · Frau Sechs-Himmel, eine Tochter von B'alaj Chan K'awiil errichtete in Naranjo eine neue Dynastie führte dort erfolgreich Regierungsgeschäfte und Kriege.

Itzamnaaj B'alam	ca. 697
Itzamnaaj K'awiil	698–726
unbekannt	727–741
K'awiil Chan K'inich	741–761

Zeittafel

zwischen 30 000 u. 6000 v. Chr.	Einwanderung verschiedener Gruppen von Jägern und Sammlerinnen aus Asien nach Amerika in mehreren Schüben
ca. 13 000 – 1800 v. Chr.	**Archaikum (im Maya-Gebiet)**
zwischen 13 700 u. 13 370 v. Chr.	erste Skelettfunde in Yukatan
zwischen 2400 u. 2000 v. Chr.	erste Mais- und Maníok-Felder werden angelegt → ein Hinweis auf die Wende vom Nomadentum der Jäger und Sammlerinnen zur Sesshaftigkeit
1800 v. Chr. – 250 n. Chr.	**Präklassik** *(Blütezeit der Kultur der Olmeken, der ersten Hochkultur in Mesoamerika)*
1800–1000 v. Chr.	*Frühe Präklassik*
1000–300 v. Chr.	*Mittlere Präklassik*
300 v. Chr. – 250 n. Chr.	*Späte Präklassik*
ab 1700 v. Chr.	Ackerbau als Lebensgrundlage → erste Siedlungen und Keramik im Maya-Gebiet nachweisbar
ab 700 v. Chr.	Beginn des Kalender- und Schriftsystems
ab 300 v. Chr.	monumentale Tempelanlagen → bedeutende Fundstätten der Präklassik z. B.: Aguada Fénix, Seibal, Kaminaljuyú, El Mirador, Monte Alto, Nakbé oder San Bartolo
250–950 n. Chr.	**Klassik** *(Blütezeit von Teotihuacán: 350–550 n. Chr.)*
250–600 n. Chr.	*Frühe Klassik*
600–800 n. Chr.	*Späte Klassik*
800–950 n. Chr.	*Endklassik*

	→ Blütezeit der Maya-Kultur im Tiefland: Stadtstaaten wie Tikal, Calakmul, Palenque, Copán, Caracol, Yaxchilan. Naranjo, Boampak, Piedras Negras oder Dos Pilas → Blütezeit von Schrift- sowie Kalendersystem und Kunst
292	frühestes Datum einer Inschrift: Stele 29 von Tikal
707	letztes Datum auf einer Stele in Uxul
909	letztes Datum auf Stelen in Toniná sowie Calakmul
800–950	Blütezeit des Puuc-, Chenes- und Río-Bec-Stil in Yukatan in Städten wie Uxmal
950–1697	**Postklassik** *(Tula: 900–1150; Azteken/Tenochtitlán: 1325–1521)*
950–1150.	*Frühe Postklassik*
1150–1450	*Mittlere Postklassik*
1450–1697	*Späte Postklassik*
	→ geprägt vor allem durch die K'iche' und K akquichel im Hochland von Guatemala und die Itzá mit ihren Zentren Chichén Itzá und Mayapán auf der Halbinsel Yukatan
1145	Zerstörung von Chichén Itzá
1250–1450	Mayapán
1462	Maní besiegt Mayapán
1697	Tayasal wird als letzte Stadt der Itzá von den Spaniern erobert
1502 – 1821 n. Chr.	**Spanische Eroberung und Kolonialzeit** *(1519–1521: Eroberung der Aztekenhauptstadt Tenochtitlán durch die Spanier unter Hernán Cortés)*
1502	Kolumbus trifft auf seiner vieten Entdeckungsfahrt ein Handelsboot der Maya
1511	Entdeckungsfahrt unter Juan de Valdivia
1517	Entdeckungsfahrt unter Francisco Hernández de Cordoba
1518	Entdeckungsfahrt unter Juan de Grijalva

1519	Entdeckungsfahrt unter Hernán de Cortés
1523–1524	Pedro de Alvarado erobert Guatemala.
1524	Hernán Cortés durchquert das Maya-Gebiet bis Tayasal.
1527–1547	Eroberung Yukatans durch Francisco de Montejo und seinen Sohn
1542–1547	»Befriedung« der Kekchí und Pokoman in der Verapaz-Region durch Dominikanermönche, nachdem die spanischen Eroberungsversuche in den Jahren 1529 bis 1537 erfolglos waren
1555	Aufstand der Chol-Maya in Verapaz
1562	Diego de Landa führt ein Autodafé in Maní durch, bei dem 27 Codices verbrannt werden.
1585	Aufstand des Andrés Cocom in Yukatan
1587	Aufstand des Andrés Chi in Yukatan
1697	Eroberung von Tayasal, der letzten bis dahin unabhängigen Maya-Stadt
1712	Aufstand in Chiapas nach einer Reihe von Marien-Erscheinungen in diversen Dörfern der Tzeltal und Tzotzil
1761	Aufstand des Canek in Yukatan
1820	Aufstand des Atanasio Tzul in Totonicapán

Von der Unabhängigkeit bis zur Gegenwart

1821	Unabhängigkeit Guatemalas und Mexikos von Spanien
1839–1842	Reisen von John Lloyd Stephens und Frederick Catherwood im Maya-Gebiet Wiederentdeckung der vorspanischen Maya-Stätten und -kultur → Beginn der Maya-Forschung
1847–1855	Kastenkrieg (*Guerra de las castas*) in Yukatan (mit unabhängigem indianischen Staat Chan Santa Cruz im heutigen mexikanischen Bundesstaat Quintana Roo bis 1901)
1869	Chamula-Aufstand in Chiapas
1952	Entdeckung des Grabes von Pakal, dem Herrscher von Palenque

1960er-Jahre	Juri Walentinowitsch Knorosow ermöglicht mit seiner Erkenntnis, dass es sich bei den Maya-Hieroglyphen nicht um eine Buchstabenschrift, sondern um eine logosyllabische Schrift handelt, die Entzifferung der Maya-Hieroglyphen.
1978	Gründung des *Comité de Unidad Campesina* (= »Komitee für die Einheit der Bauern«, abgekürzt CUC)
1960–1996	Bürgerkrieg in Guatemala, dessen Höhepunkt unter der Regierung des Generals Efraín Ríos Montt 1982–1983 in einen Genozid gipfelt, und in der Zeit danach bis heute eine Rückbesinnung auf die indianische Tradition und Ethnizität zur Folge hat (→ *Movimiento Maya* bzw. *Pan-Maya-Bewegung*).
1992	Rigoberta Menchú Tum, eine K'iche'-Maya, erhält als bis dahin jüngste Preisträgerin den Friedensnobelpreis.
1994	Beginn der Aufstände der Tzolzil- und Tzeltal-Maya in Chiapas, bekannt als Aufstände der »Zapatistas« bzw. EZLN (*Ejército Zapatista de Liberación Nacional* = »Nationale Zapatistische Befreiungsarmee«)
20./21. Jh.	wesentliche Fortschritte in der Entzifferung der Maya-Hieroglyphen Migrationswellen nicht nur als Folge des Bürgerkrieges in Guatemala, sondern auch in den Nachbarstaaten aufgrund von Armut, Unterdrückung und Naturkatastrophen
2012	Der Hype um den nach dem Maya-Kalender prophezeiten Weltuntergang hat zur Folge, dass etliche Maya-Schamanen in der Esoterikszene aktiv und berühmt werden.
2018	Ankündigung des Projektes *Tren Maya* (»Maya-Zug«), das als Prestige-Objekt des mexikanischen Präsidenten López Obrador die Maya-Stätten in Yukatan für den Tourismus erschließen und verbinden soll
2019	Tod von Humberto Ak'abal, K'iche'-Maya, einem der bedeutendsten indianischen Dichter Amerikas
2020	Entdeckung von Aguada Fénix

Literatur

(Bei der Auswahl der Bibliografie wurden deutschsprachige Publikationen als Einstiegslektüre in das Thema vorrangig berücksichtigt)

Reiseführer, Landeskunde und Geschichte im Überblick

Baedeker-Reiseführer: Mexiko, Ostfildern, [13]2014.

Ewald, Ursula: Mexiko. Das Land, seine Geschichte und Kultur, Stuttgart u. a. 1994.

Gockel, Wolfgang: Mexiko (DuMont-Kunstreiseführer), Köln [3]2005.

Heck, Gerhard / Gockel, Wolfgang: Guatemala, Belize, Honduras und El Salvador (DuMont-Kunstreiseführer), Köln [2]2006.

Neubauer, Jürgen: Mexiko. Ein Länderporträt, Berlin 2012.

Ruhl, Klaus-Jörg / Ibarra García, Laura: Kleine Geschichte Mexikos. Von der Frühzeit bis zur Gegenwart, München [2]2007.

Stephens, John Lloyd.: In den Städten der Maya. Reisen und Entdeckungen in Mittelamerika und Mexiko 1839–1842, hg. von Frank Rainer Scheck, Köln 1980. (vergriffen, daher sei auf die Ausgabe der Edition Erdmann verwiesen)

Ders: Die Entdeckung der alten Mayastätten. Ein Urwald gibt seine Geheimnisse preis 1839–1840, bearb. von Ernst Bartsch, Wiesbaden 2018.

Traven, B.: Land des Frühlings, Frankfurt a. M. 1984.

Prescott, William H.: Die Eroberung von Mexiko, Berlin 1956.

Allgemeine Übersichtswerke Mesoamerika

Coe, Michael D. (Hg.): Amerika vor Kolumbus (Bildatlas der Weltkulturen), Augsburg 1996.

Consejo Nacional para la Cultura y las Artes / Intituto Nacional de Antropología e Historia (Hg.): Arqueología Mexicana (Zeitschrift, die anschaulich und verständlich zu Themen der mesoamerikanischen Kulturen berichtet, allerdings auf Spanisch).

Dürr, Eveline / Kammler, Henry (Hg.): Einführung in die Ethnologie Mesoamerikas. Ein Handbuch zu den indigenen Kulturen, Münster, New York 2019.

Gunsenheimer, Antje / Schüren, Ute: Amerika vor der europäischen Eroberung (Neue Fischer Weltgeschichte 16), Frankfurt a. M. 2016.

Köhler, Ulrich (Hg.): Altamerikanistik. Eine Einführung in die Hochkulturen Mittel- und Südamerikas, Berlin 1990.

Pörtner, Rudolf / Davies, Nigel (Hg.): Alte Kulturen der Neuen Welt. Neue Erkenntnisse der Archäologie, Frankfurt a. M. 1982.

Prem, Hanns J.: Geschichte Alt-Amerikas, München 2007.

Prem, Hanns J. / Dyckerhoff, Ursula (Hg.): Das alte Mexiko. Geschichte und Kultur der Völker Mesoamerikas, München 1986.

Riese, Berthold: Der Untergang der Sonnengötter. Die Hochkulturen des alten Amerika, Freiburg, Basel, Wien 2010.

Wauchope, Robert (Hg.): Handbook of Middle American Indians (16 Bde.), Austin, TX 1964–1976 (bis heute in Einzelaspekten eines der Grundlagenwerke zur den mesoamerikanischen Kulturen, mit Ergänzungsbänden).

Vorläufer und Nachbarkulturen der Maya und Azteken

Coe, Michael D. / Diehl, Richard A / Furst, Peter D. et al.: The Olmec World. Ritual and Rulership, New York 1996.

Kowalski, Jeff Karl / Kristan-Graham, Cynthia: Twin Tollans. Chichén Itzá, Tula and the Epiclassic to Early Postclassic Mesoamerican World, Washington D. C. 2007.

Peters, Ulrike: Das Alte Mexiko und seine Hochkulturen, Wiesbaden 2015.

Pool; Christopher: Olmec Archaeology and Early Mesoamerica (Cambridge World Archaeology), Cambridge 2007.

Solis, Felipe / Cowgill, George L. / Cabrera Castro, Rubén et al.: Teotihuacán. Geheimnisvolle Pyramidenstadt, Paris 1996.

Soustelle, Jaques: Die Olmeken. Ursprung der mexikanischen Hochkulturen, Zürich 1982.

Maya – Übersichtswerke

Benavide Castillo, Antonio / Staines Cicero, Leticia / Garza, Mercedes de la et al.: Maya. Die nachklassische Periode, München 1998.

Castro, Inés de (Hg.): Maya. Könige aus dem Regenwald, Hildesheim 2007.

Coe, Michael D.: Die Maya. Glanz und Untergang einer indianischen Kultur, Bergisch Gladbach 1982.

Eggebrecht, Arne und Eva (Hg.): Die Welt der Maya, Mainz ^{2}1992.

Grube, Nikolai (Hg.): Maya. Gottkönige im Regenwald, Köln 2000.

Ders.: Maya, Mistelbach 2020.

INAH[236] (Hg.): Maya. Sprache der Schönheit, München. London, New York 2016.

236 INAH = Staatliches Institut für Anthropologie u. Geschichte, Mexiko.

Schele, Linda / Freidel, David: Die unbekannte Welt der Maya. Das Geheimnis ihrer Kultur entschlüsselt, Augsburg 1994.

Riese, Berthold: Die Maya. Geschichte - Kultur - Religion, München [8]2018.

Schubert, Alexander (Hg.): Maya. Das Rätsel der Königsstädte, München 2016.

Simon; Martin / Grube, Nikolai: Chronicle of the Maya kings and queens. Deciphering the dynasties of the ancient Maya, London 2000.

Taladoire, Éric: Die Maya, Darmstadt 2003.

Thompson, J. / Eric S.: Die Maya. Aufstieg und Niedergang einer Indianerkultur. Essen 1975.

Westphal, Wilfried: Die Maya. Volk im Schatten seiner Väter, München 1977.

Einzelaspekte: Religion, Schrift, Kalender und Kunst

Arellano Hoffman, Carmen / Schmidt, Peer (Hg.): Die Bücher der Maya, Mixteken und Azteken. Die Schrift und ihre Funktion in vorspanischen und kolonialen Codices (Schriften der Universitätsbibliothek Eichstätt 34), Frankfurt a. M. 1997.

Coe, Michael D.: Das Geheimnis der Maya-Schrift. Ein Code wird entziffert, Reinbek [2]1995.

Grube, Nikolai / Gaida, Maria: Die Maya: Schrift und Kunst, Köln 2006.

Grube, Nikolai: Das Gottkönigtum bei den Klassischen Maya, in: Assmann, Jan / Strohm, Harald (Hg.): Herrscherkult und Heilserwartung (Lindauer Symposium für Religionsforschung 2), München 2010, 19–47.

Ders.: Der Dresdner Maya-Kalender. Der vollständige Codex, Freiburg, Basel, Wien 2012.

Eggebrecht, Arne (Hg.): Webkunst der Maya aus Guatemala, Mainz 1992.

Hellmuth, Nicholas M.: Monster und Menschen in der Maya-Kunst. Eine Ikonographie der alten Religionen Mexikos und Guatemalas, Graz 1987.

Krickeberg, Walter et al. (Hg.): Die Religionen des alten Amerika (Die Religionen der Menschheit 7), Stuttgart 1961.

Linden, Heidi: Das Ballspiel in Kult und Mythologie der mesoamerikanischen Völker (Nikephoros 1), Hildesheim 1993.

Longhena, Maria: Sprechende Steine. 200 Schriftzeichen der Maya – die Entschlüsselung ihrer Geheimnisse, Wiesbaden 2004.

Miller, Mary / Taube, Karl: An Illustrated Dictionary of the Gods and Symbols of Ancient Mexico and the Mayas, London 1997.

Peters, Ulrike: Esoterik als moderne Religionsform (Interkulturelle Bibliothek), Nordhausen 2012.[237]

Rätsch, Christian (Hg.): Chactun. Die Götter der Maya. Quellentexte, Darstellung und Wörterbuch, Köln 1988.

Ders.: Vom Forscher, der auszog, das Zaubern zu lernen. Meine Erlebnisse bei den Erben der Maya, Stuttgart 2008.

Stenzel, Werner: Grundlagen der mesoamerikanischen Religionen, Frankfurt a. M. 2014.

Maya heute

Altmann, Andreas: In Mexiko. Reise durch ein hitziges Land, München 2018.

Antil, Marcos: Migrante, MarcosAntil.com 2019.

Burgos, Elisabeth: Rigoberta Menchu. Leben in Guatemala, Göttingen [15]1998.

Dürr, Eveline / Kammler, Henry (Hg.): Einführung in die Ethnologie Mesoamerikas. Ein Handbuch zu den indigenen Kulturen, Münster, New York 2019.

Gil García, Miguel: Religionen des zentralandinen Südamerika, in: Münzel, Mark (Hg.): Indigene Religionen Südamerikas, Religionen der Menschheit 7,1, 236–306.

Schmelz, Bernd: Heiligenfiguren aus Lateinamerika (Museum Forum der Völker, Völkerkundemuseum der Franziskaner), Werl 2014.

Quellen/Primärliteratur

Colon, Hernando: Historia del Almirante Don Cristóbal Colón, Madrid 1892 (Nachdruck).

Cortés, Hernan: Die Eroberung Mexikos. Eigenhändige Berichte an Kaiser Karl V., Frankfurt a. M. 1974.

Díaz del Castillo, Bernal: Denkwürdigkeiten des Hauptmanns Bernal Díaz del Castillo oder Wahrhafte Geschichte der Entdeckung und Eroberung von Neuspanien, Stuttgart 1965.

Krickeberg, Walter (Hg.): Märchen der Azteken und Inkaperuaner, Maya und Muisca, München 1991.

Landa, Diego de: Bericht aus Yucatán, hg. von Carlos Rincón, Leipzig 2017.

---

237 Behandelt ausführlich den Maya-Kalender in der Esoterik im Vergleich zu den Kalendersystemen der historischen Maya.

Las Casas, Bartolomé de: Kurzgefasster Bericht von der Verwüstung der Westindischen Länder, hg. von Michael Sievernich, Frankfurt a. M., Leipzig 2006.
Popol Vuh: Das heilige Buch der Quiché-Indianer von Guatemala. Nach einer wiedergefundenen alten Handschrift neu übersetzt und erläutert von Leonhard Schultze-Jena (Quellen zur Alten Geschichte Amerikas), Stuttgart, Berlin 1944.
Popol Vuh: Das Buch des Rates, hg. von Wolfang Cordan, Köln 1995.

Belletristik

Ak'abal, Humberto: Uxaq che' xuquje ik' – Hojas y luna – Blätter und Mond, Dürnau 1998.
Ders.: Trommel aus Stein. Gedichte, Zürich 1998.
Ders.: Das Weinen des Jaguars. 77 Gedichte und ein Bericht, Göttingen 2005.
Ders.: Geistertanz. Gedichte, Frauenfeld 2014.
Asturias, Miguel Angel: Die Maismenschen (1949)
Ders.: Bananen-Trilogie
- Sturm (1950)
- Der grüne Papst (1954)
- Die Augen der Begrabenen (1960)

Ceh Moo, Marisol: X-Teya, u puksi'ik'al koolel. Teya, un corazon de mujer[238], México, D. F. 2008.
Cocom Pech, Jorge Miguel: Muk'ult'an in Nool. Secretos del abuelo[239], México, D. F. 2001.
Méndez, Marceal: Slajibal ajawetik. Los ultimos dioses[240], México, D. F. 2012.
Ders.: Chiapas Maya awakening. Contemporary poems and short stories, Santa Fe 2017.
Traven, B.: Caoba-Zyklus (Mahagoni-Zyklus)
- Der Karren (1931)
- Regierung (1931)
- Der Marsch ins Reich der Caoba (1933)
- Die Troza (1936)
- Die Rebellion der Gehenkten (1936)
- Ein General kommt aus dem Dschungel (1940)

238 Teya, das Herz einer Frau.
239 Geheimnisse des Großvaters.
240 Die letzten Götter.

Hardcover
mit Schutzumschlag
12,5 × 20 cm
298 Seiten
ISBN 978-3-7374-1055-7

Von der Kultur der Inka geht nach wie vor eine große Faszination aus. Ganz und gar nicht zu Unrecht, denn die Kultur der Inka würde heute nicht nur mit einem, sondern gleich mit mehreren Superlativen ins *Guinness-Buch der Rekorde* eingehen: das größte Reich, die größte Armee, das größte Straßennetz und der größte Goldschatz des Alten Amerika. In knapp hundert Jahren (1438–1534 n. Chr.) hatten die Inka ein Imperium errichtet, das sich auf einer Länge von fast 5000 km von Kolumbien bis nach Chile erstreckte. Auf den vorangehenden Kulturen wie Chavín, Moche oder Tiahuanaco aufbauend, übertrafen die Inka diese in vielerlei Hinsicht. Die Inka-Herrscher verstanden sich, ähnlich wie die Pharaonen des Alten Ägypten, als Söhne des Sonnengottes. Sie führten einen aufwendigen Hofstaat und ihr Reichtum war legendär. Der vorliegende Band stellt die Geschichte und Kultur der Inka sowie die Eroberung des Inka-Reiches durch die Spanier dar und geht auch auf die Kulturen vor der Inka-Zeit ein und auf das, was von den Inka blieb. So ist das Quechua, die Sprache der Inka, bis heute eine der Amtssprachen in Peru, Bolivien und Ecuador und nicht das einzige Erbe der Inka.

marixwissen – Verlagshaus Römerweg

Bibliografische Information der Deutschen Nationalbibliothek
Die Deutsche Nationalbibliothek verzeichnet diese Publikation in der Deutschen Nationalbibliografie; detaillierte bibliografische Daten sind im Internet über http://dnb.d-nb.de abrufbar.

Covergestaltung: Karina Bertagnolli, Wiesbaden
Covermotiv: Tempel der Kreuzgruppe in den Ruinen der Mayastadt Palenque – Chiapas, Mexiko © diegograndi – stock.adobe.com
Karten: © Cartomedia, Karlsruhe
Lektorat: Stefan Gücklhorn
Der Titel wurde in der Garamond gesetzt.
Gesamtherstellung: CPI books GmbH, Leck – Germany

ISBN: 978-3-7374-1195-0

Mehr über Ideen, Autoren und Programm des Verlags finden Sie auf www.verlagshausroemerweg.de und in Ihrer Buchhandlung.